Romance Espírita

LA TRAGEDIA DE SANTA MARÍA

Yvonne A. Pereira
Por el espíritu
Adolfo Bezerra de Menezes

Traducción al Español:
J.Thomas Saldias, MSc.
Trujillo, Perú, Enero, 2022

Título Original en Portugués:
"A Tragédia De Santa Maria"
© Yvonne A. Pereira
Traducido al Español de la 3ra. Edición Portuguesa, 1976

World Spiritist Institute

Houston, Texas, USA
E- mail: contact@worldspiritistinstitute.org

De la Médium

Yvonne do Amaral Pereira nació en la antigua Villa de Santa Tereza de Valença, hoy Rio das Flores, sur del estado do Río de Janeiro, el 24–12–1906. El padre, un pequeño negociante, Manoel José Pereira y la madre, Elizabeth do Amaral Pereira.

Tuvo 5 hermanos más jóvenes y uno mayor que ella, hijo del primer casamiento de su madre.

A los 29 días de nacida, después de un acceso de tos, le sobrevino una sofocación que la dejó como muerta – catalepsia o muerte aparente.

El fenómeno fue fruto de los muchos complejos que acarreaba en su espíritu, ya que en su última existencia terrestre, muriera ahogada por suicidio. Durante 6 horas permaneció en ese estado.

El médico y el farmacéutico certificaron su muerte por sofocación. El velorio fue preparado. La supuesta difunta fue vestida con guirnaldas y un vestido blanco y azul. El ataúd blanco fue encargado.

La madre se retiró a un aposento, donde hizo una sincera y fervorosa oración a Maria de Nazaret, pidiendo para que la situación se definiese, pues, no creía que la hija estuviese muerta.

Instantes después, la criatura despertó a los llantos. Todos os preparativos fueron deshechos. El funeral fue cancelado y la vida siguió su curso normal.

El padre, generoso de corazón, desinteresado de los bienes materiales, cayó en la quiebra económica por tres veces, pues favorecía a los feligreses en prejuicio propio.

Más tarde, fue nombrado funcionario público, cargo que ocupó hasta su desencarnación, en 1935.

El hogar siempre fue pobre y modesto, conoció dificultades inherentes a su posición social, lo que, según ella, la benefició mucho, pues desde muy temprano se alejó de las vanidades mundanas y comprendió las necesidades del prójimo. El ejemplo de conducta de los padres tuvo influencia capital en el futuro comportamiento de la médium.

Era común albergar en la casa personas necesitadas y mendigos.

A los 4 años ya se comunicaba audio–visualmente con los espíritus, a los cuales consideraba personas normales encarnadas. Dos entidades eran particularmente queridas: el espíritu Charles, a quien consideraba su padre terreno real, debido a los recuerdos vivos de una encarnación pasada, en que este espíritu fuera su padre carnal. Charles, el espíritu elevado, fue su orientador durante toda su vida y actividad mediúmnica.

El espíritu Roberto de Canalejas, que fue médico español a mediados del siglo XIX era la otra entidad por la cual sentía un profundo afecto y con la cual tenía ligaciones espirituales de larga data y deudas a saldar.

Más tarde, en la vida adulta, mantenía contactos mediúmnicos regulares con otras entidades no menos evolucionadas, como el Dr. Bezerra de Menezes, Camilo Castelo Branco, Frederic Chopin y otras.

A los 8 años se repitió el fenómeno de catalepsia, asociado a un desprendimiento parcial. Aconteció en la noche y la visión que tuvo, la marcó por el resto de su vida. En espíritu, fue a pararse ante una imagen del "Senhor dos Passos", en la iglesia que frecuentaba. Pedía socorro, pues sufría mucho. La imagen, entonces, cobrando vida, le dirigió las siguientes palabras: "Ven conmigo hija mía, será el único recurso que tendrás para soportar los sufrimientos que te esperan", aceptó la mano que le era tendida, subió los peldaños y no recordaba más nada.

De hecho, Yvonne Pereira fue una criatura infeliz.

Vivía acosada por un inmenso recuerdo del ambiente familiar que tuviera en su última encarnación en España y que recordaba con extraordinaria claridad.

Consideraba a sus familiares, principalmente su padre y hermanos, como extraños. La casa, la ciudad donde vivía, le eran totalmente extrañas. Para ella, el padre verdadero era el espíritu Charles y la casa, la de España. Esos sentimientos desencontrados y el afloramiento de las facultades mediúmnicas, hacían que tuviese un comportamiento considerado anormal por sus familiares.

Por ese motivo, hasta los diez años, pasó la mayor parte del tiempo en la casa de su abuelo paterno. Su hogar era espírita.

A los 8 años tuvo el primer contacto con un libro espírita. A los 12, el padre le regaló *"El Evangelio según el Espiritismo"* y *"El Libro de los Espíritus"*, que la acompañarían por el resto de su vida, siendo su lectura repetida, un bálsamo en las horas difíciles.

A los 13 años comenzó a frecuentar las sesiones prácticas de Espiritismo, que mucho le encantaban, pues veía a los espíritus comunicantes.

Tuvo como instrucción escolar la escuela primaria. No pudo, por motivos económicos, hacer otros estudios, lo que representó una gran prueba para ella, pues amaba el estudio y la lectura.

Desde luego tuvo que trabajar para su propio sustento, y lo logró realizando costuras, bordados, encajes, flores, etc... La educación patriarcal que recibió, hizo que viviese apartada del mundo. Esto, por un lado, favoreció el desenvolvimiento y recogimiento mediúmnico, pero por otro, la tornó excesivamente tímida e triste.

Como ya vimos, la mediumnidad se presentó en los primeros días de vida terrena, a través del fenómeno de catalepsia, llegando a ser éste, un fenómeno común en su vida a partir de los 16 años.

La mayor parte de las informaciones de más allá del túmulo, de los romances, de las crónicas y cuentos relatados por Yvonne Pereira, fueron recolectados del mundo espiritual a través de este proceso, y en la hora del sueño reparador.

Su mediumnidad, sin embargo, fue muy diversa. Fue médium psicógrafo y recetista – hacía recetas homeopáticas –

asistida por entidades de gran elevación, como Bezerra de Menezes, Charles, Roberto de Canalejas, Bittencourt Sampaio.

Practicó la mediumnidad de incorporación y pasista. Poseía mediumnidad de efectos físicos, llegando a realizar algunas sesiones de materialización, más nunca sintió atracción por esta modalidad mediúmnica.

Los trabajos, en el campo de la mediumnidad, que más le gustaba hacer eran los de desdoblamiento, incorporación y recetar.

Como fue dicho, a través del desdoblamiento nocturno era que Yvonne Pereira navegaba por el mundo espiritual, amparada por sus orientadores, colectando las crónicas, cuentos y romances con los cuales hoy nos deleitamos.

Como médium psicofónica, podía entrar en contacto con obsesores, obsesados, y suicidas, a los cuales, les tenía un cariño especial, siendo que muchos de ellos se tornaron en espíritus amigos.

Con las recetas homeopáticas trabajó en diversos centros espíritas de varias ciudades en las que vivió durante sus 54 años de actividad.

Fue una médium independiente, que no se sometía a los obstáculos burocráticos que algunos centros ejercen sobre sus trabajadores, seguía siempre a la "Iglesia de lo Alto" y el ejercicio de la caridad a cualquier hora y cualquier día en que fuese requerida por los sufrientes.

Fue una esperantista convencida y trabajó arduamente en su propaganda y difusión, a través de la correspondencia que mantenía con otros esperantistas, tanto en el Brasil, como en el exterior.

Desde muy pequeña cultivó el estudio y a la buena lectura.

A los 16 años ya había leído obras de los grandes autores como Goethe, Bernardo Guimarães, José de Alencar, Alexandre Herculano, Arthur Conan Doyle entre otros.

Escribió muchos artículos publicados en diarios populares. Los cuales todos se han perdidos.

La obra mediúmnica de Yvonne Pereira consta de 20 libros, entre los que se destacan: *"Memorias de un Suicida"* y *"Recuerdos de la Mediumnidad."*

Yvonne do Amaral Pereira desencarnó en Río de Janeiro el 19–03–1984.[1]

---

[1] Fuente: Jornal Macaé Espírita – Nº 289/290 – Enero y Febrero del 2000; Biografía compilada por Rocky Antonio Valencia Oyola, y traducido al español por la Dra. Claudia Marta Maglio–Esteban.

Del Autor Espiritual

Adolfo Bezerra de MenezesAdolfo Bezerra de Menezes Calvalcanti (Ceará, 29 de agosto de 1831 – Río de Janeiro, 11 de abril de 1900)

Como político fue un gran defensor de la abolición de la esclavitud. Líder del Partido Liberal, fue elegido concejal y diputado en varias legislaturas; fue presidente de la Cámara Municipal de la Corte. En las grandes obras realizadas en pro de la comunidad y funciones importantes, se destacó su trabajo en favor de los humildes y desamparados, recibiendo del pueblo el sobrenombre «el médico de los pobres».

Nació en la parroquia de Riacho Do Sangue – a 245 km al sur de la costera ciudad de Fortaleza, capital del estado de Ceará – en las primeras horas del 29 de agosto de 1831. Provenía de una tradicional familia de políticos del sur de Brasil. Fue criado por sus padres – Antonio Bezerra de Menezes – Teniente Coronel de la Guardia Nacional) y Fabiana de Jesús María Bezerra – ama de casa –, dentro de los principios religiosos del catolicismo y la disciplina militar, teniendo el honor y el deber como norma a seguir.

En 1838, con siete años de edad, entró en la escuela pública de Vila do Frade – población adyacente a su pueblo natal, actualmente unidos en la ciudad de Jaguaretama.

En 1842, como resultado de la persecución política y las dificultades económicas, su familia se trasladó a la antigua aldea de la mayoría – Serra do Martins – en Rio Grande do Norte, donde el joven, entonces de once años de edad, fue inscrito en público latino de la escuela. En dos años ha sustituido el profesor en clase. En 1846, la familia regresó a la provincia de Ceará, estableciéndose en la capital, Fortaleza. El joven se matriculó en la Escuela de Ceará, donde completó los estudios preparatorios.

En 1851, el año de la muerte de su padre, se trasladó a Río de Janeiro, donde ese mismo año, comenzó a estudiar medicina en la Facultad de Medicina de Río de Janeiro. Al año siguiente (1852), en noviembre, se incorporó como practicante interno – "residente" – en el hospital de la Santa Casa de Misericordia de Río de Janeiro. Para brindar por sus estudios, dio clases particulares en la filosofía y las matemáticas.

Su tesis doctoral fue en 1856, con la tesis: *Diagnóstico del cáncer*. Ese año, el gobierno decretó la reforma de la Salud Cuerpo Imperial del Ejército del Brasil, y fue nombrado como su cirujano jefe, el Dr. Manuel Feliciano Pereira Carvalho, ex profesor de Bezerra de Menezes, quien invitado a trabajar como su asistente.

Durante la campaña abolicionista, publicó el ensayo "La esclavitud en Brasil y las medidas que deben tomarse para extinguirla sin perjuicio de la Nación" (1869), en el que no sólo defiende la libertad de los esclavos, sino también su inserción y adaptación. en la sociedad a través de la educación. En esta obra, Bezerra se autodenomina liberal y se propone imitar a los ingleses, que en su momento ya habían abolido la esclavitud en sus dominios.

Conoció la Doctrina Espírita cuando se publicó la traducción al portugués de *"El Libro de los Espíritus"* (sin fecha, en 1875), a través de un ejemplar que le fue dedicado por su traductor, el Dr. Joaquim Carlos Travassos.

Contribuyó a su adhesión el contacto con las "curas extraordinarias" obtenidas por el médium João Gonçalves do Nascimento en 1882.

Con el lanzamiento de la revista Reformador, de Augusto Elias da Silva en 1883, comenzó a colaborar con la redacción de artículos doctrinarios.

Después de estudiar durante algunos años la obra de Allan Kardec, el 16 de agosto de 1886, a la edad de cincuenta y cinco años, ante un numeroso público, estimado, según sus biógrafos, entre mil y quinientas dos mil personas, en la sala de conferencias da Guarda Velha, en Río de Janeiro, en un largo discurso, justificó su elección de abrazar el Espiritismo. El hecho incluso fue mencionado en una nota publicada por *O Paiz*, el periódico de mayor circulación en ese momento.

Al año siguiente, a pedido de la Comisión de Propaganda del Centro da União Espírita do Brasil, comenzó a publicar una serie de artículos sobre la Doctrina en *O Paiz*. En la sección titulada "Espiritismo – Estudios Filosóficos", los artículos aparecieron regularmente los domingos, desde el 23 de octubre de 1887 hasta diciembre de 1893, firmados bajo el seudónimo de "Max".

En la década de 1880, el incipiente movimiento espírita en la capital y en el país estuvo marcado por la dispersión de sus adherentes y de las entidades en las que se reunían. Había también una clara división entre dos "grupos" de espiritistas: aquellos los que aceptaban el Espiritismo en su aspecto religioso – grupo mayor, que incluía a Bezerra – y los que no aceptaban el Espiritismo en este aspecto.

En 1889, Bezerra fue percibido como el único capaz de superar las divisiones, siendo elegido presidente de la Federación Espírita Brasileña. Durante este período, inició el estudio sistemático de "*El Libro de los Espíritus*" en las reuniones públicas de los viernes, pasando a escribir el Reformador; también ejerció la tarea de adoctrinador de espíritus obsesivos. Organizó y presidió un Congreso Nacional Espírita (Río de Janeiro, 14 de abril), con la presencia de 34 delegaciones de instituciones de diferentes estados. Asumió la presidencia del Centro de Unión Espírita de Brasil el 21 de abril, y El 22 de diciembre de 1890 se dirigió al entonces Presidente de la República, Mariscal Deodoro da Fonseca, en defensa de los derechos y libertades de los espíritas contra ciertos artículos del Código Penal brasileño de 1890.

De 1890 a 1891 fue vicepresidente de la FEB bajo Francisco de Menezes Dias da Cruz, momento en el que tradujo el libro "*Obras Póstumas*" de Allan Kardec, publicado en 1892. A fines de 1891 se registraron importantes diferencias internas entre los espíritas y fuertes ataques desde fuera del movimiento. Bezerra de Menezes se ausentó por algún tiempo, continuando asistiendo a las reuniones del Grupo Ismael y escribiendo los artículos semanales en *O Paiz*, que terminó a fines de 1893. A medida que se profundizaban las desavenencias en la institución, fue invitado en 1895 a retomar la presidencia de la FEB – elegido el 3 de agosto de ese año –, cargo que ocupó hasta su muerte. En esta gestión inició el estudio semanal de *"El Evangelio según el Espiritismo"*, fundó la primera librería espírita del país y la institución se vinculó al Grupo Ismael y Asistencia a los Necesitados.

Fue en medio de grandes dificultades económicas que le sobrevino un derrame cerebral, y murió la mañana del 11 de abril de 1900, después de meses en cama. No faltaron, pobres y ricos, quienes ayudaron a la familia, encabezada por el senador Quintino Bocaiúva. Al día siguiente, en la portada de *O Paiz*, se le dedicó una larga nota necrológica, calificándolo de "brasileño eminente." También fue homenajeado por el Ayuntamiento del entonces Distrito Federal, por su conducta y dignos servicios.

Se sabe que Bezerra de Menezes dominaba al menos tres idiomas, además del portugués: latín, español y francés.

Por su trabajo excepcional en la expansión del movimiento espiritista en Río de Janeiro en el último cuarto del siglo XIX, Bezerra de Menezes fue considerado el "Kardec brasileño." Los espiritistas de Brasil todavía creen que Bezerra de Menezes continúa vivo espiritualmente para guiar en la religión espiritual de ese país.[2]

---

[2] Parcialmente obtenido de:

Ecured. Bezerra de Menezes.

https://pt.wikipedia.org/wiki/Bezerra_de_Menezes

Del Traductor

Jesus Thomas Saldias, MSc, nació en Trujillo, Perú.

Desde los años 80's conoció la doctrina espírita gracias a su estadía en Brasil donde tuvo oportunidad de interactuar a través de médiums con el Dr. Napoleón Rodriguez Laureano, quien se convirtió en su mentor y guía espiritual.

Posteriormente se mudó al Estado de Texas, en los Estados Unidos y se graduó en la carrera de Zootecnia en la Universidad de Texas A&M. Obtuvo también su Maestría en Ciencias de Fauna Silvestre siguiendo sus estudios de Doctorado en la misma universidad.

Terminada su carrera académica, estableció la empresa *Global Specialized Consultants LLC* a través de la cual promovió el Uso Sostenible de Recursos Naturales a través de Latino América y luego fue partícipe de la formación del **World Spiritist Institute**, registrada en el Estado de Texas como una ONG sin fines de lucro con la finalidad de promover la divulgación de la doctrina espírita.

Actualmente se encuentra trabajando desde Peru en la traducción de libros de varios médiums y espíritus del portugués al español, así como conduciendo el programa "La Hora de los Espíritus."

ÍNDICE

Advertencia 16

Primera Parte: Los Redivivos

CAPÍTULO I Un joven espiritista 20

CAPITULO II Amor de otra vida 30

CAPÍTULO III El Solar de Santa María..39

CAPÍTULO IV Max 48

CAPÍTULO V Sombras del "ayer" sobre "hoy" 58

Segunda Parte: Esmeralda Barbedo

CAPÍTULO I La noche de navidad de 1863...72

CAPÍTULO II Betito 82

CAPÍTULO III Invigilancia 92

CAPÍTULO IV Corazones en Flor 102

CAPÍTULO V Madre e Hija 111

CAPÍTULO VI Triunfo Fácil 124

CAPÍTULO VII La Boda 142

Tercera Parte: La Tragedia

CAPÍTULO I Presagios Fatídicos 150

CAPÍTULO II Ronda Siniestra 162

CAPÍTULO III El Crimen 176

CAPÍTULO IV ¡Dolor Supremo! 195

Cuarta Parte: Los Secretos de la Tumba

CAPÍTULO I Cuando el Cielo se Revela 210

CAPÍTULO II Cuando el Infierno se Rasga...223

CAPÍTULO III Cuando el Amor Inspira..235

CAPÍTULO IV ¡Y cuando Dios lo Permita...!......................................247

Advertencia

La historia que les voy a contar no presentará nada interesante para los entendimientos que se homogeneizaron a la sombra de la mundanalidad confusa y pesimista de la hora de transición que convulsiona a las sociedades terrenales. Me dirijo a los jóvenes con preferencia, a esa juventud liberal, franca y sedienta de progreso, cuyo carácter refleja bien la prolijidad de los ideales que hierven en las profundidades del corazón.

Mucho le espera desde la juventud de estas últimas décadas del siglo, los representantes del Divino Maestro, esos cultivadores de su Viña Sagrada, porque los cuidadores de su Doctrina de Elección, cuyo esplendor veinte siglos de malentendidos y hostilidades no han logrado enfriar. Sin embargo, será indispensable, incluso urgente, enseñar a esta juventud tan rica en inclinaciones generosas, tan enamorada de ideales ardientes, tan desordenada e intrascendente en sus pautas, y para aquellos que carecen de ejemplos edificantes, exaltando lecciones capaces de impulsarla, para la estandarización de la Bueno, porque las escuelas del siglo XX no hablan de los sentimientos del corazón, ya que no revitalizan las aspiraciones del alma juvenil, mientras que las trivialidades destructivas asociadas con el comodismo criminal del siglo, que surgieron dentro de sus propios hogares, han alejado la antigua dulzura de los consejos maternos, como la respetabilidad de los ejemplos paternos, que muy rara vez se imponen, indiferentes al deber de agudizar los corazones, dirigiendo la educación de los hijos hacia los verdaderos y legítimos propósitos de la existencia. Los libros nocivos proliferan en los estantes donde los ejemplos moralizantes o educativos han abandonado, impulsados por la intrusión comercial de la literatura deprimente;

criminal en la facilidad con la que se expande, adicta o pervirtiendo los corazones florecientes de los jóvenes a quienes las madres descuidadas no han presentado lecturas adecuadas; mientras revistas frívolas y destructoras, que destilan el virus de las molestias generalizadas, siguen a los hombres jóvenes cuyas mentes, a menudo dotadas de generoso ardor, se abastecen y se defienden solas, vencidas por arrebatos letales, ¡Como una planta mimosa la falta de aire y luz que transporta la vida! Es por eso que se preocupa el Mundo Invisible, desde donde los ojos amorosos de los paladares del Velador Incomparable contemplan tales panoramas melancólicos, ya que la hora que pasa es una de las más serias para la Humanidad que durante milenios ha pasado por la Tierra a través de flujos y reflujos de reencarnación. Es que el ocaso de una civilización materialista presagia el amanecer de un renacimiento de los valores morales y espirituales; en el que el ideal cristiano se había infiltrado en nueva savia en corazones sedientos de luz y justicia. Será esencial, por lo tanto, que los trabajadores espirituales del Gran Educador de Nazaret se apresuren voluntariamente, aquí y allá, a desplegarse en incansables vigilancias en todos los sectores en los que se mueve la Humanidad, también en aquellos pertinentes a la literatura,

Así que colaboran con los hombres, ansiosos por ayudarlos a entrenar para el evento sublime. Los médiums aparecen en las cuatro esquinas del planeta, dispuestos a los rigores inherentes a sus mandatos especiales. Y los dictados de Más allá de la tumba se hinchan en la sociedad terrenal, presentando al hombre, a la juventud, el pasatiempo literario que les conviene, en contraste con las malas lecturas a las que se han acostumbrado llevando a cabo, de una forma u otra, el que las escuelas y los hogares descuidaron evitar: - la enseñanza de la Moral, la adoración sincera y respetuosa de Dios, el honor y la familia.

Qué modesto trabajador de la Sagrada Cosecha, enamorado del mismo Ideal que irradia del Calvario durante dos milenios, invitando a las criaturas a la comunión con el Bien y el Amor, aquí me tienes, listo para luchar por el resurgimiento de la Moral, volviendo y aun para siempre la Tierra, reformatorio hospitalario y aborrecido, donde he estado haciendo mi gira evolutiva, intentando, con ustedes, el cumplimiento de los deberes que me pertenecen. Escucha, por lo tanto, que te hablo en el nombre del Señor.

En la Villa de Ibireté, Estado de Minas Gerais,

el 31 de mayo de 1956.

Adolfo Bezerra de Menezes

PRIMERA PARTE
Los Redivivos

CAPÍTULO I
Un joven espiritista

En un cierto día del año 1951, me encontré absorto en atracciones terrenales, atendiendo tareas espirituales que afectan mis responsabilidades como humilde trabajador en Estancia Bendita, en una región del espacio cerca de la ciudad de San Sebastian en Río de Janeiro, cuando vibración energética mental, partió de la Tierra y emitida por alguien cuyas radiaciones totalmente armonizadas con las mías, resonaron en mi sensorial espiritual, causándome sorpresa por la intensidad de la fuerza positiva con la que me buscaba. Me apresuré a preguntar quién pensaba en mí, con ternura y confianza, en una simple oración... y una figura de mujer, dulce y triste, presentó mi visión psíquica sentada en el lugar de donde vino la llamada... Ambiente paupérrimo, pude ver entonces. Un alma más coronada de fe y sedienta de progreso y luz celeste se destacó como su único y solitario habitante... Me alegré, quien me llamaba mentalmente era un ser sumamente querido a mi espíritu para que pudiese permanecer indiferente a sus llamados...

Pero ¿qué me hablaba? Curioso, investigué sus pensamientos... Descubrí, envuelta en indecisiones y deseos nobles, una útil tesis doctrinaria moral espírita aprovechable.

¿Me ofrecían una tesis? ¡¿Por qué despreciarla si los hombres y los espíritus se deben colaboración fraterna, el camino a la redención de todos...?!

La acepté, entonces. La examiné, la estudié, la cultivé como el horticultor que no rechaza la semilla del amable vecino...

Construí de ella una novela con episodios a los que yo mismo había asistido e incluso vivido muy íntimamente, tanto en la Tierra como en el espacio... Y hoy, finalmente, lo pongo a su disposición, mi joven lector, deseoso como me siento de disfrutar con tu mente durante los momentos en que vayas descubriendo estas modestas páginas.

Veamos; sin embargo, el tema inspirado en aquella tesis:

La mañana del 19 de noviembre de 19... estaba brillantemente iluminada por el sol llameante que deslumbra la seductora capital brasileña, enredándola en olas de calor que ya eran rigurosas y quizás insoportables, a pesar del dominio de la primavera, todavía no visitado por los aguaceros tan comunes en dicha metrópoli.

Pamela, una joven fluminense de veinte años, salió del automóvil de primera clase que la había traído del interior del país, en el viejo prefijo S4 del Ferrocarril Central de Brasil, al que llegaba diariamente la ciudad de cuento de hadas de la gran Estación de Sá, estridente y festivo, a las nueve horas y cuarenta minutos, despejando en la plataforma de afanosos pasajeros de la Estación Don Pedro II, impacientes por llegar al destino, considerando las múltiples operaciones a las que se verían obligados una vez que visiten la capital. Ella llegó sin ningún acompañante. Y cuando pisó el inquieto terrón carioca por primera vez, sintió que una conmoción inusual aceleró el ritmo de las pulsaciones arteriales, produciendo un doloroso temblor nervioso.

Huérfana y pobre, la necesidad había obligado a la joven Pamela a emigrar al entorno populoso de la capital, la búsqueda de medios para su propio sustento, al igual que los numerosos contingentes de extraños ansiosos por la victoria fácil suceden a diario. Hermosa y atractiva, sin ser exactamente hermosa, tenía grandes ojos oscuros, pensativos y melancólicos, llenos de cabello castaño, sedoso y ondulado, y un porte esbelto y serio. Sin embargo, lo que preferiblemente impresionaba de su personalidad era la serenidad de sus expresiones, el encanto sugestivo de la mirada irradiando la suavidad del corazón reeducado en normas inusuales, como el equilibrio de la mente dirigida a ideales más elevados. En efecto, había sido educada en sólidos principios morales y, por lo tanto, se asentaba en los cimientos de aquella fe inquebrantable impregnada de doctrinas filosóficas cristianas muy transcendentales, las cuales muy temprano le proveyeron no solo de la confianza en sí misma, sino también la certeza inamovible en el promisorio destino de la criatura que batalla en los campos de la existencia aureolándose de aquella voluntad superior de vencer, que remueve todos los obstáculos, ¡pues está construida sobre la clarísima confianza en un Ser Supremo y Paternal dirigiendo toda la Creación!

Mi Espíritu amaba profundamente a esta Pamela a quien, desde el Mundo Invisible, había visto nacer hacía veinte años, y que ahora contemplaba, envuelta en el torbellino de la metrópoli galante como un frágil alcione al gusto de las tormentas marinas. Desde el espacio, traté de encaminarla protectoramente, conmovido, a la dirección que traía, una vez observando que ningún amigo se había dignado venir, amablemente, sirviéndola en la emergencia crítica. Y allí se fue, bajo mis ojos, en dirección a un suburbio apartado, teniendo que enfrentar duros testimonios para ser presentados a la Legislación Divina en la lucha contra las tentaciones de una gran agrupación social, como evidencia de resoluciones inexorables tomadas al reencarnar, pero también como bases lúcidas de un destino de elección – ¡si a la altura de los méritos espirituales, se comportase en la arena terrible!

Aproximadamente sesenta años antes, encontrándome todavía encarnado y viviendo en ese mismo hermosa tierra carioca, conocí a Pamela bajo otro atuendo físico; es decir, existiendo en otra configuración corporal e imponiéndose en la sociedad con los valores de otro apellido diferente y otra condición social.

Su padre y yo éramos amigos cercanos, vecinos de residencia en San Cristóbal, un barrio donde viví durante tantos años, e incluso tuvimos el honor de ser invitados por ese digno varón a llevarla a la pila bautismal, dos años después de su nacimiento, consideración que acepté, reconocido. Por lo tanto, había sido su padrino antes que ella existiera con el nombre de Pamela; ¡y cuántas veces, durante su infancia de antaño, me apresuré a darle tratamiento, tratando de combatir pequeñas enfermedades típicas de su edad, con la experiencia de la Medicina que abracé!

La conocía ahora, fielmente resuelta a ejercer un apostolado eficiente entre los desheredados de la fortuna, a la sombra del Evangelio Remisor traducido en las directrices de la Doctrina de los Espíritus, y, por lo tanto, me conmovía su figura frágil casi adolescente. Pero valerosa como monumento de fe, preparándose como en una iniciación sacrosanta, para futuras actuaciones en torno a la beneficencia...

Por lo tanto, al llegar a la estación Don Pedro II a fin de conducirse sola, muy pobre, joven, hermosa, en un entorno social donde escasean los ejemplos honestos y las virtudes se ignoran bajo el anonimato, Pamela no haría nada más que demostrarles a sus instructores espirituales las resoluciones ennoblecedoras que exigirían de ella todos los valores morales de los que era capaz.

No me cabía duda que ella saldría victoriosa. ¡Su espíritu estaba preparado para el evento rehabilitador a la luz de enseñanzas tan altamente educativas y orientadores que yo anteriormente contemplaba triunfante, seguro que pronto llegaría el momento en que se me permitiría revisar su frente marcada por aquel halo fosforescente indicador de las conciencias tranquilas, de mentes reeducadas sobre las magnificencias del Evangelio!

¡Es que Pamela profesaba la Doctrina Espírita! Y el seguidor convencido de este generoso depósito de bendiciones espirituales tiene el deber sacrosanto de comportarse con orgullo y nobleza en cualquier lugar al que esté llamado a operar, como ciudadano terrenal o espiritual, comportándose a la altura del honor de la fe que comparte en todo el ángulo social que las circunstancias de la existencia o los propios testimonios lo obliguen a enfrentar, un deber conferido por la ciencia, que necesariamente tendrá, de las leyes de la vida que la Doctrina Espírita confiere a sus aprendices.

Sin embargo, y por más simple que pareciese, Pamela era heredera de una gran fortuna e incluso tenía una educación considerable. Había sido educada en el interior, entre mujeres religiosas que habían agudizado su inteligencia con un curso normal brillante, que también incluía el estudio esmerado de la música. A los dieciocho años, ya en posesión de su honorable título de maestra, también se había revelado como una futura pianista, interpretando números clásicos con gran técnica y un gran sentimiento que conmovía a los oyentes. Sin embargo, sus padres habían tenido un estatus social modesto, y la posibilidad de educarse provenía de la fortuna que había dejado en su testamento el viejo Comendador Antônio José de Maria y Sequeira de Barbedo, su tío bisabuelo, una fortuna que solo debería pasar a su poder; sin embargo, cuando tuviera veinticinco años de edad[3].

Un fiscal había facilitado la beca para sus estudios, cumpliendo así los deseos del testador, administrando no solo las cantidades depositadas en un canco de la capital, ganando intereses, sino también la Hacienda de Santa María, propiedad noble que databa de la época de la colonización del país, conservada con inteligencia y celo especial por el digno Comendador hasta la fecha de su fallecimiento y, hasta el momento que describimos, por fieles servidores en el cumplimiento del deber, entre otros un nacido esclavo pero liberto el día de su bautismo, por una carta de manumisión proporcionada por los padrinos, los cuales habían sido el Comendador y su hija Esmeralda. El sirviente, un estándar de honor y fidelidad inconfundible, era de ascendencia africana y vivió en el antiguo palacio desde su nacimiento, mostrando una visión y cordura inusuales, lo que le permitió continuar como cuidador de la rica propiedad de sus antiguos amos. Su nombre, como el de todos los nacidos esclavos, traducía el del viejo señor, del cual fuera propiedad. Y debido a que fue bautizado el día de San Miguel

---

[3] Los nombres de nuestros personajes son ficticios. Que el lector no los adapte a cualquier otro idéntico que por casualidad conozca. Nota del Autor.

Arcángel, agregaron al ángel bueno, quien fue designado como su protector espiritual por el discrecional decreto del digno sacerdote de la parroquia desde el momento muy solemne cuando las aguas del bautismo lo transformaron en un cristiano legítimo. Por lo tanto, se llamaba Antônio Miguel Barbedo o simplemente Antônio Miguel. Sin embargo, el orgullo del antiguo propietario, como vemos, y lo natural que sería en ese momento y, ciertamente, aun hoy, había suprimido la excelencia de "de Maria y Sequeira de", honor que recordaría a sus ancestros portugueses demasiado ilustres para prestar nobleza e hidalguía a un miserable retoño de esclavos africanos viniendo a ver la luz en un rincón del Brasil.

Ahora, Pamela era la bisnieta de una hermana del señor Sequeira de Barbedo, dama a quien la fortuna financiera nunca le había sonreído. Casado en primeras nupcias con Maria Susana, una criatura rubia y hermosa que la muerte había arrebatado en el tercer año de matrimonio, el Sr. Barbedo, por razones que el lector conocerá más adelante, legó su granja y su oro a la bisnieta de su hermana, una vez que no tenía herederos directos; y, por las mismas razones, había resuelto el requisito singular que solo a los veinticinco años permitiría que Pamela tomara posesión de la herencia. Por todas estas razones, la joven espírita, al llegar a las tierras cariocas, no era más que una niña educada, cuidadosamente educada, pero criada en entornos pobres.

Sin contar con afectos verdaderos o desinteresados a su alrededor; por lo tanto, huérfana, la parentela despechada y prevenida veía distinguían en ella solo a la rica heredera que les había arrebatado las posibilidades de heredar también, era bastante seguro que la joven provinciana experimentó en Río de Janeiro días difíciles de luchas y adversidades, entre las cuales las humillaciones se acumularon junto a contratiempos e imprevistos que desalentarían cualquier otro temperamento que no estuviera forjado en el calor conformador de la pujante creencia espírita, que crea en sus fieles una fortaleza de espíritu y paciencia capaz de resistir todos los desafíos de la prueba. No importaba el grado legítimamente adquirido, ni los clásicos que interpretaba en el piano – si una mano amiga, respetuosa y desinteresada, viéndole la inexperiencia, no la favorecía con la ayuda honesta para colocarla en un lugar decente, correspondiente al grado de cultura que poseía. Sería necesario nutrirse, vestirse, residir en algún lugar. Y la joven, casta e idealista, en dificultades financieras a pesar de ser la heredera de inmensa fortuna, desplazada en el ambiente ruidoso de la capital, tímida y aturdida, pero a la que ni las vanidades sociales enredaban en trampas precipitadas, ni los complejos deprimían creando problemas embarazosos – no se disminuyó ante el propio concepto, aprovechando la primera oportunidad de trabajo honesto que se presentó, protector y digno, resolviendo las dificultades del desempleo en el que se debatía. Entonces fue honrado, ante el propio concepto espírita, sentándose en el puesto de operaria, en cierto taller de costura y ropa hecha, trabajando serenamente al lado de parlanchinas compañeras que apreciaban sus modales pulidos; sin embargo, se sorprendió por la severa conducta de las costumbres, porque ignoraban tratar con un personaje superior y un corazón basado en ideales incomprensibles para sus conclusiones que aun eran poco profundas en asuntos de espiritualidad. Por lo tanto, viviendo en entornos por debajo de aquellos a los que tendría derecho a aspirar, durante cinco años se enfrentó a múltiples tipos de desgracias y testimonios, lo que, rigurosamente apoyada sin impaciencia ni lloriqueo, ampliaron su experiencia, brindándole magníficas oportunidades para cultivarse en los arcanos anímicos, cualidades morales valiosas, tales como paciencia, resignación, tolerancia, prudencia de actitudes, coraje moral finalmente, como resistencia física en sí misma. Había muchas privaciones, mientras que ininterrumpido sería la incomodad. Vivía en hogares humildes, residencias colectivas donde cada vecino acosa a su compañero de peregrinaje expiatorio por el simple placer de causar infelicidad a su vecino; soportó tirones e insultos, por no prestarse al abandono de las costumbres y actitudes de las que estaba rodeada; conformándose, en el buen sentido, a la situación que la intuición secreta le señalaba como preparación previa para futuros logros en diferentes sectores.

Ciertamente, a medida que pasaba el tiempo, surgieron oportunidades risueñas, saludando, para las aspiraciones que podía alimentar, posiciones bien remuneradas, que le permitiesen vivir en lugares más justos y en línea con su educación. Sin embargo, la obstaculizó la timidez de arriesgarse a los medios seductores, considerándolos propicios para las tentaciones de lo mundano, que, con todo cuidado y perspicacia, deseaba evitar. De todas maneras, se encontró importunada por los buscadores sin escrúpulos que pululan en los grandes centros sociales, quienes, al verla desprotegida de la atención de una familia, trataron de convencerla de situaciones incompatibles con la modestia y el honor femenino. Ella repelía, serena, tan ingratas embestidas de las regiones oscuras, fortalecida en el coraje inquebrantable extraído de esa fe superior que ardía en su potencial anímico.

Por la noche; sin embargo, se retiraba – su conciencia tranquila, el corazón alentado por el consuelo del deber cumplido, exhausta por las luchas del día. Alzaba, en silencio, su pensamiento ferviente hacia las esferas luminosas del bien, a través de oraciones humildes y amorosas, en busca de renovar las energías psíquicas, para el día siguiente. ¡Oh! ¡Entonces, que efluvios relajantes y vigorizantes, caían en cascada desde los planos espirituales para rociar su organización físico-psicológica, ayudándola fraternalmente en los fuegos de los testimonios! ¡Que de valores morales y mentales llegaba a su espíritu sediento de enseñanza elevada, cuando leía el libro de oro de los espíritas – *"El Evangelio según el Espiritismo"*, de Allan Kardec –, como adepta de la magnánima ciencia, en cuyas páginas, desde la primera juventud, venía alimentando su alma ansiosa de luz y justicia!

A la luz de una modesta lámpara, he aquí, una voz celestial susurra, una vez más, enseñanzas sublimes a su corazón humilde y ferviente, así como a su comprensión atenta y encantada frente a tan fecundo manantial, las prudentes advertencias de los instructores espirituales, que dejan las brillantes regiones de paz para, solícitos y amorosos, darse a la labor de vigorizar el ánimo desfallecido de los que sufren en la tierra, ¡exhortándolos a los senderos serenos del deber y la fe! Aquí está el consejero paterno que advierte contra las seducciones mundanas... Más allá de eso, es un suave susurro como una balada sugerente que narra el regreso del Divino Maestro para borrar el cáustico llanto de la desgracia con los bálsamos de esa caridad celestial que lo convirtió en el Consolador Supremo de los hombres:

- "Y tú, doncella, pobre niña arrojada al trabajo, a la privación, ¿por qué esos tristes pensamientos? ¿Por qué lloras? Dirige tu mirada a Dios, piadoso y sereno. Él da el alimento a los pajaritos. Ten confianza. Él no te abandonará... El ruido de las fiestas, de los placeres del mundo, hacen latir tu corazón... También te gustaría adornar tu cabello con flores y mezclarte con los felices de la Tierra. Te dices a ti misma que, como esas mujeres que ves pasar, despreocupadas y risueñas, también podrías ser rica. ¡Oh, cállate niña! ¡Si supieras cuántas lágrimas y dolores indescriptibles se esconden debajo de esos vestidos adornados, ¡cuántos sollozos se ahogan por el sonido de esa ruidosa orquesta, preferirías tu humilde retiro y tu pobreza! Mantente pura a los ojos de Dios, si no quieres que tu ángel guardián vuelva a su seno, cubriendo su semblante con sus alas blancas y dejándote con tus remordimientos, sin guía, sin amparo, en este mundo, donde estarías perdida, esperando tu castigo en el otro."[4]

"Vengo a instruir y consolar a los pobres desheredados. Vengo a decirles que eleven su renuncia al nivel de sus pruebas, que lloren, porque el dolor fue sagrado en el Jardín de los Olivos; pero esperen, porque también a ellos, los ángeles consoladores vendrán a secar sus lágrimas."[5]

---

[4] *"El Evangelio según el Espiritismo"*, Allan Kardec, Capítulo VII, "Bienaventurados los pobres de Espíritu" – Comunicación del espíritu de Lacordaire.
[5] *"El Evangelio según el Espiritismo"*, Allan Kardec, Capítulo VI, "El Cristo Consolador" – Comunicación del espíritu de Verdad.

Ella dejó el libro, conmovida. Las lágrimas centellaban en sus castos ojos y se quedó dormida, encomendándose a sus desvelados amigos espirituales, los cuales sabía fieles al mandato de ayudarla y aconsejarla durante la tregua que un sueño benéfico imponía a su espíritu enamorado de las bendiciones del progreso...

CAPITULO II
Amor de otra vida

- ¿Durante el sueño el alma descansa como el cuerpo?

- "No, el Espíritu nunca está inactivo. Durante el sueño, los lazos que lo unen al cuerpo se aflojan y, sin necesidad de su presencia, se lanza al espacio y entra en una relación más directa con los demás espíritus."

- ¿Pueden dos personas que se conocen visitarse mientras duermen?

- "Ciertamente, y muchos que creen que no se conocen acostumbran reunirse y conversar. Puede que tengas amigos en otro país sin sospecharlo. Es muy común que te encuentres con amigos y parientes, con aquellos que conoces y que pueden ser útiles para ti, que haces estas visitas casi todas las noches."[6]

Los médiums, más que cualquier otra personalidad, tienen la posibilidad de transportarse en un cuerpo espiritual – o en periespíritu – de un lado a otro de la Tierra, como del invisible, y allí se dedican a actividades de diferentes matices, a menudo lo

---

[6] *"El Libro de los Espíritus"*, Allan Kardec, Capítulo VIII – "De la Emancipación del Alma", preguntas 401 y 414.

hacen, aunque no siempre guardan recuerdos de las operaciones realizadas cuando regresan a la prisión corporal. Dichosa la criaturas – médium o no – quien, activo, pasivo a las advertencias del deber, así como a las benéficas inspiraciones de su propia buena voluntad, emplea aquellas oportunidades al servicio de causas justas o nobles, en aras del progreso propio o ajeno, entregándose a las luchas meritorias, desdoblándose continuamente en acciones productivas en torno al amor y la fraternidad.

Mi querida Pamela era médium. A pesar que los deberes absorbentes de la profesión elegida para su mantenimiento, modesto y oscuro, prefiriendo refugiarse en el anonimato de un escritorio de oficina cuando tenía talento y aptitudes para desempeños más elevados, y esto, como dijimos, por desear alejarse de ambientes que favorecían el dominio de las seducciones, era bastante seguro que, los sábados, se permitía la oportunidad de reunirse con otros creyentes del ideal cristiano, en la sede de uno u otro grupo de espíritas de ideas afines. Desde lo invisible, me propuse ayudarla en su progreso siempre que mis posibilidades y sus propios méritos me lo permitieran, conmovido por el perseverante deseo que ella presentara, ennoblecerse moral y espiritualmente al brillo de las enseñanzas divinas, renovando su carácter diariamente, y, consecuentemente, habilitándose, de todas las formas, para deberes y misiones conferidos por la ciencia de lo invisible, de la que era, como sabemos, una aprendiz convencida. Por esta razón, desde lo alto, a veces recibía permiso para ofrecerle una amplia variedad de refrigerios espirituales, entre otros, para proporcionar la posibilidad y la vigilancia para viajes en cuerpo espiritual, lo que serían muy agradecido a su corazón, ya que, una vez así, también aceleraría el buen desarrollo de las facultades mediúmnicas que florecían en su organización periespiritual, hermosas y prometedoras de bendiciones doctrinarias, frutos de las benditas labores de su espíritu, a través de los servicios evolutivos a lo largo del tiempo. Por lo tanto, no es raro sumergir su frágil atuendo carnal en un sueño profundo, sueño que comúnmente yo buscaba profundizar en el letargo con hábiles descargas magnéticas, para una mayor seguridad y beneficio de sus propios dones; Pamela, parcialmente desprendida, pero muy lúcida, como suele ocurrir con los sensibles altamente pasivos, elevaba su mente al infinito, en súplicas fervientes y vehementes para que sus mentores espirituales le permitieran una visita rápida a Zúrich, Suiza, donde, una vez que se aflojaron las vendas magnéticas que comprimían sus facultades a las cadenas del cuerpo carnal, sabía que había alguien que le era muy querido a corazón, pero de quien, en vigilia, solo recordaba lo que pensaba que era solo un sueño, a pesar de las instrucciones aprendidas en los códigos de la ciencia espírita. Discretamente asistida, por lo tanto, por mí, como por los vigilantes del plano invisible, porque no nos permitimos intervenir directamente en asuntos relacionados con el libre albedrío de cada persona, repitió sus visitas a la hermosa ciudad de Europa central; caminaba con intimidad las silenciosas y limpias calles que a menudo se blanqueaban con nieve; se dirigía a un viejo edificio de tres pisos, oscuro y triste; entraba en una sencilla habitación donde un joven delgado y rubio descansaba, dormía y murmuraba, traicionando infinita ternura:

– ¡Betito...!

Un fantasma, como envuelto en un denso velo de niebla, se levantó del sobre masculino que se extendía sobre la cama, vencido por un sueño reparador; la sostuvo en sus brazos, agitándola tiernamente con dulzura y anhelo; y, envolviéndolo alrededor de la cintura, descendían ambos las escaleras, estrechamente entrelazados, para dar un agradable paseo por las calles de Zúrich.

¡Eran, en efecto, dos almas enamoradas que se buscaban a través de distancias, y que, en espíritu, se encontraban para una tierna convivencia, atraídos por las vibraciones de sus propios pensamientos que evocaban un pasado remoto, en el que se habían amado ardientemente, viviendo otra existencia planetaria, aunque siempre unidas por lazos espirituales indisolubles!

Sin embargo, el joven, a quien ella llamó Betito, ahora era suizo de nacimiento, trayendo un nombre que ella desconocía, ya que, si en época ya extinta, en una existencia anterior, lo había conocido con ese apodo, la verdad era que, en el presente, se llamaba Maximiliano Niemeyer, era de origen alemán y se había dado a conocer en el grupo de relaciones que cultivaba solo por el diminutivo de Max.

Culto, esbelto, sonrojado y saludable, Max; sin embargo, carecía de activos de fortuna, a pesar de la brillante tesis de Agronomía que había defendido en la Universidad de su tierra natal. Si las facultades psíquicas de Pamela, aun más lúcidas y desarrolladas, lograran resaltar los detalles, se darían cuenta que su amada amiga estaba vestida modestamente, sufría privaciones en la triste mansarda del tercer piso y estaba triste por la imposibilidad de emigrar para permitirse un curso gratuito en la escuela a las ambiciones que tenía, satisfaciendo las necesidades imperativas por las que se veía asediado.

De cierta manera, durante los reconfortantes sueños espirituales en los fragantes jardines de Zúrich, le confesó a Pamela, la fiel compañera de otras vidas:

- "Estoy profundamente apenado por la soledad en la que vivo, aparte de tu relación amorosa, mi querida Esmeralda..." Tu ausencia de mi vida me desanima y me castiga, no permitiendo un respiro a mi espíritu para olvidar completamente el drama atroz que nos separó... Solo durante estos encuentros rápidos logro indulgencia y suficiente valor para permitirme arrastrar la carga de la existencia... Durante la vigilia, en el curso del trabajo diario, no soy más que un corazón insatisfecho, a quien le falta todo, un hombre triste que no encuentra atracciones a su alrededor, y cuyo personaje está cayendo en la incredulidad y la neurastenia. Ahora, con la esperanza de conseguir un refrigerio para la nostalgia que me golpea, me acabo de unir a una asociación humanitaria, donde el estudio del idioma esperanto será indispensable... Te lo ruego, querida, que imites mi gesto, allá en tu patria... pues sé que existen núcleos diseminadores del idioma fraterno por el mundo entero... ¿Quién sabe, tal vez algún día lleguemos a tener correspondencia, a través de alguna revista o periódico en esperanto...? Mientras nuestras almas se buscan ansiosas, sin más posibilidades u oportunidades de vernos que las que nos permiten ¿dormir el cuerpo físico... Mañana, cuando despiertes en Río de Janeiro y yo aquí en Zúrich, habremos olvidado todo lo que hablamos, logrando sólo la deliciosa impresión de un hermoso sueño de amor... Cultivando el esperanto; sin embargo, será más probable que fácilmente nos pongamos uno frente a otro, y entonces renovando, después, para el futuro, la felicidad que tan duramente nos fue arrebatada en el pasado..."

Ninguna regla de las leyes que gobiernan el mundo de los espíritus, por las cuales me guío, me impedía recordar a Pamela, cuando estaba en vigilia, una que otra vez más, la promesa hecha al ansioso Max, durante las breves evasiones en el cuerpo astral. Lo hacía, por lo tanto, discreta y afortunadamente, siempre que fue posible, utilizando la ayuda de sugestiones sutiles, incluso creando pequeñas oportunidades, aparentemente hijas del azar... A los espíritus también les es grato una u otra amabilidad hacia aquellos, humanos o no, quienes están en el camino... Y, al hacerlo, ¿qué más haría yo si no respetara las leyes legítimas de la fraternidad...? El esperanto está al servicio de la fraternidad como caridad al servicio del amor... Y presentar a los jóvenes a su estudio racional es advertirles que se preparen para un futuro radiante, que tenderá a enlazar a la Humanidad en el mismo vínculo de vibraciones afectivas...

¡En efecto! El tema fue de gran interés para la joven espírita, ya que los seguidores de Doctrina de los Espíritus pronto comprenden el valioso concurso del idioma esperanto en el ideal de la unificación humana que propugnan. Al retener en su subconsciente el atractivo vehemente del encantador compañero de los viajes espirituales, así como mis insinuaciones durante su vigilia, poco a poco ella comenzó a interesarse en el esperanto y buscó penetrar en sus secretos lingüísticos. En Río de Janeiro es fácil para un erudito o pensador, espírita o no, realizar la brillante adquisición intelectual. El espírita, quizás incluso mejor que cualquier otro idealista, encuentra en el esperanto una afinidad y una oportunidad para el desarrollo de los sueños extendidos de solidaridad humana que brotan de su seno. Pamela lo estudió con dedicación y placer. Tomó los mejores momentos de su propio tiempo libre y se entregó al noble servicio, aspirando sinceramente a penetrar en los secretos de su construcción literaria... Después de un tiempo, se convirtió en colaboradora de populares revistas de esperanto; y sus preocupaciones eran tan vastas, expandiendo la atención en todo el mundo, ya que al principio había ampliado el círculo de sus relaciones a través de una correspondencia amistosa con habitantes de incluso las regiones más remotas de Europa y Asia, que no se dieron cuenta que el tiempo había pasado rápidamente, acercándose al momento en que completaría las veinticinco primaveras...

Una noche, de camino a la sala de reuniones en la sede del grupo espírita al que asistía, Pamela vio en una silla pequeña una revista que había dejado allí casualmente... La tomó y, al reconocer que estaba escrita en esperanto, se interesó, a hojearla... En cierto momento, se sorprendió; acababa de descubrir información, acompañado del cliché de su autor. Se trataba de un joven agrónomo suizo, autor de tesis agrarias galardonadas, que no solo deseaba mudarse a América del Sur, sino que incluso ofrecía sus servicios profesionales a los agricultores brasileños, por una pequeña remuneración, ya que se confesaba un simpatizante de la grande y portentosa nación que es el Brasil. Se llamaba Max Niemeyer, tenía treinta años e indicó su propia residencia en Zúrich para cualquier eventualidad.

Profundamente impresionada, la heredera de Comendador Barbedo se cuestionó a sí misma, mientras que el erudito presidente de la institución solicitó a la asistencia el recogimiento que precede a la apertura de estas reuniones:

– ¿Dónde he visto una expresión tan dulce para mirar y la sonrisa amable y franca, impresa en ese cliché? Max Niemeyer... ¿Dónde lo vi, Dios mío...? ¿Lo conozco, quizás...? ¡No, por supuesto...! ¡Porque reside en Suiza!

Rezó por él, tocó, adivinándolo en angustiosas dificultades financieras, dada la noticia sobre él, deseándole lo mejor en sus emprendimientos. Sin embargo, al final del trabajo de la respetable asamblea, busca al dueño de la revista y le pide que sea lo suficientemente amable como para permitirle llevarla con ella. Pasaron los días y, en otra revista, en el mismo idioma, encontró información idéntica, esta vez; sin embargo, acompañada de una hermosa y fructífera tesis sobre el cultivo de la caña de azúcar, tan apreciada y cultivada en Brasil, y la mejor manera de riego para cultivos en climas tropicales.

Encantada, como futura granjera, decidió felicitar al autor por el ingenio comprobado y la comprensión de los climas tan diferentes de aquellos en los que vivía, percibiéndolo como un erudito además de ser un compañero adorador de ideal en el esperanto. No dudó, por lo tanto, e hizo un excelente y vívido comentario sobre la agricultura en Brasil, donde los cultivos son escasos, ofreciéndole literariamente al ilustre autor de las tesis antes mencionadas, terminando por felicitarlo por su inconfundible competencia comprobada, ya sea como técnico en agronomía, o como un creyente emérito en esperanto, también enviándole un encantador soneto bucólico, en el cual los campos aparecían como bendiciones celestiales para aquellos que se preocupan por el tamaño sagrado de la siembra en las entrañas fértiles y generosas de la Tierra.

Como era de esperarse, se estableció una correspondencia amistosa entre los dos jóvenes esperantistas. Ambos confesaron, en el curso de epístolas asiduas, que creían que estaban unidos por lazos de afinidades indefinibles y recíprocas; una confianza inusual lo llevó a perseverar en este tierno medio de comunicación, vinculando la simpatía mutua que los atraía intelectualmente. Sin embargo, la verdad era que, sin que ambos pudieran saber mentalmente el origen de una atracción tan grande, sus espíritus se conocían y se amaban, e incluso, como ya hemos visto, a menudo se encontraban durante el letargo de la carga corporal terrenal. Porque Pamela, cuyas bellas facultades mediúmnicas magnificaron su carácter, se transportaba en busca de su querido amigo. Dado que este último, ignorante de las ciencias trascendentales, no cultivaba adecuadamente los poderes del alma, se intercambiaron fotos y confidencias... Ambos confesando que las dulces emociones de un gran sentimiento afectivo penetraron no solo el potencial de sus espíritus, sino también todas las horas que vivieron...

Finalmente, pasaron cinco años, lentos y agotadores, desde aquella brillante y abrasadora mañana de verano, cuando Pamela había entrado en la vida activa de la gran metrópoli, y acababa de completar las veinticinco primaveras cuando, una tarde, cuando llegó a la humilde casa, de regreso del trabajo, la correspondencia importante del fiscal la esperaba, invitándola a visitar su oficina para tomar posesión de la herencia que le había dejado al morir el Comendador Sequeira de Barbedo.

Una vez que se completaron todas las formalidades legales, Pamela fue reconocida como la legítima propietaria de la Hacienda de Santa María, ubicada en las afueras de una pequeña y agradable ciudad en el estado de Río de Janeiro, así como la gran fortuna en valores tangibles que la acompañaron, sin excluir incluso las joyas de la familia Barbedo. Sin embargo, había una necesidad urgente de abandonar la hermosa capital, trasladarse a la antigua propiedad, revisar y finalmente administrar lo que había recibido con manos tan generosas como por arte de magia de un sueño encantador...

Y así fue como, en otra mañana clara de un día de verano, aquella joven singular, que había vivido sola en la colmena ardiente de una gran ciudad, sin ser contaminada por el reproche de ningún desliz, se dirigió al interior del país, tomando un pasaje de primera clase en el antiguo prefijo – S1 – de Estación del Ferrocarril Central de Brasil, que salió, respirando y ruidoso, de la estación Don Pedro II...

Serena y altiva, sus rasgos tranquilos y regulares no revelaban, ni la alegría de la codicia satisfecha ni la presteza de alguien que se supone que triunfa sobre las glorias del mundo. Contempló el paisaje, simplemente, sin preocupaciones, mientras, ligero, el tren ganaba distancias...

La observé, conmovido, y una sonrisa tocó los labios de mi espíritu. Murmuré en su oído, usando las ondas vibrantes de la intuición:

– Que el Señor esté contigo, mi querida Pamela... ¡Sabía que, bajo las bendiciones protectoras de la Doctrina del Amor y la Luz, lograrías las energías suficientes para la victoria de los testimonios en la batalla contra ti misma, removidas como fueron las últimas sombras que te oscurecían la conciencia en contacto con el ardor de las seducciones humanas, que supiste superar! Que nuevas y más florales energías revivan tus fuerzas intrínsecas en los testimonios de las realizaciones que comienzas hoy en los campos dorados de la beneficencia y el amor al prójimo...

Era una página que se volteaba ante mis ojos en el inmenso libro de la vida de un espíritu marchando por los caminos de la redención...

CAPÍTULO III
El Solar de Santa María

La ciudad de X... es una pequeña ciudad ubicada en el sur del estado de Río de Janeiro, cuyo excelente clima, pues se encuentra a unos cuatrocientos metros sobre el nivel del mar, atrae a sus alegres vacacionistas, que periódicamente transmutan allí, al final del año, ansioso por un merecido descanso después de un largo período de cruenta fatiga bajo el desarrollo de las aventuras diarias de la capital del país. Pequeña y silenciosa, también es pintoresca, tan románticamente adornado con sus casas blancas al estilo "chalés" bordeados por exuberantes jardines, donde el aroma emocionante de las *aglaias*[7], que se casa con el sutil aroma de los rosales caprichosos, derraman por la noche y expanden las olas aromáticas hasta convertirlo en un santuario de aromas que agradan al olfato y el corazón de cada uno. Huertos, jardines y granjas bien cuidados otorgan un carácter de noble y suprema dignidad a las discretas residencias, con persianas cerradas, que aun recuerdan los tiempos brillantes de los barones y gentiles caballeros del Imperio. En la parte superior, la cruz del templo evocador, la iglesia matriz, noble y dulcemente sugerente con su esbelta torre apuntando hacia el cielo, como indicando el deber de las criaturas hacia su Creador.

Y, debajo, callecitas polvorientas y soñadoras, a la sombra de bulevares de magnolias o cocoteros galantes, que llevan al pensador, o al sentimental, a extraer de las capas vibrantes que

---

[7] *Aglaia*, árbol pequeño del genero *Aglaia orodata*, muy común en Brasil.

rodean el recinto algo muy interesante y hermoso que una vez allí se había desplegado y perpetuado, fotografiándose lentamente, de vibración en vibración, en las ondas de luz, alrededor de su grupo.

Eran las doce horas y cuarenta minutos cuando Pamela subió a la plataforma de la estación pequeña y simple.

Los "*tevibien*" y los jilgueros orquestaban melodías inefables entre las astas de los prósperos bosques; y el Sol, con luz brillante y cálida, suavizado por la frescura de una brisa vivificante, alababa festivamente la hermosa región, como si le diera la bienvenida. Pamela diría que todo sonrió... y, extasiada por la naturaleza bucólica agradecida del paisaje, estiró los ojos como en un tierno abrazo y también sonrió, encantada y feliz...

Ella nació en esa ciudad. Pero, dejándola cuando tenía solo unos pocos meses, ya que fue solo accidentalmente que el evento importante había ocurrido allí, solo ahora regresaba, comenzando una nueva etapa en su destino. En la estación, solo su abogado, el administrador de la hacienda y el viejo Antônio Miguel, de unos setenta años, pero todavía vivo, servicial y diligente.

- Sea bienvenida a Santa María, "mi siñá..." que hace muchos años lloro, esperando su regreso... – Exclamó el negro, saludándola, con una frase áspera, temblando y moviéndose, mientras, sorprendida, Pamela observó la humildad de una discreta lágrima en sus ojos melancólicos.

La joven extendió su mano, afable y sonriente, que agitó con veneración y respeto, como si en su elegante imagen estuviera revisando a alguien a quien una vez amó mucho, tal vez una anciana esclava...

- ¿Quiere por favor indicar el transporte de su preferencia, señorita? El viejo Miguel insistió en enganchar los caballos al trolé, que durante unos veinte años no salió de los almacenes de Santa María para probar las ruedas oxidadas... Afortunadamente, aquí también está el automóvil. "¿O preferiría residir en el "Gran Chalé "de la ciudad...? Ya que él también está dispuesto a recibirla – preguntó el administrador, el "Capitán" Ignacio, que anteriormente estaba en la fuerza pública local, en el modesto puesto de sargento, valía el apodo de la patente que no alcanzó y a quien, de la misma manera, las películas cinematográficas le enseñaron a vestirse como vaquero del lejano oeste norteamericano.

Ella prefirió el "trolé", lo que dibujó una sonrisa franca en los labios de Antônio Miguel, y deseaba ir inmediatamente a la hacienda, aumentando así la agradable emoción del viejo sirviente y causando el singular asombro de Ignacio, que él no entendía como una joven moderna. acostumbrada a la comodidad de la capital, rechazaría un brillante y suave "*Studebaker*" por un ruidoso carro tirado por dos caballos y que había servido en la época del Comendador Barbedo...

Sin embargo, el "trolé" siguió, al trote de un hermoso par de animales, a lo largo del camino fresco bordeado de cedros y bambús. Pronto penetró en la tierra de la antigua mansión... Y solo entonces Pamela, al darse cuenta del sueño que vivía, pudo vislumbrar, en la realidad de su verdadera expresión, el inmenso patrimonio que se le había ofrecido, la gran fortuna de la que tomó posesión... ¡Y el gesto del Comendador, que los legó, más singular y enigmático, le llamó a la meditación!

- "¿Por qué razón excepcional el buen viejo me donaría a mí, y no a otros, un capital tan grande? - Pensó tiernamente -. ¡Si! Fue un gran enigma para todos nosotros. Solo Antônio Miguel lo entendió... Dijeron; sin embargo, que era espírita... Y mi madre narró, sorprendida, que, durante mi infancia, él siempre me prefirió a todos los otros sobrinos... Me abrazaba a llorar, conmigo jugando en sus rodillas, mientras repite, medio sonriendo y moviéndose: "¡Cómo te pareces a mi Esmeralda...! ¡Tú, Pamela...! La misma marca en el ángulo izquierdo de la cara, la misma expresión serena y dulce de la mirada... Lo que "ella" advirtió, cumplió... ¡Dios en el cielo! Ella misma eligió el nombre, y aquí está... ¡Volviste a mis brazos! ¡Oh! ¡Qué sublime y consolador es todo esto!"

¿A qué se refería; sin embargo, el buen Comendador? Nadie lo supo, excepto Antônio Miguel, que parecía tener un extraño entendimiento con él.

Mientras tanto, desde la tapicería negra del viejo coche, cuyos cojines cubiertos de terciopelo cubrían, Pamela reveló los ricos y prometedores cosechas que se extendían por los campos y la siembra de colinas: arrozales maduros, agitando grupos pesados por la urgencia de giros fragantes; los enormes campos de maíz, agitando sus cintas inquietas como para saludar a su joven propietaria, que estaba llegando; los apetitosos campos de caña, que le recordaban a su tierno corazón la magnífica tesis del amigo esperantista que todavía era tan distante e inalcanzable más allá del mar, como los florecientes cafetales, el patrón generoso de una vida nacional: abrir majestuosas filas en la parte posterior de las colinas o el ganado feliz, en bandadas de ideas afines, royendo el pasto vitamínico o bebiendo allí, en la corriente fresca y murmurante que brillaba en los rayos del astro rey como si sonriera al pasar...

– ¡Uno diría, Dios mío! ¡Que estos paisajes, estos campos de cultivo estaban grabados indeleblemente en mi alma! Los reconozco, los amo, siento que todas las fibras de mi corazón tiemblan cuando los contemplo, ¡y sin embargo nunca los he visto, excepto en este momento! Me fui de aquí cuando tenía seis meses. ¿Y por qué la imagen de Max, a quien "nunca" vi personalmente, está tan asociada a estos panoramas, imponiéndose en mis anhelos y recuerdos? ¡Pobre Max! Solo y sufriendo en Zúrich, "¡qué feliz te sentirías si te dieran la oportunidad de correr por estas tierras!" – Pensó, encantada, con los ojos atentos a ambos lados del camino.

Sin embargo, he aquí la abundancia de pomares, anunciando la proximidad de la residencia de los antiguos Barbedos. Alrededor de una curva en el camino, se encuentra la imponente mansión, en su estilo único – colonial portugués, estilo florentino – ciertamente siguiendo la guía de dos constructores de diferentes nacionalidades, mostrando las tres fachadas originales divididas por dos cavidades, cada una que puede ser habitada por diferentes familias, con entradas y salidas independientes entre sí, pero toda la casa se comunica internamente a través de una reunión armoniosa y singular de habitaciones y pasillos.

Pamela se puso los binoculares. No conocía la mansión de Santa María. ¡Lo veía ahora por primera vez! Distinguió las tres fachadas en relieve, con sus respectivas entradas y el inmenso balcón que las rodeaba, y la emoción indomable, la emoción inusual, la hicieron quitarse el precioso instrumento de los ojos: de repente, había recordado que esta misma disposición singular del noble edificio que había causado una dolorosa tragedia en la familia de Barbedo, y esos largos años habían pasado sin que las preguntas que rodeaban la casa hubieran desaparecido. La tradición de lucha y el dolor sin precedentes en la familia habían permanecido desde entonces, y la casa, prohibida, por así decirlo, del tiempo desafortunado, nunca fue habitada por ningún miembro de la familia de Barbedo, sino solo por Antônio Miguel, quien él fue el único que penetró en las dependencias solitarias de la sombría mansión; y que, varias décadas después de los dramáticos acontecimientos, conservaría la misma disposición interna, la misma decoración que el día siniestro, como las reliquias sagradas que resultaron ser para el viejo Comendador y su ahijado Miguel.

Un silencio impresionante rodeaba la magnífica mansión. Todo era nostalgia y tranquilidad, como si el entorno aun no hubiera recuperado el trauma sufrido en la mañana de agosto de 1886. En el jardín, bandejas de flores frescas y hermosas hablaban del celo paciente de Miguel; y las elegantes trepadoras, con incrustaciones de racimos multicolores, prestaban elegancia a la casa, uniéndola aquí y allá con sus abrazos de cuernos en flor.

Pamela salió del auto extasiada, su subconsciente se precipitó en el trabajo de reminiscencias difíciles, incluso imposibles, pero aclaradas por los arrebatos de la psicometría[8], ojos

---

[8] Psicometría: Lindo y curioso fenómeno mediúmnico, que permite al individuo dotado de dicha facultad de ver y oír lo que sucedió o se realizó en el lugar que visita, después de muchos años de transcurridos esos mismos acontecimientos. Ver *"Los Enigmas de la Psicometría"* de Ernesto Bozzano.

fijos en el imponente edificio. Parecería mantener la mente relacionada con un tiempo que no podría necesitar, como las fuertes impresiones que revivieron a su alrededor, impactando, tocándolo, mientras las imágenes del viejo Comendador y Max emergían de las profundidades de su corazón, indeciso y extrañamente nostálgico.

Un pequeño grupo de sirvientes la esperaba en el patio, como lo habrían hecho los esclavos cuando llegaba el nuevo amo. Ella los saludó con una sonrisa, pero no los distinguió realmente, permaneció asombrada al contemplar el ambiente. Subió los escalones con pasos firmes y fáciles. En la sala de espera, amueblada con arte severo, dos grandes pinturas al óleo atrajeron su atención, causándole una sonrisa benevolente. Allan Kardec estaba estampado en uno de ellos, sus ojos penetrantes irradiaban inteligencia y consideración, que recordaban a remotos iniciados celtas; mientras que el otro, la amabilidad del Comendador Barbedo había deliberado, era el nuestro, dada la estima que nos había unido en el pasado. Les ofreció a ambos un beso de cálida bienvenida, lanzándolo al aire con sus dedos florecidos y continuó hacia el interior, ya que estaba familiarizada con el laberinto de pasillos y salones. En proporción; sin embargo, cuando se acercaba a las dependencias del centro, Miguel había notado que la joven palidecía, mientras que la emoción singular que la había golpeado al llegar, haciéndole temblar nerviosa, se acentuó. Resuelta, abrió puertas y habitaciones con absoluta certeza, como si hubiera estado acostumbrada a hacerlo. De repente; sin embargo, al pasar, sin prisa, a través de la rica sala de recepción donde todavía estaba abierto un rico "*Pleyel*" con la partitura que muchos años antes se había tocado por última vez, mientras una flauta plateada yacía abandonada sobre el mismo, condujo si se tratara de una pequeña sala de estar que daba puertas a los porches del jardín, y cuyas ventanas, ahora con persianas corridas, cuando se abrían, dejaban penetrar al interior las ramas de rosas en flor, plantadas a lo largo de toda la fachada.

Pamela las abrió, poseída por un anhelo insólito, y se volvió brusca, nerviosa, hacia otra puerta que estaba dibujada en un ángulo inmediato, la cual, medio cubierta por una pesada cortina verde malva, dejaba sin embargo visible un cuadro con un marco negro el perfil de una bella mujer, de veinte años, ataviada con vaporosos ropajes nupciales, le seguía esta minuciosa inscripción:

– "Esmeralda murió en esta habitación. No la profanes. Ora por ella."

Junto a ella, Antônio Miguel, ansioso, contemplaba a la recién llegada, como si mirara su identidad espiritual. Esto; sin embargo, se calmó poco a poco, mientras sonreía... Y, en un momento dado, quitando la pintura y pasándola al compañero, embistió contra la manija de cristal, la abrió con un golpe y penetró en la habitación cerrada, grosero, modales rudos, repentinos, como asustados.

La habitación de una rica pareja de estilo manuelino apareció ante sus ojos dilatados y penetrantes, como si su alma hubiera vislumbrado previamente su interior, mientras que, en el umbral, el negro observaba en silencio. Sin embargo, el desorden en el que se encontró la cama fue tan significativo, como, de hecho, toda la dependencia, que no pudo contener y cuestionó, en serio:

– ¿Por qué nunca recomponen esta sala?

– ¡Ah! – explicó Miguel, conmovido –. Era por la mañana... Eran las ocho en punto... La señora acababa de levantarse... Todavía están los objetos utilizados para el primer "baño..." y allí, en el salón, el piano todavía estaba abierto, con la partitura que acababa de ensayar, como era costumbre antes de salir de las habitaciones. Mi señor Comendador nunca permitió que nadie los tocara...

– "¡Pobre señor Barbedo! Sus sufrimientos deberían haber sido bastante atroces cuando perdió a su hija, para poder ser vencido por un anhelo sentimental" – murmuró con tristeza, estirando su mirada a través de la habitación desordenada hacia la parte superior de la pared trasera, donde un panel, que representa a la hermosa Esmeralda de tamaño natural, tradujo perfectamente la belleza fascinante de la que estaba dotada, gracias a los colores vivos de la pintura.

– ¡Mi señora – el humilde sirviente suspiró tímidamente –, el dolor que le sucedió a mi viejo amo no se puede traducir en lenguaje humano! ¡Oh! Todavía me parece escuchar sus gritos desesperados a lo largo de estos corredores, maldiciendo a los cielos, blasfemando contra Dios, cuestionando entre sollozos y expresiones furiosas de un demonio perfecto, su corazón desgarrado en las profundidades de su ser:

– "¿Por qué, Señor Dios...?! ¿Por qué me castigaste así? ¿Por qué podría suceder "esto"? Si te ofendí con mis actos de maldad, ¿qué culpa tuvo ella? ¿Por qué no me lastimaste, sino solo a mí? ¿Por qué? ¿Por qué? ¡No hay nada más insoportable en el mundo para destruir un corazón humano!

Como el pobre Comendador no se volvió loco ni sucumbió bajo el atroz golpe, solo la misericordia del Todopoderoso, que acudió en su ayuda, sabe...

– ¡Mi generoso amigo profesaba la Doctrina Espírita, querido Miguel, y los seguidores de este credo consolador saben sufrir, porque alzan sus corazones ulcerados hacia Dios, en las radiaciones de su propia fe, con la que piden fuerza para los incuestionables testimonios!

– ¡Sí, mi señora, es verdad! Pero, en el momento en que me estoy refiriendo, aun no profesaba... Solo más tarde, después que el Sr. Dr. Bezerra vino a recogerlo, involuntariamente lo llevó a la Corte, pudo conocer y adoptar esta doctrina del amor y redención, resignándose, entonces, a lo irremediable.

– Sí... Recuerdo haber escuchado a mi madre, que a menudo se alegraba de narrar sus primeros días espíritas... Misericordia de Dios, hoy disfrutará en el más allá de la paz a la que tenía derecho durante el paso de las duras pruebas que soportó... Y seguramente disfrutará de la alegría junto a su amada Esmeralda...

Antônio Miguel sonrió, enigmático, mientras la nueva propietaria continuaba:

- Quiero vivir en las mismas instalaciones que Esmeralda, mi querido Miguel... Esta será mi habitación... Asegúrate que mi equipaje suba. Recompondré esta habitación yo misma.

- Señora... ¿tiene el coraje de vivir en estas mismas habitaciones? ¡Oh! Han pasado tantos años y todavía siento horror hoy... ¡Fui testigo, señora...! Allí, en la puerta de la alcoba donde...

- ¡Sí, Miguel! Arregla mi equipaje...

El viejo sirviente se alejó en silencio, después de una reverencia cortés y humilde. Pero si Pamela lo hubiera visto irse, ella habría notado que él había juntado discretamente sus manos, levantándolas al cielo en un gesto piadoso, mientras él murmuraba, mientras dos lágrimas discretas humedecían sus párpados:

- ¡Alabado seas, Dios mío, que me diste la vida para presenciar su regreso!

CAPÍTULO IV
Max

Pasaron algunos meses desde la feliz mañana en que al sombrío Solar de Santa María había regresado, reencarnado en la persona de Pamela, la inestimable bendición de la presencia de su antigua señora. Durante los primeros días, la novel propietaria había permanecido recogida, absorta en la lectura de las recomendaciones contenidas en el testamento que la había convertido en la propietaria de la hacienda, y particularmente en el diario íntimo del Comendador, donde se escribieron importantes secretos familiares y revelaciones de la mayor seriedad, a propósito para ella, guiarla hacia futuros éxitos. Con la sucesión de días; sin embargo, se estaba produciendo una transformación visible no solo dentro de la antigua residencia, sino incluso en el área de siembra más remota. Se podría decir que las viejas instalaciones se despertaron con una nueva fase de uso después de la pesadilla letárgica que duró unos sesenta años. Y, al tiempo que conserva con amor las reliquias familiares tradicionales, como vajillas, muebles elegantes, colecciones de arte, cámaras y gabinetes favoritos y, sobre todo, los objetos de uso que pertenecen a la bella Esmeralda, Pamela había impreso en todo el sello encantador de su propia personalidad, eliminando en la medida de lo posible los amargos recuerdos del tiempo pasado nefasto a las inspiraciones de su idealismo espírita evangélico, despertando así sugerencias saludables y renovadoras para un presente sereno y un futuro prometedor.

Comprendiendo, además, las probabilidades de la gran área agrícola que había llegado a sus manos y, como espírita, la grave responsabilidad que había asumido ante las leyes divinas cuando juró con tanta riqueza, acordó con su conciencia dar al Señor un buen testimonio de ellas, como le había ido tan bien en la pobreza, en la que nació y vivió hasta entonces. Por lo tanto, ella oró, levantándose en plena comunión con sus guías espirituales, al Creador Todopoderoso, rogando por inspiraciones y oportunidades para postularse, en el seno de la sociedad, así como en la intimidad de la casa, el préstamo que el cielo le hizo convirtiéndola en depositaria de la antigua fortuna de Barbedos. Conmovidos y atentos, esos trabajadores lúcidos en la viña celeste no le negaron misericordia, ya que la vieron sincera en sus propósitos, haciendo que todos analicen las posibilidades y tendencias utilizables para el caso, apunten al sagrado programa de intuiciones y me confíen una vigilancia directa y permanente para facilitar sus nobles deseos, sin interferir en su libre albedrío, descuidando los méritos que podría adquirir de acuerdo con las normas para las que se llevó a cabo en la batalla sublime. Luego procedí a observarla, usando la autoridad con la que había sido investido, examinando sus acciones, buscando sus pensamientos e intenciones, alentándolos discretamente si los percibía como razonables, a través de intuiciones fugaces; o advirtiéndola bajo el mismo proceso sutil, a menudo durante sueños inteligentes, si se dejaba llevar por impulsos generosos, pero poca moderación y prudencia, de su temperamento franco y demasiado confiado, ya que Pamela tenía un corazón simple y angelical, incapaz de acciones menos sinceras, convirtiéndose en acreedor, por esa misma razón, del incentivo que le dimos.

Así la vi en conferencia con su administrador y otros asistentes responsables, discutiendo la necesidad de reemplazar los métodos agrarios utilizados en los servicios de la hacienda, por anticuados e ineficientes, por otros más modernos, armonizados con las necesidades impuestas por el progreso. Y esto para que el patrimonio de Santa María consolidara, ahora, la tradición de la agricultura fructífera, y un granero rico y bendecido que había sido en otros tiempos.

– Será urgente – sugirió, sorprendida por la exactitud de los conceptos, ella que, incluso ayer, había vivido la dolorosa existencia de una gran ciudad, donde los asuntos agrícolas nunca se consideran, excepto el almuerzo o la cena, cuando las verduras son escasas –, será urgente transformar nuestros campos en cultivos bendecidos donde al Señor Jesús le gustaría tener su aspecto divino, alabando nuestros esfuerzos para producir una abundancia de productos para quienes nos rodean. ¡Las ganancias excesivas no me atraen, deseándome una vida rica y lujosa a raíz de los placeres mundanos! Por el contrario, no tengo la ambición de expandir las posesiones dejadas por el Sr. Barbedo, excepto mantener lo suficiente para desarrollar un programa humanitario y fraterno con aquellos que trabajan y sufren en la sociedad, lo cual no podemos ignorar, según los principios filosóficos y religiosos que yo esposo y las recomendaciones del mismo señor Barbedo, escritas en su testamento, que él mismo recibiría del noble espíritu de su hija, con quien se comunicaba, según dice en su diario íntimo, a menudo a través de la mediumnidad.

– Apruebo sus proyectos, mi señora, honorable y humanitaria, digna de un descendiente de Barbedo. Estoy a su entera disposición, ansioso por prestar mi colaboración al programa establecido. ¿Cómo piensa comenzar, sin embargo? – Dijo el "Capitán" Ignacio, admirando las disposiciones varoniles de la valiente joven.

– Bueno... Comenzaremos la batalla renovadora demoliendo las miserables chozas donde residen estos pobres colonos, y que aun datan de los días del Comendador. Tomaremos el paso inconfundible de construir nuevas casas, casas pequeñas, pero cómodas e higiénicas, capaces de eliminar las complejidades de humillación e inferioridad que se observan en estos desafortunados trabajadores agrícolas, a menudo abandonados por la protección que les deben los valientes propietarios. Me sentiré humillada e incómoda frente a mi propia conciencia, "Capitán" Ignacio, residiendo en esta espléndida mansión, mientras que los trabajadores de mis campos sufren una escasez insoluble en esos trabajos de miseria y desgracia, que allí distingo estigmatizando nuestros campos tan hermosos en su exuberancia productiva, ¡Con sus formas sombrías que muestran incomodidad y abandono! ¡Sí! ¡Aplicaremos leyes humanitarias y protectoras a los trabajadores en nuestros campos! Brindaremos apoyo social a sus familias, educación adecuada para ellos y sus hijos, reformando su estilo de vida primitivo tanto como sea posible para que se sientan seguros y esperanzados en los ardientes campos agrícolas, sin preocuparse por la deserción a los grandes centros industriales, abandonando la cosecha, que necesariamente sufriría, disminuyendo con tal abandono.

- Veo que usted alimenta ideas avanzadas en el plano social, mi señora, y me felicito por compartirlas. Me doy cuenta que, de hecho, está inspirada en pautas modernas y muy democráticas; es decir, humanitarias y fraternales. Entiendo, por lo tanto, que hay mucho por hacer en Santa María... Y para la eficacia de dicha programación, sugiero la presencia urgente de un técnico consciente y experimentado.

Pamela sonrió pensativamente, estirando sus radiaciones mentales lejos de la oficina donde estaba teniendo lugar la conferencia, incluso lejos de Santa María, y respondió, suavemente tierna:

- Sí, "Capitán" Ignacio... Urge un técnico ... y prefiero que sea europeo. Lo mandaremos venir desde Suiza.

... Y Max Niemeyer finalmente llegó a Santa María, para una apoteósica noche de abril, cuando los aromas festivos de los jardines adornaban el aire con la quema de sus manifestaciones. Solo entonces se le había informado de quién, de hecho, había solicitado sus experiencias agrónomas para la rica mansión, ya que, temiendo que las posibles susceptibilidades lo hirieran, Pamela había comisionado a esos asistentes para hacer los arreglos para su llegada a Brasil, tal como ella conocía ser su más ardiente deseo, prefiriendo; sin embargo, permanecer en un segundo plano.

El joven europeo se confesó feliz y encantado, aunque sorprendido. Y mientras se abrazaban efusivamente, riendo y felices como tiernos amantes que habían estado separados por mucho tiempo, ambos confesaron íntimamente que la conmoción que sentían poseída era algo más vivo y conmovedor de lo esperado. Ninguna sombra de dificultad para la comprensión lingüística que se estaba volviendo indispensable había enfriado la satisfacción que sentían invadidos. Se entendieron magníficamente en esperanto, ahora que se conocían personalmente, como antes a través de la correspondencia epistolar y literatura. Y el "Capitán" Ignacio, un amigo del progreso y celoso de la buena figura que había prometido presentar en todas partes, por una ética totalmente personal que tenía la intención de desarrollar, muy pronto, hizo de Max un querido amigo. Porque la amabilidad de Pamela, quien había comenzado a guiarlo a través de las sutiles y futuras complejidades del precioso idioma, le permitió conferencias y entendimientos muy útiles e interesantes con el joven suizo, para las operaciones que se estaban volviendo necesarias en la hacienda. Entonces la vida comenzó a pasar activa y febrilmente en Santa María. ¡Max era culto, inteligente, poco ambicioso, dinámico! Se podría decir que los siglos de experiencias que son el patrimonio más eficiente de los pueblos europeos se han acumulado en sus propias personalidades. Asistió a los impasses más delicados con facilidad y precisión. Los problemas más complejos que enfrentó en su nueva carrera, los resolvió con prudencia y eficiencia que vale la pena mencionar. En Santa María se sentía como si estuviera en sus agradables cantones o en sus exuberantes valles. Todo era familiar y agradecido a su corazón. Le encantaron esos lugares, los recorría, sonriente y comprensivo, a caballo o a pie, su piel muy blanca por el fuerte sol, sus ojos muy azules y muy tiernos, como los de un adolescente, protegidos de la dura luz por las grandes gafas de sol, de las que se había vuelto inseparable. Renovado el inmueble, de forma rápida y eficiente. Remodeló las prácticas anticuadas, reeducó los viejos hábitos, expandió los programas, dedicándose al trabajo incansable, en cada detalle de los logros presentados, demostrando ese patrón inconfundible del idealista lógico y constructivo, comprometiéndose en un trabajo exhaustivo con una devoción intraducible. Como alguien que se reencarnó deseando que su propia conciencia, como la Legislación Divina, sea testigo de nuevas disposiciones para resoluciones nuevas y urgentes, compensando así las perturbaciones graves de un remoto pasado espiritual.

Pamela, que era una espírita culta y lúcida, familiarizada con los secretos de la Doctrina Excelsa que explica y desvela todo lo relacionado con el alma humana y sus destinos, y, al mismo tiempo, aclaró su vigorosa mente con chorros de intuiciones inconfundibles, tal vez incluso con reminiscencias de pasados por ambos vividos en existencias pasadas, lo comprendía completamente, viéndolo serio y sobrio en todas las actitudes, dedicado a la hacienda sin más ambiciones que el deseo de servir bien, ganando así una vida brillante para el salario que percibía. Ella lo amaba profundamente, tiernamente, reconociendo en él el cumplimiento sublime de sus aspiraciones de joven. Pero el joven Niemeyer, amable y perfecto caballero, que le había escrito una vez desde el viejo y nostálgico Zúrich, tan dulces cartas en esperanto, bordeadas con encantadores toques de amor, con la esperanza de un futuro sonriente, ahora que se había mudado a su lado, ya que parecía querer tanto, era irritantemente discreto, ajeno a sus viejos sueños, nunca dejando que sus impresiones se mostraran cuando la veía, tal como si se hubiera sentido decepcionado al conocerla en persona.

Y así había sucedido, de verdad.

Se sentía disminuido, rodeado de molestos complejos debido al hecho que estaba tan bien colocada en la sociedad, una dama con enormes capitales, que ni siquiera sabía cómo evaluar, su justo valor. En el pasado, leyendo las dulces expresiones de consuelo que había enviado periódicamente a Suiza, se aferró al deseo de emigrar a Brasil, excitado, tal vez aun más, por la certeza de que, en su personalidad superior, encontraría el ideal de amor que le convenía, que se reconocía insatisfecho, incomprendido en sus propias aspiraciones sentimentales. Luego, alegre, se suponía que era una modesta maestra, desplegándose en labores, como él mismo, con dignidad y heroicamente, para su propio sustento. Aquí; sin embargo, la encontró en posesión de un patrimonio inmenso, rica, enfurecido por un tribunal de aduladores, mientras que él mismo no era más que un trabajador propio, servidor de sus vastas propiedades. ¿Bajo qué derechos confesaría los sentimientos que ardían en su corazón? ¿Dónde está el valor suficiente para recordarle los castos anhelos de amor, los sueños de un futuro encantador expresados en las misivas con las que se correspondían en esperanto? ¿Para pedir su mano, para la realización del matrimonio? Ciertamente, todo su ser solo estaba esperando una hora sacrosanta, en la que pudiera apretarla contra su corazón ardiente, atado a ella por los lazos rosados del matrimonio. Ciertamente su alma la había convencido, convenciéndolo, desde que entró en Santa María, que, en su figura atractiva y serena, todos los regalos necesarios para la mujer acumulados para convertirse en la compañera ideal para un hombre como él, pero, pobre emigrante de su tierra natal, desprovisto de bienes materiales, sin proyección alguna en una sociedad a la que aún no se había impuesto y, sobre todo, mero empleado suya, ¿cómo se atrevería a proponerle una alianza matrimonial?

Max era demasiado arrogante para exponerse al ridículo ante los mismos conceptos. Y el orgullo, entonces, dominó los arrebatos románticos en su seno, manteniéndolos bajo una actitud tan intransigentemente discreta que causó frecuentes lágrimas a la pobre Pamela, haciéndola creer que no era amada en absoluto.

Por lo general, los miraba, sonriendo, desde mi puesto de tutela modesta desde el más allá de la tumba, investido, como ya he confesado, con asignaciones recibidas de los planes superiores del espacio alrededor de Pamela y, necesariamente, también de Max, que sabía que estaba conectado por lazos espirituales indestructibles. Y pensaba, a veces, triste:

– "¡Cómo las convenciones sociales terrenales hacen infelices a las criaturas! ¡Ellos mismos, enredados en las tramas prejuiciosas que tejen, establecen el agravante de sus propias pruebas, permitiendo el descontento extremadamente doloroso, las personas divorciadas que se complacen de quedarse con la simplicidad del corazón, que facilitaría todo lo que rodeara sus pasos!"

¡Oh! Vi a mi dulce Pamela estallar en lágrimas ocultas para todos, amargada y sufriente, ella que merecía ser feliz, aislada con sus propios dolores en las hermosas habitaciones que pertenecían a mi ahijada Esmeralda, suponiendo que fuera despreciada por un corazón que; sin embargo, la idolatraba, pero también se torturaba a sí mismo, desanimado de manifestarse, protegido en puntos de vista que consideraba dignidad personal, pero que, en verdad, no era más que un sentimiento inferior de orgullo y rencor por no verse en condiciones de ¡también eclipsar a otros con partes superiores idénticas! Sabía que el corazón de Pamela era sencillo y sereno, incapaz de distinguir en la fortuna que había heredado algún impedimento para la realización de sus nobles aspiraciones en torno al agrónomo suizo. Pero también lo vi pasar noches desoladas y sin dormir, hundiendo su mente en la solución de preguntas desesperadas, en la creencia que la joven hacendada, escuchando las protestas de amor, podría sospechar de él como un señor ambicioso capaz de cambiar por beneficios pecuniarios. Entonces me dije a mí mismo: "¡Dejen que se aprovechen de los prejuicios! Es hora de guiarse por pautas que estén más en línea con el sentido común. No interferiré en detalles que solo les conciernen a ellos. Están espiritualmente atados por los más sublimes lazos de afecto. Se entenderán tarde o temprano, por la fuerza del sentimiento que los une..."

Sin embargo, tales contratiempos no afectaron el progreso de las trillas de Santa María, que estaban floreciendo claramente. Max trabajó su propia profesión con amor por la mujer que adoraba; y, bien inspirado tanto por el deber como por las grandes vibraciones de la sensación estimulante a la que estaba esclavizado, era seguro que hizo milagros en el antiguo complejo del Comendador Sequeira de Barbedo. Surgieron pueblos residenciales para colonos y funcionarios donde en el pasado solo se distinguían tristes chozas inhóspitas que quedaban de los días de la esclavitud, que mi digno amigo Antônio de María no había sabido a tiempo expulsar de sus tierras; y aparecieron, bajo las manos del inteligente Max, graciosos y cómodos en la sencillez de su país, para deleite de los empleados de la hacienda, desde el administrador hasta el último trabajador manual. La producción se fue multiplicando. Los procesos agrarios más modernos, aplicados de manera inteligente, resultaron en cosechas abundantes, graneros superpoblados, trabajadores orgullosos de su propio trabajo y confiados en sí mismos y en el futuro; mesas bien surtidas, caras sonrientes, ganancias en los cofres, nuevos proyectos para el futuro prometedor, satisfacción general: los nombres de Pamela y Max Niemeyer bendecidos entre votos amistosos de prosperidad perenne. En poco tiempo, Santa María se dio cuenta de mil aspectos sorprendentes... Y se diría que incluso los campos y arroyos más distantes que le dieron frescura y animación; el ganado y las aves vivas, como las flores que resucitan y los huertos acogedores, levantaron canciones de acción de gracias al Creador Supremo, combinando vibraciones armoniosas con hombres en el mismo complejo de felicitaciones fraternales... Se crearon escuelas y Pamela, feliz de poder ser útil para otros, enseñó e instruyó a niños y adultos de forma gratuita, fiel a una mentalidad iluminada por normas superiores, comprensión de las necesidades urgentes de la patria y, por esta misma razón, sirviéndola con humildad, pero eficientemente, en el sector que le era querido. Y debido a que cultivó la música, compartió el encanto que recibió del arte divino, con aquellos que también querían saturar su propio corazón; y debido a que asimiló las fragancias sublimes del Evangelio del Maestro Nazareno, extendió las inspiraciones lúcidas del cielo a su corazón y lanzó enseñanzas redentoras sobre las almas simples que la rodeaban, reeducándolas moral y mentalmente para el progreso con el Cordero Divino. Max mismo, a quien los asuntos filosófico religiosos no lo tentaron inicialmente, se interesó por las mismas disertaciones apasionantes que periódicamente le oía dar a los alumnos, y, encantado y sorprendido, se dejó cautivar por la palabra inspirada de la amada, que le señalaba ese camino luminoso por el que su alma tanto aspiraba, y cuya ausencia en su entendimiento había pretendido hacerlo insatisfecho, predispuesto a la neurastenia y al negativismo.

Y todo sonrió en Santa María, dando lugar a dudosas vibraciones de consuelo, después de unos sesenta años de silencio desolado...

CAPÍTULO V
Sombras del "ayer" sobre "hoy"

Una noche me sorprendió una vibrante llamada del espíritu de Pamela. Se había desprendido parcialmente de la carga carnal, ya que le habían proporcionado los dones mediúmnicos que poseía y cultivaba, y me atrajo con angustia, a través de una súplica humilde y conmovedora.

Estaba, entonces, acompañado por mi vieja amigo Sequeira de Barbedo, unido a mí, espiritualmente, por tan sólidos lazos de amistad y gratitud, que incluso hoy me pregunto cómo alguien puede rendir tanto la estima de los demás como el corazón singular, que, incluso en el más allá de la tumba, validó incluso los pequeños servicios de veneración que naturalmente le presté, simples hijos del deber, que eran.

Ambos salimos a su encuentro porque respondimos a sus llamadas, con cuidado de comprobar de qué se trataba. Sin embargo, reconociendo que el fantasma aun era demasiado denso con respecto al viejo Comendador y, por lo tanto, era fácil de percibir por alguien que pertenecía al plano terrestre, Pamela se arrojó a sus brazos, sollozando, seguido de un efusivo abrazo que indicaba vibraciones similares, sentimientos afectuosos. indestructible Entonces presencié, conmovido, que Barbedo la besó repetidamente, mientras interrogaba, tocó incluso la fibra más remota de su amoroso corazón periespiritual:

– ¡No te enfades, por Dios, hija de mi alma...! ¡¿Qué razones plausibles para tal estado de desolación, inapropiadas para un adherente de tu fe?! ¿No ha sido el Señor generoso y magnánimo con todos nosotros?

– Es que "Betito" sufre, padre... Y daría, si es posible, mi propia felicidad, para verlo recompensado por las torturas que lo lastimaron en el pasado... Me castigo hasta la aflicción y la angustia... Sin embargo, no puedo hacer nada más que lo que he intentado hasta ahora... Y, por esa misma razón, vengo a pedirle otra ayuda caritativa para él...

Nos ocupamos de ello, ya que vigorizar el débil espíritu de una criatura del Señor, ofreciéndole ayuda consoladora en la punzada de la amargura, era un servicio subordinado a los principios de fraternidad que propugnamos.

– Sí... – dijo Barbedo –. Tengo con él, como sabes, una deuda sagrada para reparar... Por lo tanto, no evitaré la oportunidad de ayudarlo en ningún sector.

Salimos, por lo tanto, pronto llegamos al antiguo edificio ahora inmerso en la soledad nocturna. Bajo las caricias del rocío regenerador, el fuerte aroma de las hierbas húmedas se parecía más a lo que, combinado con el suave aroma de los rosales y los jazmines que florecían en medio del follaje del jardín, establecieron grupos emocionantes que hicieron un sacramento mágico de comunión desde los alrededores de esencias...

Aun despierto, a pesar de la hora avanzada de la noche, Max Niemeyer estaba desorientado en un razonamiento deprimente, luchando entre las ansiedades del corazón y los hechos que consideraba que impedían el logro de su propia felicidad: el orgulloso miedo de manifestarse ante Pamela como pretendiente de su mano.

– ¿Cómo voy a actuar...? – Meditaba, indeciso, girando en un sofá –. ¿Cómo puedo dirigirme a ella misma sin parecer ridículo o excitado por intenciones subordinadas...? ¿Quién me creerá movido solo por el corazón, privado, como realmente siento que soy, de las ambiciones en torno a sus posesiones? ¿Me amará, tal vez? ¡Oh! ¿Por qué no eres solo una maestra, como siempre pensé? ¿Las atenciones que me das no vendrán de la sincera bondad de tu corazón? ¿No es con la misma solicitud que se dirige a colonos y sirvientes? ¿Los niños no hablan tan amablemente como yo? Y para el negro Antônio Miguel, ¿no sonríes con la misma expresión afectiva?

Barbedo, conmovido y algo tímido, se acercó a él sutilmente, mientras Pamela y yo estábamos dispuestos a observar la comprensión que seguiría; ella ansiosa y temblando, yo sonriendo y confiado. El ex Comendador, a quien había permitido que actuara como creía conveniente, ya que no era mi política interferir en asuntos tan personales, colocó la mano derecha sobre la cabeza rubia del joven suizo, extendiéndola en un gesto protector, mientras susurraba a sus sensibilidades auditivas este interrogatorio, estableciendo así, sin darse cuenta, una vigorosa cadena de sugerencias:

– ¿Por qué no diriges una carta confidencial, como en el pasado, de Zúrich, participando en sus pretensiones, ya que carece del valor para un entendimiento personal?

Sorprendido, Max se puso de pie. Había sentido la voz imperiosa desde más allá de la tumba vibrando en los arcanos de su mente, cuyo poder no pudo resistir. Impresionado, exclamó en voz alta, respondiendo insensiblemente a su amable amigo invisible:

– ¡Sí, voy a escribir! ¡Será la solución! ¡Ya no podré prolongar esta incómoda situación! ¡Oh! ¿Por qué no se me ocurrió esa idea antes?

Presuroso y agitado, como si la sugerencia externa aun lo acompañara, impulsándolo a la acción a través de vibraciones irresistibles, buscó el secretario, se colocó entre los muebles del dormitorio y, sin dudarlo, trazó estas frases simples, retratando las expresiones. El carácter dinámico que poseía:

– *"Querida y noble amiga:*

Te amo. Te tengo impresa en mi alma con todo el vigor de mi ser. Propongo casarme contigo para intentar algo por mi tranquilidad, ya que estoy sufriendo por tu amor. No tengo nada más que mi honor. El sentimiento personal y profundo que te consagro. Los ofrezco junto con mi nombre, seguro que nunca te comprometerán. Si aceptas, sé amable mañana, cuando nos reunamos en el comedor. Si rechazas, ordena que me retire de tus dominios, despidiéndote con una carta, y serás obedecida.
(a) Max Niemeyer."

Emocionado, lo colocó en un sobre, que firmó y cerró cuidadosamente. Luego salió de puntillas, bajando las escaleras hasta el primer piso donde estaban las habitaciones de Pamela. Y, como un colegial que vive su primera aventura sentimental, insertó la carta debajo de la puerta, regresó al dormitorio y se acomodó entre las sábanas, para descansar lo necesario.

En el antiguo carillón de la hacienda, los dos trazos melancólicos anunciaron un nuevo día...

Cuatro meses después, la antigua mansión de Santa María fue revolucionada para la boda de su propietaria con el técnico suizo, cuya laboriosa intervención la había magnificado tanto. Hubo alegría general en los alrededores y en la ciudad de X, sembrada de magnolias y cocoteros, se regocijó ante la noticia del auspicioso evento.

Sin embargo, Pamela notó que, a pesar del encanto que parecía poseído, su prometido a menudo se dejaba vencer por crisis dominantes de aprensión y melancolía incomprensibles. Delicada y discreta, nunca se atrevió a interrogarlo, una vez que reconoció sus formas reservadas, prefirió observarlo con persistencia. Así fue como, intrigada, descubrió que, los domingos, invariablemente se abastecía de pequeños obsequios, útiles o superfluos, y visitaba la penitenciaría de X para ofrecerlos amablemente a los detenidos, permaneciendo allí en amables conferencias con ellos, que trató de revivir y consolar, ya que, para ese momento, ya había adquirido un conocimiento razonable de la lengua portuguesa. Así les ofreció ropa, abrigados para los días húmedos, si los veía necesitados; libros, periódicos y revistas que les proporcionaron distracciones, cigarrillos e incluso perfumes, poco superfluo que para aquellos desafortunados tendría el valor de grandes expresiones de agradecimiento. No es infrecuente que incluso les proporcionaran un médico y tratamiento, si los veía enfermos, así como su propia dieta o comida decente, ya que no ignoramos cuántos prisioneros están desprotegidos y olvidados por este inmenso terrón brasileño, por quien debe protegerlos por derecho.

Un cierto domingo por la tarde, después de un agradable dúo de piano y flauta en honor a las visitas del día, porque el chico europeo cultivó la música con una dedicación apreciable, le dijo a la amada novia, entre curiosos y tristes, mientras contemplaba la despedida del astro rey desde arriba de las terrazas, fascinado por el sereno y hermoso paisaje que se extendía ante él:

– Tú, que, como un espírita culto, investigador de los arcanos psíquicos, debes conocer muchas sutilezas en torno al alma y el carácter humano, respóndeme:

– ¿Por qué me agobia el corazón la angustia cada vez que me permito visitar la penitenciaría? Cuando todavía estaba en Europa, también me acostumbré a visitar a nuestros hermanos de humanidad, pero nunca sentí el sudor de la insoportable impresión, dramática y angustia que me asalta en X…

Hablaban en esperanto; el dulce lenguaje que tan buenos recuerdos les sugerían y que usaban cuando se necesitaba una comprensión más íntima. Ella respondió; sin embargo, evasivamente, tratando de aclarar sus aprensiones:

– Eres piadoso y sensible, Max, y te conmueve el abandono al que ves relegar a nuestros pobres hermanos internos…

– Sí… Es cierto que quería verlos más gentilmente tratados, internados en un reformatorio y no en una prisión, con el apoyo de más asistencia fraterna, lo que quizás los recuperaría con grandes ventajas morales. Sin embargo…

– Sin embargo...

– Hoy, por primera vez, tuve la oportunidad de visitar un muelle casi subterráneo, ya que se encuentra a tres pies bajo el nivel del suelo. Lo reconocí como el mismo que, en sueños persistentes, me encuentro esposado, bajo desesperadas torturas morales y físicas. ¡Sí, Pamela! ¡Conozco esa prisión desde hace muchos años! Al visitarla hoy, sentí que los recuerdos dolorosos surgieron de las profundidades de mi subconsciencia que me hirieron hasta el núcleo mismo del ser, ¡hablando de un terrible pasado que mi alma sufrió allí! Mientras el carcelero explicaba su historia, ¡sí! Me encontré allí como prisionero, luchando en medio de desesperaciones ineludibles, incluso escuchando los alucinantes gritos de dolor, revuelta y demencia que reverberaban a través de la estrecha soledad del trágico recinto... Explicaron que un anciano de la familia Barbedo, acusado de homicidio inhumano, había sido encarcelado allí, muriendo poco después de protestas de inocencia y desesperación incontrolable... ¿Qué sabes, Pamela, de este drama que presumo que es atroz? ¿Cómo era el bastardo prisionero de Barbedo?

La joven vaciló, incómoda. A ningún descendiente de Barbedo se le permitió comentar sobre el pasado deplorable que había llorado, quizás para siempre, las tradiciones familiares. Simplemente respondió de una manera aireada, mientras lo invitaba a contemplar el sol poniente que estallaba con nubes rosadas o carmesí, consagrando una vez más la suntuosidad de las tardes brasileñas:

– La persona de la que hablaron no era un Sequeira de Barbedo... sino, ciertamente, un gran y noble corazón al que persiguió la desgracia... De hecho, el crimen del que fue acusado nunca se aclaró adecuadamente... Su muerte impidió el buen progreso de la investigación, lo que hace que incluso hoy sea una pregunta impactante sobre el desafortunado evento... No lo pienses más, Max...

Recordó las terribles revelaciones contenidas en el diario íntimo del Comendador y no procedió, prefiriendo permanecer en silencio. Él; sin embargo, miró los mosaicos en el piso de la terraza, pensativo, desinteresado en cualquier otra contemplación excepto la que lo arrastró a una retrospectiva inusual dentro de sus propias aprensiones únicas; y, después de unos momentos, regresó en un tono inusual, que Pamela parecía saturada de emoción expresiva:

- Eran reminiscencias que resurgieron de las tumbas profundas de la mente al contacto de este paisaje que nunca he olvidado... Y hoy, mi Pamela, ¡me encontré en esa prisión, desesperado e infeliz...! Hace unos días, Antônio Miguel me invitó a visitar el sitio de la familia Barbedo, ubicado en el campo santo de X, un lugar al que asiste piadosamente semanalmente, decorándose a sí mismo de hermosas flores. Yo accedí. Estoy feliz de meditar, evocando al Creador, ante la morada de los muertos. Allí, en el suntuoso mausoleo, se alzaba el retrato de la bella y sonriente Esmeralda, sugiriendo mil impresiones ansiosas y tristes. Te confieso que las lágrimas íntimas se han filtrado de mi corazón y una repentina amargura venció mi sensibilidad, como si la muerte de Esmeralda hubiera destrozado mi corazón... Pero entonces, Miguel, alejándose, se postró cerca de una humilde y anónima tumba ubicado en un rincón ignorado de la corte indigente... Vi al negro llorando, como atormentado por un anhelo irreparable... Necesariamente, le pregunté sobre el cuerpo que yacía allí, porque las emociones impactantes también me excitaron, mientras él rezó Luego, con la voz aun rota, los ojos llenos de lágrimas, me respondió en un tono algo enigmático:

- ¡Aquí está el Sr. Dr. Betito, el desgraciado al que todos acusaron, que se declaró en prisión, pero que solo yo sabía que era inocente...! Sin embargo, yo era un niño esclavo pobre, de diez años, ¡y no podía hacer nada más que llorar y rezar por él hasta el día de hoy...!

¡Oh, Pamela, querida! Betito es el desafortunado que murió desesperado en la cárcel de la cárcel pública que visito los domingos... Y yo era Betito, ¡soy Betito redivivo en otro cuerpo! Visité la prisión donde una vez sucumbí con dolor y amargura y la tumba que ha guardado mis cenizas durante muchas décadas...

Un minuto siguió. Instintivamente, se entrelazaron en franco y conmovido abrazo. Se diría que los lazos afectivos que vinculaban espiritualmente sus destinos, ahora los hacían participar en la realidad que existía en torno a todas las impresiones singulares, como reminiscencias inaccesibles, que a menudo los sorprendían. Pamela; sin embargo, se opuso, convencida de la sutil gravedad de tales inmersiones, al darse cuenta que Max carecía de un correctivo vigoroso a las fuerzas mentales que lo arrastraron a suposiciones de que, ser capaz de ser verdaderamente veraces no podría ser más que meros impulsos de una imaginación ardiente y expansiva:

– Te aconsejo, querido amigo – dijo pensativa, pues sabía del complejo tema – que no te preocupes demasiado por lo que hayas podido vivir en existencias remotas, ya que es cuestión de conocimiento innecesaria y, a veces, incluso dañino para la emancipación de nosotros mismos, emancipación de la que no podemos prescindir para las múltiples actuaciones que estamos llamados a presentar en sociedad. De preferencia, piensa en las reformas morales, el progreso que deberás hacer en el futuro, tratando de adquirir y cultivar las cualidades que acrediten una conciencia armonizada con los áureos dictados del Nazareno... Como tú, todo aprendiz de la ciencia del más allá de la tumba se dedica a indagar sobre el estado de su pasado existencial. Sin embargo, rara vez lo hacen de manera convincente.

Los dignos maestros espirituales generalmente recomiendan que hagamos una pausa en el trabajo de estas investigaciones, porque conocer nuestro pasado espiritual constituye, como te viene sucediendo, más bien una prueba que un placer... Por lo que no debes preocuparte por los mismos temas. Si el Creador, trabajando en nuestra organización corporal terrenal, delineó nuestros cerebros de tal manera que no podemos registrar recuerdos de las otras existencias que teníamos, fue porque el olvido era lo que más le convenía a la Humanidad para facilitar el progreso que se hizo... De hecho, si nuestros amigos de lo invisible un día consideran la necesidad de su ciencia en cuanto al pasado, te llegará naturalmente, de una manera poco sofisticada y convincente, sin que sea necesario caer en aprensiones tan impactantes... ¿Crees que eres la reencarnación de Betito...? ¡No será imposible! Era un abogado emérito, honrado por la Universidad de Coímbra, que también pasaba por Sorbona. Vivió en París durante un tiempo y visitó con frecuencia Suiza, un país por el cual tenía una predilección singular... Dicen que tenía un corazón amoroso y compasivo y que, como abogado, tenía una gran compasión por los acusados indigentes, a quienes ofrecía sus propios servicios profesionales de forma gratuita, ya que la práctica del derecho hizo un sacerdocio en lugar de una forma de vida...

Max la escuchó, sus ojos brillantes, silenciosos. La joven continuó:

– Sin embargo, olvidemos el viejo drama de los Barbedos y lidiemos con nuestros planes futuros, ya que aun queda mucho por hacer... ¿Cómo están las obras en el nuevo hospital en X, que pretendemos inaugurar en la víspera de nuestra boda?

E inauguraron efectivamente la noble institución para la pobreza, con la que Pamela había deseado presentar a la gente de su tierra natal, en alegría por sus esponsales con el hombre que amaba.

Finalmente, la víspera de la boda había llegado. Sobrio y modesto, la feliz pareja no había planeado nada para la celebración, excepto una pequeña reunión, para los amigos más cercanos. Pero los colonos de la hacienda, radiantes con el auspicioso evento, organizaron festividades entusiastas, que Pamela acordó para no decepcionarlos, privándolos de la oportunidad de divertirse.

Ahora, precisamente en esa fecha, esto y, en la víspera del evento deseado, la joven novia se vio acompañada durante todo el día por una vaga forma espiritual, que, sonriente y feliz, pasó por las habitaciones de la casa, como parte de la alegría general... Pensó que lo reconocía como el del ex Comendador Barbedo, que se desvaneció sinceramente, aunque mantuvo la discreción sobre el descubrimiento, ni siquiera se lo reveló a Max. Sin embargo, una intensa emoción recorrió su fibra nerviosa, lo que sería natural, una vez eso cambiaría de estado al día siguiente. Sin embargo, ella entendió que era, más bien, una suave presión magnética, proveniente de lo invisible, invitándola a una combinación más fuerte con las fuerzas de la comprensión espiritual. No obstante, debido a las actividades esenciales para el día siguiente, toda la mañana y la tarde transcurrieron sin tener la oportunidad adecuada y la paz pacífica para intercambiar con sus amigos del más allá, a lo que era tan delicada, pero se sentía insistentemente, atraída. Sin embargo, después de la cena, y después de la reunión habitual de la tarde, con Max y la familia que se había apresurado a la boda, se las arregló para hacerlo. Se fue a la cama temprano, y el novio compartió la necesidad urgente de un descanso más extenso para revitalizarse de la fatiga del intenso día que comenzaría a la mañana siguiente y, despidiéndose con un beso afectuoso, lo invitó afable y afectuoso: Con Max y la familia que se había apresurado a la boda, se las arregló para hacerlo. Se fue a la cama temprano, y el novio compartió la necesidad urgente de un descanso más extenso para revitalizarse con la fatiga del intenso día que comenzaría a la mañana siguiente y, despidiéndose con un beso afectuoso, lo invitó afable y afectuosa:

– Además, deseo orar con calma, agradeciendo al Señor por el don inestimable que me concede como nuestros esponsales, y también pidiéndole que nos otorgue inspiración y fortaleza para el cumplimiento adecuado de nuestros deberes como cónyuges cristianos evangelizados, ante nuestras conciencias y sus magníficas leyes... Te invito a rezar también, en el receso de tu habitación... Comenzaré a concentrar mis fuerzas mentales, con el espacio, a las veintidós horas. Te pido que me acompañes con las tuyas, a la misma hora, para una feliz comunión de pensamiento.

Se abrazaron emocionadamente y se separaron, esperanzados y felices.

Pamela subió a los pisos superiores, en la fachada central del edificio, en dirección a uno de los lugares de la casa donde nunca se permitiría alterar el más mínimo arreglo decorativo. Esta era la oficina de estudio de Esmeralda, a la que el viejo Comendador luego agregó detalles sugestivos. En este lugar atractivo, cuya atmósfera serena y seria conmovería al visitante, predisponiéndolo a sublimes sorbos de pensamiento, también se diría que el sello religioso, vibrado por los corazones ardientes de la fe, habría tratado de levantar sus propias fuerzas allí, buscando bendiciones celestiales a través de oraciones sinceras. Era una gran sala alfombrada, severamente amueblada en palo de rosa, que atestigua el uso majestuoso de decoraciones domésticas del pasado. A lo largo de las paredes, armarios llenos de libros preciosos, en varios idiomas, álbumes de retratos y dibujos, archivos de correspondencia y notas confidenciales, todo lo que intelectualmente podría traducir la personalidad seductora de la amada hija de Barbedo. En el centro, una gran mesa estilizada, cubierta con valiosa tela aterciopelada. Y a través de los balcones y los mostradores de las ventanas, entre los que se enroscaban las flores trepadoras, las cortinas pesadas prestaban discreción y retirada.

– ¡Se podría decir que fue un santuario para antiguos iniciados! – Murmuró Pamela en los oídos de Antônio Miguel, cuando el viejo sirviente le había enseñado la casa, a su llegada.

¡En efecto! En el fondo, colgaba una gran pintura al óleo que representaba a Allan Kardec, y debajo de esta inscripción singular, filtrada del Evangelio del Nazareno:

"Nadie podrá entrar en el reino de los cielos sin renacer de nuevo." [9]

Y otra, sugerente y típica al mismo tiempo, que recuerda el trabajo de elección realizado por ese desvelador emérito de los planes invisibles:

"¡Nacer, vivir, morir, renacer y progresar continuamente, tal es la Ley!

---

[9] San Juan, 3: 1-12

Además, frente a este muro encantado por la idea que expresaba, vertieron puertas de vidrio multicolor en la gran terraza adornada con jazmines, donde el Sol y la luz de la Luna gustaban reflejar sus rayos admirables, uniendo el interior como bendiciones de paz a los corazones que se congregarían allí para la comunión con las fuerzas de lo Alto. En ese mismo lugar, una vez preferido por Esmeralda, Pamela se había acostumbrado a rezar a diario, después de la lectura edificante e iluminadora que hacía sistemáticamente. Un pequeño reloj, artísticamente tallado en porcelana, marcaba las veintiuna horas cuando la joven entró allí, completamente sola. En los alrededores, el silencio había caído, invitando a las almas a confabularse consigo mismas, a través de meditaciones saludables. Sin embargo, recordando que había invitado a Max a una comunión de pensamientos a través de la oración, tomó su libro preferido, conservado invariablemente sobre la mesa de estudio; es decir, "*El Evangelio según el Espiritismo*" de Allan Kardec, y comenzó la inefable lectura preparatoria:

– "*Amémonos unos a otros y hagamos a los otros, lo que quisiéramos se hiciese con nosotros. Toda religión, toda moralidad está contenida en estos dos preceptos. Si se observaran en este mundo, todos serían felices: no más odios ni resentimientos. También diré: no más pobreza, porque de la mesa superflua de cada persona rica, mucha gente pobre comería y ya no vería, en los bloques oscuros donde viví durante mi última encarnación, mujeres pobres arrastrando a niños miserables a los que todo les faltaba, piensa un poco en esto. Ayuda a los desafortunados lo mejor que puedas. Da, para que Dios, un día, pueda pagarte por el bien que has hecho, para que cuando abandones tu sobre terrenal, tengas una procesión de espíritus agradecidos para recibirte en el umbral de un mundo más feliz.*"[10]

– "*¿La mujer rica y feliz, que no necesita pasar tiempo en el trabajo de su casa, no podrá dedicar unas horas al trabajo útil para sus semejantes? Compre, con lo que le sobre de los placeres, ropa abrigada para los desgraciados que tiemblan en el frío; confeccione ropa gruesa, pero*

---

[10] "*El Evangelio según el Espiritismo*", Allan Kardec, Capítulo XIII – Comunicación del espíritu de la hermana Rosalía.

abrigada con sus delicadas manos, ayude a una madre a vestir a su hijo por nacer, de modo que, si su hijo tiene menos ingresos, la persona pobre tendrá más para mantenerse abrigada y trabajar en la viña del Señor.

Y tú, pobre trabajador, que no tienes nada superfluo, pero que, lleno de amor por tus hermanos, también quieres dar de lo poco que tienes, da unas horas de tu día, de tu tiempo, el único tesoro que tienes, hacer algunos de esos trabajos elegantes que tienta a los felices; vende el producto de tus tardes y también podrás ofrecer a tus hermanos tu parte de ayuda. Quizás tengas algunas cintas de menos, pero le darás zapatos a alguien que camina descalzo."[11]

De repente, se dio cuenta que dos manos vagamente materializadas cerraron el libro que tenía entre las suyas, indicando que debería terminar de leer. La joven obedeció, pasiva y confiada, segura que las entidades amorosas del más allá la visitaban; y luego el Comendador Barbedo, sonriendo, se presentó a su visión, clara y comprensiva, murmurando dulcemente a sus habilidades auditivas:

– "Duerme Pamela... y ven conmigo... quiero hablar contigo..."

Presionó su frente suavemente, con la mano derecha como si estuviera estructurada en copos de nieve... Y la joven, incapaz de resistir un mandato magnético de ese orden, se reclinó en el respaldo de la silla y dejó que su espíritu evolucionara, mientras el cuerpo entraba en letargo porque se encontró con las repetidas atracciones del amigo del más allá de la tumba.

Estaba, entonces, presente, ayudando a Barbedo en el esfuerzo amoroso, poco experimentado que aun era él en la ciencia de lo invisible.

FIN DE LA PRIMERA PARTE

---

[11] "El Evangelio según el Espiritismo", de Allan Kardec, Capítulo XIII – Comunicación del espíritu de Juan.

SEGUNDA PARTE

Esmeralda Barbedo

CAPÍTULO I
La noche de navidad de 1863

Cuando, parcialmente separada de su vestido corporal terrenal, Pamela, en espíritu, se recuperó del aturdimiento natural que sigue al fenómeno que se desarrolla, reconoció de inmediato, entre los presentes, el fantasma de Barbedo. Lo vio antes de quedarse dormida, así como al propio Max, cuyo cuerpo material, en este momento, dormía profundamente en sus habitaciones, mientras que yo, igualmente presente, prefería permanecer de incógnito.

- Hija mía, comenzó mi viejo amigo, revelando una ternura indudable, como premio, las actitudes cristianas presentadas hasta ahora por ti, así como los testimonios razonables de conformidad, renuncia, resignación en la desgracia, así como el amor al prójimo y la hermandad, me concedió el Altísimo, a través de la solicitud de sus abnegados ejecutores, la inestimable satisfacción de expandir la alegría que visita tu corazón en la víspera de tus esponsales con el que has elegido.

A este, que, de manera idéntica, viene atrayendo las simpatías de las falanges iluminadas del mundo invisible, también deseo brindar como lo haré por ti, porque estoy bastante seguro que, al atraerlo en este momento para este encuentro espiritual, lo haré muy feliz. Vigorizándolo, de alguna manera, para las pesadas tareas constructivas que el futuro y su deber requieren después de las duras expiaciones experimentadas en el pasado. Por esto fueron atraídos ambos, en un estado lúcido, hasta nosotros; y lo que recibirán en este momento lo validarán como el regalo nupcial que podría ofrecerles. Ciertamente, poco experimentado en la ciencia impresionante de lo invisible, y aun manteniendo la mente y la conciencia oscurecidas por los efectos caliginosos de los deslices graves, aun no completamente reparados, no sería posible para mí lograr las intenciones deseadas si no hubiera sido por el cuidado de los amigos e instructores desvelados que tengo aquí, en este otro plano de la vida, que me ayudan con su asistencia protectora y sabia. A través de invocaciones fervientes, le he suplicado al Excelentísimo Creador que se me otorgue el agradecido permiso para reunirme hoy. Y porque era sincero, ansioso por comenzar la serie de reparaciones que mi propia conciencia, como la Ley Divina debe, mientras que ustedes, como subrayé anteriormente, obtuvieron méritos a través del trabajo de pruebas bien soportadas y actos fraternos a favor de los demás para recibir el regalo anunciado, aquí me tienes listo para entendernos bajo las bendiciones del Nazareno... Deseo ofrecerles la historia de mi Esmeralda, que habla tan de cerca a tu corazón... Y mañana, al despertar, para unirse por los lazos del matrimonio, después de conocerla, estoy seguro que se sentirán más dichosos.

Envolvió sus brazos alrededor de Pamela y Max en una intimidad paternal, dirigiéndose a la pintoresca terraza que la luz de la luna plateaba, sublimando la región con sus bendiciones benévolas. Comprendí que era hora de mi intervención. Y, con la ayuda de dos trabajadores afines y dedicados, me propuse satisfacer a Barbedo activando las energías psíquicas de la pareja comprometida, en el sentido de extraer de sus profundidades de conciencia el drama que se había rastreado allí en el curso de la existencia remota, pero inmóvil. ahora por el olvido que la nueva encarnación impuso como concesión misericordiosa de un Padre, todo bondad y todo amor.

Fue una gran instrucción para dos almas sedientas de luz, en la que muchos otros compañeros de viajes terrenales ciertamente participarían en lo que podría darles en cuanto a los secretos que guarda la tumba, en resumen, los secretos de la gran ciencia del mundo espiritual. Se me permitió la actuación solicitada por el amigo Barbedo. El trabajo delicado pertenecía a mis orientaciones. Por lo tanto, no rehuí ejercerlo. Y estaba justo allí, suspendido en la terraza, custodiado por el esplendor de la luna llena, que extendía su capa plateada sobre los campos pujantes que se multiplicaban en bendiciones a través de los terrenos y colinas bien cuidadas, mientras los perfumes dulces agitaban las caricias inefables de sus generosas esencias, que el viejo maestro de esclavos, reviviendo de los contenedores de los recuerdos sacrosantos del alma, comenzó a hablar, incitando; sin embargo, a Pamela y al joven suizo a igualmente avivar sus recuerdos de ser aquello que la reencarnación lanzara para los planos sombríos del alma, mientras que yo y mis afines asistíamos a los tres.

– Cuando nació Esmeralda – recordó él –, se celebraron festividades inusuales en esta antigua mansión en Santa María. Era la noche de Navidad de 1863, y nuestra casa estaba llena de nobles amigos que escaparon del clima abrasador de la Corte, otorgándonos el honor de veranear con nosotros en nuestros dominios. Mi hacienda, que en ese momento tenía el trabajo manual de unos quinientos esclavos africanos, era próspera y alegre, con trescientas fanegas de extensas plantaciones y ganado de buena raza, cuyo producto me enriqueció dramáticamente...

El tono en que se expandía mi viejo amigo traicionaba una conmoción marcada, haciendo que sus vibraciones mentales fueran indecisas, temblorosas. A los ojos de la pareja de novios; sin embargo, la proporción que avanzó el informe patético, una profunda transformación tuvo lugar en todo el perímetro de la pintoresca mansión. Pero, para que nuestra historia tome el curso apropiado, favorable a la buena comprensión, así como al posible sueño del lector sobre sus páginas simples, nos tomaremos la libertad de aprovechar los recuerdos del viejo Barbedo, narrando los hechos como si fueran nuestra creación.

... Su nombre era elegante e imponente, porque descendía de ancestros portugueses favorecidos, en los días de Doña María I, con títulos nobles muy honorables, fruto de los buenos servicios que prestó al reino en la lejana colonia portuguesa de Brasil: Antônio José por Maria y Sequeira de Barbedo, ya que la familia, al recibir el honor, había adoptado el propio nombre de la soberana, honrándola perpetuamente a través de los descendientes. Nació en Coímbra, la ciudad universitaria del antiguo reino de Portugal, tan culta y bella en sus líneas clásicas o típicas, tan afable y romántica a la luz de la luna, cuando las guitarras y violines de los inquietos estudiantes, preludiaban dulces canciones de amor, armonizando a las voces de las serenatas bohemias que se divertían por la noche, estudiaban a la luz del sol y casi nunca descansaban del doble esfuerzo, despertaban a las soñadoras jóvenes del sueño virginal, que corrían hacia las persianas de las ventanas con barrotes, tímidamente, se movían y suspiraban, espiándolas. entre una sonrisa y muchos sueños inefables.

Antônio de Barbedo era médico, altamente educado y portador de una distinción impecable. Una vez graduado, empuñando con orgullo su honorable pergamino, se trasplantó sin más demora a Brasil, después de contraer nupcias con la bella conimbricense, Maria Susana de Queirós, bella como una virgen del renacimiento, cuya piel blanca y satinada eclipsaría. La delicadeza de la camelia de las camas. En ese momento tenía veintitrés años y era un hombre guapo, moreno y fuerte, mientras que su esposa ni siquiera había alcanzado los veinte.

Los antiguos Barbedos, que desde el reinado de Doña María I conocieron Brasil y experimentaron negocios aventureros allí, como eran legítimos lusitanos, con el séquito de Don Juan VI, quien, en 1808, aquí se huyó temeroso de la arrogancia del guerrero corso[12], aquí también desembarcaron en un intento de establecerse para siempre, y luego adquirieron extensas extensiones de tierra en todo el país. Algunos de ellos más tarde regresaron a la metrópoli de ultramar, Antônio de Maria; sin embargo, más tarde recibió, como herencia de un abuelo paterno, las trillas ya cultivadas de la

---

[12] Napoleón I, Emperador de Francia.

mansión de Santa María. Así que había venido, acompañado por su joven y dulce esposa, celosa de la riqueza fácil, seguro que, con el sudor de su brazo esclavo y la fertilidad de la tierra, le sería fácil la realización de sus sufridos intentos. Sin embargo, la propiedad era bastante incómoda, a pesar que ya estaba cultivada; el lugar excesivamente desolado para albergar la bella flor que era María Susana, que había prosperado en Coímbra entre nobles e intelectuales y había sido educada en París con las monjas de Sion. Todo esto comprendiendo, y también que sería imposible para la joven esposa sentirse feliz viviendo en un ambiente tan melancólico. Barbedo, que, de lo contrario, también amaba la profesión que abrazó; es decir, la Medicina, luego adquirió, en la Corte, una villa agradable en San Cristóbal, donde residía y practicaba allí todo el año, reservando; sin embargo, el placer de agradables veraneos de fin de año en Santa María, acompañadas por grupos de amigos y extraños, en su mayoría portugueses, como él. La hacienda, encomendada a administradores y capataces igualmente portugueses, dirigida de manera competente por agricultores experimentados, también traídos de Portugal, y servida por los desafortunados, pero vigorosos brazos de esclavos africanos, que día a día aumentaron más en número y en valor, progresaron y se hermosearon tanto, que no sería de extrañar que, muy temprano, se parecieran a las encantadoras fincas de Portugal.

Antônio de María adoraba a su esposa. Poseía ese carácter ardiente y muy sentimental de los lusitanos, embelesado en actitudes comunes, generoso en su intimidad y honrado al máximo, buscando riquezas para su propia independencia y el bienestar de sus descendientes, convencido de la superioridad personal frente a la sociedad. Muy bueno en casa, sincero amigo de aquellos con quienes mantenía relaciones amistosas; sin embargo, también retrató el carácter de los hombres de posición de su tiempo; orgulloso de sus propios valores y predicados, excesivamente severo con los desafortunados esclavos, a quienes compró bajo el peso de oro en una subasta o, de otros caballeros, y quienes, por esta misma razón, considerando su propiedad exclusiva, los trataba con menos sentido de protección y solidaridad que el otorgado a los perros alrededor de su casa o a sus caballos, a cuyas espaldas estaba encantado de mostrar sus propios regalos de elegancia los domingos por la tarde, a través de las avenidas sombrías y pintorescas de la antigua Tijuca transformadas hoy en el barrio aristocrático y soñador de la gran capital. Barbedo se olvidó de recomendar a los capataces y supervisores que estén atentos a los desafortunados hijos de África, de cuyo trabajo se derramó el oro que lo enriqueció y el bienestar de su familia, que las lágrimas y la desesperación de aquellos corazones lacerados, bien podrían resonar en los tabernáculos celestiales como gritos de protesta y ayuda, señalándolo como verdugo o marcando su futuro con responsabilidades cuya gravedad lo haría temblar si se le permitiera revelar las líneas del futuro.

No era raro para él, que amaba tanto a su esposa, deshacerse de un esclavo y venderlo a otro dueño, sin considerar que el desgraciado también tendría un corazón rebosante de afecto por una compañera que le era querido, de la cual se separaría irremediablemente para siempre, sin la esperanza de un retorno gratificante. ¡Tampoco se detuvo ante la pregunta que este o aquel esclavo destinado a la venta debería tener hijos a quienes también amaba, y de quienes los anhelos inconsolables le destrozarían el corazón hasta que el feliz evento de la muerte enfriara sus ansias de martirio moral!

Una vez, cierta esclava, muy joven, había preferido el suicidio a ser vendida a otros dueños, separándose de aquellos que le eran queridos: padres y hermanos. Luego se enfureció hasta el furor. Y, dado que ya no le era posible expandir su propia revuelta matando a la mujer muerta, ordenó la golpiza de los padres pobres inconsolables, que no pudieron evitar el desastre, causándole pérdidas financieras. ¡Desde el cómodo porche se divisaba el patio de castigos, y en medio de sabrosas bocanadas de humo de su preciosa pipa, Barbedo observaba, impasible, las súplicas de los dos desgraciados, quienes, sostenidos por los brazos levantados, atados con pesadas cadenas, fueron azotados hasta que se desmayaran, la espalda desnuda abierta en llagas, sangrientas!

Dotado de cualidades apreciables, por otro lado, como era indudablemente, ¿era Barbedo tan inhumano, incapaz de una muestra de piedad y compasión hacia su prójimo?

¡Oh! ¡Era, simplemente, la mentalidad de la época, la sorprendente personalidad de un señor de esclavos!

Y he aquí, por esta misma razón, como una luminaria de espiritualidad tan claramente revelada[13] - las sociedades brasileñas, que en otras décadas se han acomodado para servir como escenarios para eventos tan dramáticos, hoy soportan impasses cuyo origen desolado está relacionado con la tiranía que marcó la esclavitud en Brasil -, los poderosos señores de ayer arrastrándose en reencarnaciones miserables, sorbiendo la hoguera de imposibilidades insolubles en círculos dolorosos de pruebas expiatorias, olvidados y relegados a su propia condición por los magnates y opulentos del momento; es decir, ¡los viejos esclavos que no sabían perdonar y olvidar los días oscuros del pasado!

Cuando, tres años después del matrimonio, el joven doctor Antônio de Barbedo se dio cuenta que su esposa, María Susana, sería madre, dándole la felicidad sin precedentes de convertirse en padre, ¡su alegría llegó al borde de lo indescriptible! Con todas las posibilidades de felicidad, soñó con la estabilidad del futuro de ese amado pequeño a quien vislumbró en las pantallas de su imaginación, extendiendo sus elegantes brazos, sonriendo suavemente, pidiendo besos y palmaditas incansables, llamándolo dulcemente ¡papá! Desde los sueños hasta la realización, solo había un paso. ¡Decidió mover sus propios recursos, pensando que el futuro de ese amado brote de su amor debería ser lujoso y alegre, sin ninguna posibilidad para la intrusión de lo desagradable! ¡Sin embargo, para obtener tales anhelos, se hizo más ambicioso, multiplicando mayores negociaciones, ampliando las fuentes de producción y, necesariamente, extorsionando más esfuerzo y

---

[13] Epaminondas de Vigo – "*Memorias de un Suicida*" de la misma médium, páginas 532-33 de la 1ra. edición, 477 de la 2da.

dedicación al brazo esclavo, desempeños acumulados, agotadores y desgarradores!

Por lo tanto, se idearon y organizaron miles de fantasías mientras esperaban a la pequeña criatura encantadora que se suponía que florecería en su hogar. Desde la lejana Francia, llegaron suntuosos muebles para el futuro descendiente de los Barbedos, así como juguetes y exquisitas lanas para envolverlos. ¡La ropa de cama y los bordados venían de las aldeas de su tierra natal, mientras que de Flandes llegaron preciosos encajes y miles de utilidades superfluas y caprichosas, olvidando que los hijos de sus miserables esclavos estaban envueltos en harapos, porque no favorecía la limosna con un regalo con qué abrigarlos decentemente!

Y así fue, en ese año de 1863, debido a que el calor en la metrópoli era excesivo y el estado sensible de María Susana era incompatible con el clima, se mudó a Santa María, con la intención de quedarse allí hasta el feliz advenimiento que anhelaba. Pero, celoso que la nostalgia no deprimiera demasiado los nervios de la mujer ya cansada, también trajo consigo grupos de alegres y talentosos amigos, músicos y cancioneros para veladas emocionantes, e incluso pequeñas compañías de teatro, que se turnaban en la temporada. Todo a su costa, y que prestó el carácter suntuoso de una pequeña corte en Europa a la antigua mansión...[14]

En la víspera de Navidad, como era de esperar, las festividades aumentaron. Durante el día, que había emergido despejado, con un cielo mágicamente azul, iluminado por un sol de hadas, la hacienda se había movido en algarabía interminables e ininterrumpidas. Los vastos edificios de la mansión fueron reorganizados por los invitados, la música no se detuvo en los porches y balcones. A través de los patios y jardines e incluso a través de los huertos, las mesas se alinearon, mientras que los jóvenes esclavos sirvieron licores, refrescos, frutas, varios comestibles, con los que brindaron los forasteros. A pedido de María Susana, que tenía un horror de la

---

[14] Esa fastuosidad era común entre los ricos hacendados de antaño.

esclavitud, educada en principios piadosos entre las monjas de Sion, se proporcionó ropa nueva a los cautivos, descanso y comida cuidadosa y abundante, lo que le valió alabanzas y bendiciones de quinientos corazones agradecidos… Por la tarde; sin embargo, para sorpresa de los miembros de la familia, la joven se sintió enferma, la indisposición empeoraba a cada minuto. Informado, Barbedo, quien, con cautela, trató de rodearse de tres médicos más como él, para garantizar el éxito de la maternidad de su esposa, hizo su retiro a sus propias habitaciones, brindándole la máxima comodidad y todas las atenciones de su cariñoso corazón. ¡Habían luchado por el feliz advenimiento del fruto bendecido de su esposa! Satisfecho, aunque algo aprensivo frente a los sufrimientos de la joven madre, se regocijó al darse cuenta que ese tan deseado y ya tan querido hijo vendría al mundo en la noche de Navidad, presagiando su vano entendimiento de un padre feliz, el futuro aterciopelado que se desgarraría el pequeño que vendría a reclamar su hogar de risas y alegría. Sin embargo, las horas pasaron, La noche había caído por completo y la condición de María Susana no ofrecía tranquilidad, sino más bien nerviosa, preocupando a los que la rodeaban. Durante la noche, aparecieron síntomas inquietantes. Ansioso, afligido de un momento a otro, Barbedo se encargó de todo, rodeado de colegas que, igualmente, intentando todo lo que pudieron, no ocultaron sus aprensiones por las sorpresas que ofrecía la condición del paciente.

¡Maria Susana luchó entre el sufrimiento y los deseos desesperados! Se emitieron órdenes para cesar las festividades y el ruido de cualquier tipo. ¡Las esclavas dedicadas a los servicios domésticos y las damas que habían venido al verano se multiplicaron en sus intentos de ayudar a los médicos, con el sincero propósito de salvar a la parturienta, que ya presentaba peligro de muerte! Antônio de María, desesperado, bañado en lágrimas, no dejó el lecho de su esposa, quien ya no lo reconoció, ya no respondió a sus ardientes súplicas, incapaz de las reacciones que el caso demandaba. Humildes y santos devotos en su conmovedora simplicidad, los esclavos, que amaban a la bella dama con ojos de color celeste por la tierna amabilidad con la que los trataba, iban y venían por los pasillos, ansiosos, rezando con lágrimas por sus primitivas convicciones religiosas, recomendando la salud y la vida de la joven enferma. Y en los inmensos pasillos, en los patios y balcones, el silencio había pesado, angustiado, en la atroz expectativa, acompañado de miedos y ansiedades.

¡Finalmente, unos minutos después de la medianoche, un vahído débil de un niño recién nacido resonó en las habitaciones más cercanas a las habitaciones de Susana, seguido del llanto, movido por su fragilidad, de un espíritu entrando en nuevas prendas carnales para cumplir con sus deberes y testimonios incuestionables! Pero, dos horas después, sorprendiendo a sus amigos y familiares, la hermosa flor que había sido María Susana estaba doblada para siempre en el tallo, cerrando los ojos del color del cielo a la luz del mundo, inanimada, silenciosa, simple y discreta como siempre lo fue...

Y así nació Esmeralda...

CAPÍTULO II
Betito

En ese momento, aun no me habían otorgado el honor de mantener relaciones amistosas con el rico señor de Santa María. Mi clientela, aunque vasta, estaba limitada casi exclusivamente entre las clases desfavorecidas de la sociedad; y, por otro lado, los movimientos políticos, que me afectaron particularmente, me absorbieron tanto que no me dejaron tiempo para expandir el círculo de mis relaciones sociales. Sin embargo, el 6 de enero de 1864, ocurrió un evento impresionante bajo los criterios de mis actividades profesionales, dándome contacto con el Dr. Sequeira de Barbedo, quien se extendería hasta más allá de la tumba, durante los días actuales y, ciertamente, se extenderá hacia el futuro...

Estaba lloviendo torrencialmente y ya me había retirado a la cama, después de un agradable día en la intimidad de la familia, durante el cual se celebró el paso de la fecha poética de Reis. Eran las once en punto y el sueño me pesaba en los párpados, en el suave calor que la lluvia hacía aun más dulce. De repente, los repetidos golpes de la campana colocada en la puerta de entrada nos sobresaltaron, un sirviente apresurado se apresuró a ver de qué se trataba en un momento tan inoportuno y en un aguacero tan despiadado. Era un esclavo de una casa rica, una especie de mayordomo, solicitaba mis servicios profesionales para su amo, un colega mío, que vivía cerca, y cuya hija recién nacida decía que estaba a punto de exhalar el último aliento, mientras él mismo, el padre, luchaba entre los tormentos de envenenamiento causados por un intento de suicidio y crisis asombrosas de alucinaciones y depresión, alternativamente. Me vestí apresuradamente, me armé de lo que consideraba más necesario y respondí a la llamada con la mejor voluntad para ser útil, seguro; sin embargo, que la tormenta que sacudió la ciudad, inundando las calles, había impedido la presencia en la mansión, mi nuevo cliente, un médico reconocido o el propio asistente de la familia. Una *calçaça*, que se usaba para viajes cortos, me estaba esperando en la salida, dirigida por dos esclavos que temblaban, empapados de lluvia hasta los huesos. Al llegar al sitio, descubrí que era una residencia lujosa, pero también entendí que la desgracia se había abatido sobre ese hogar con toda la brutalidad de sus avances perversos.

Un joven de poco más de veinticinco años acababa de perder a su esposa y, resignado a la desesperación, había exagerado tanto las luchas de su propio dolor que incluso había intentado suicidarse durante una crisis de alucinaciones más fuerte. Solo no logrando la intención siniestra gracias a la intervención protectora de un amigo que lo acompañó. Por otro lado, una recién nacida débil estaba jadeando, su respiración estaba dolorosamente comprometida, mostrando síntomas inquietantes de bronconeumonía y desnutrición. El desafortunado padre, afectado por la exasperación, había querido morir antes de ver sucumbir a la niña, ya que solo habían pasado unos días desde que su esposa había fallecido, y por eso había intentado suicidarse.

Dada la gravedad de la situación, cuando se depositaron dos vidas en mis manos para salvarlas para los propósitos del Creador con respecto a ellas, dudé por un momento, sin darme cuenta de cuál debería ayudar en primer lugar. Apelé rápida, pero sinceramente a la misericordia del Todopoderoso para defender su intervención a través de la inspiración que su amor me concedería, ya que, si para ese momento, aun no me había unido a las filas espíritas, ya que ni siquiera la gloriosa Codificación realizada por el eminente Allan Kardec aun no se había concluido, alimentaba el amor más profundo y respetuoso por la creencia en un Ser Supremo con infinita bondad hacia la humanidad. Inmediatamente, el razonamiento feliz aclaró mi momentánea indecisión: ¿No sería una doble tarea salvar una vida del malvado abismo del suicidio, una victoria más gloriosa? Así que tomé medidas, sin perder tiempo, dado el deseo de salvar a los locos de acuerdo con las posibilidades proporcionadas por los recursos de la época, mientras pensaba en la niña, lo escuchaba a intervalos rápidos, le proporcionaba compresas calientes para el pecho, dictando una receta que los amigos presentes tomaron notas y cuyas medicinas esclavos solícitos irían a buscar mi casa más cerca de donde estábamos y seguramente las encontrarían. Al amanecer todavía estaba al lado de la cama de los enfermos y durante el día en adelante allí me quedé, en una lucha ininterrumpida para salvarlos a ambos. Y tan misericordiosa fue la intervención celestial que había evocado en la entrada, que, a las tres de la tarde, cuando me retiré de allí a descansar unas horas y luego regresé, mi joven cliente dormía plácidamente, fuera de peligro, mientras la niña normalmente mamaba el pecho lleno de la ama que había venido con ella desde el interior.

Como el lector entendió, mis nuevos clientes fueron Antônio de Barbedo y su hija Esmeralda. Esta batalla implacable me costó un largo mes de esfuerzos perseverantes y fatiga constante. Inconsolable con la inesperada viudez, Barbedo se había acostumbrado a mis visitas, encontrando algo de consuelo en nuestras conferencias. Y debido a las afinidades especiales que solo la Omnisciencia del Creador interpretará adecuadamente, se encariñó tanto conmigo y mi familia, que había renunciado a la ayuda de los otros médicos. Y nuestra presencia en su casa siempre se esperaba con ansiedad visible, y estaba muy satisfecho cuando aceptamos las invitaciones para el almuerzo o la cena del domingo o cuando yo estaba presente en la mesa de té o café. Sin embargo, si su recuperación física es lenta, a través de un tratamiento riguroso, que conducía con afecto por el caso, porque, además de la intoxicación, también había sufrido un shock nervioso muy violento, con tristeza señalo que, moralmente, solo mucho más tarde, en la vejez, puede realmente recuperarse. Como amigo, me sentí obligado a una asistencia moral idéntica a la del médico; y luego utilicé mil subterfugios para evitar la idea obsesiva de la falta de su esposa, incluso aconsejándole que se interesara por la política y otros problemas sociales, porque yo, en ese momento, se vivía fases de tribulaciones políticas muy absorbentes. Poco a poco se recuperó, comenzando a venerar a su hija con toda la fuerza de su corazón apasionado, redescubriendo la gracia y la belleza de la fallecida inolvidable, a medida que la pequeña crecía sana y risueña, revelando los hermosos rasgos de María Susana. aunque también tradujo la tez levemente suave del padre y los hermosos ojos, grandes y oscuros, de la raza lusitana. A menudo le aconsejé que contrajera un nuevo matrimonio, a lo que respondió, serio y resuelto:

- "Nunca contraeré nuevas nupcias. ¡Maria Susana se movió muy fuerte en mi corazón, para permitirme reemplazarla en mi vida! Criaré y educaré a mi hija solo... Y te aseguro, mi querido amigo, ¡que no le faltará cariño y atención...! ¡Nunca! ¡Nunca le daré una madrastra! ¡Siento que me arrepentiría si lo hiciera! "

Sin embargo, una hermana viuda del propio Barbedo había emigrado a Brasil y se ofreció para cuidar a la niña, que fue bien aceptada, con la digna dama y otros dos niños pequeños que vivían bajo su techo. Cuando Esmeralda cumplió dos años, entendiendo a Barbedo, que ya había retrasado el tiempo para llevarla a la pila bautismal, nos invitó a mí y a mi esposa a ser los padrinos, agradecidos por la dedicación con la que tratábamos a él y su hija, porque habíamos contribuido mucho a la buena asistencia gracias a la hermosa niña hasta la llegada de su tía, la Sra. Concepción, a Brasil. Acordamos con buena voluntad y este fue otro enlace para solidificar los lazos de afinidad que ya existen entre nosotros.

Ahora, la misma noche en que, por primera vez, había cruzado el umbral de la casa de Barbedo, me informaron que, al comprobar el fallecimiento de su esposa en esa inolvidable noche de Navidad, estaba tan exasperadamente sorprendido que después de los primeros días, como de costumbre, amigos y familiares trataron de sacarlo de la hacienda, con cuidado de darle un tratamiento más eficiente, ya que temían la pérdida de su razón.

Alucinado, su primer impulso había sido estrangular a su hija recién nacida, culpándola de la pérdida irreparable que había sufrido, y era necesario esconder a la pobre niña de su vista. Después, comenzó a responsabilizar a todos los que lo rodeaban, incluidos los invitados, y terminó ordenando un trato sangriento a los miserables esclavos, a quienes acusó de hechizos y encantos contra la mujer muerta, en represalia contra sí mismo. al mismo tiempo que los poderes divinos también lo acusaron del dolor que lo aplastó, en medio de las blasfemias y el alboroto salvaje. Sin embargo, no había consentido en abandonar la hacienda sin que la niña lo acompañara, aunque se dio cuenta que no todos querían exponerla a los rigores de un viaje a una edad tan temprana. Al verla caer como resultado de ese viaje, se llenó de remordimiento, recurriendo a la idea del suicidio para escapar del infierno que en su interior crepitaba con virulencia.

Dos años después, como dijimos, se curó. Sin embargo, por su personalidad, esa alegría estimulante manifestada en todas sus acciones, las actitudes agradables que revelaban la felicidad que brillaba en él, desaparecieron y que sus antiguos amigos y comensales habían conocido antes.

Al año siguiente; es decir, en 1865, acontecimientos dramáticos sacudieron la patria brasileña, llorando tristemente. La guerra con Paraguay había comenzado, y Barbedo, temeroso de algo desagradable y, además, necesitando multiplicar las negociaciones con los productos de sus cultivos, se había sido transportado a la hacienda acompañado de su familia, incluso porque Brasil necesitaría suministros de alimentos. para asegurar el equilibrio de sus poblaciones, y él, como fiel amigo de los brasileños, había deseado cooperar con ellos en el sector que le era cariñoso. Luego se entregó a la agricultura como nunca lo había hecho antes, y nunca volvió a ir a la clínica, disgustado porque no fue posible salvar a su esposa, a quien amaba tanto. Esmeralda, por lo tanto, se crio en Santa María, bajo el cuidado de su tía y la afectuosa complacencia de su padre, para aquellos que se habían convertido en la razón última de la existencia y crecieron revelando encantos progresivos. Muchas veces, ante la insistencia de mi amable amigo, pasé deliciosas temporadas en la pintoresca mansión, recuperándome del ajetreo de la metrópoli, teniendo la oportunidad de observar cuán hermosa era la niña, dulce y delicada como su madre, de quien había heredado las características fisionómicas, pero voluntariosa e inteligente como el padre. ¡A la edad de cinco años, no permitió que los esclavos fueran castigados! El patio de tortura seguía desierto y pacífico, dejando de resonar por el aire el crujir de los látigos y los gemidos abrasadores de los impotentes martirizados. Y si el padre, que nunca se permitió oponerse a ella, entendió que debía ejercer la antigua severidad, ordenó los castigos en lugares muy distantes de la residencia de la familia, para que la niña amorosa no se dé cuenta de nada. No era raro que la Sra. Concepción la encontrara entre personas negras, en los jardines o incluso en la senzala, sentada de rodillas, divirtiéndolas con su gracia y travesuras o jugando con los niños cautivos de su edad, a quienes ella quería y admiraba mucho... Entre ellas, dos chicas merecen especialmente su atención: María Rosa, su hermana, la hija de la ama que la había cuidado, vivía a su lado, en la casa grande, debido a sus demandas, incluso pidiéndole a su padre que la admitiera en la mesa de la comida de la familia; y Juanita, una bella mestiza con grandes ojos melancólicos, cuyo padre, un capataz español, había desaparecido sin previo aviso, y cuya madre, mestiza como su hija, había muerto poco antes. Si se hicieron nuevas prendas para ella, de las cuales había mucho orgullo, exigió que se hiciera lo mismo con sus compañeras cautivos. Y luego sucedió que cuando fui allí, para descansar durante el verano, fui recibido por una corte de pequeños esclavos negros como el ébano, que me consideraban padrino, vestido de manera pomposa como la bella "Siñáziña", quien, gentilmente, ordenándolos, me rodeó, en lo que fue imitado por aquellos, todos amablemente pidiendo mis bendiciones, esperando las golosinas y pequeños obsequios que les llevaría, con mucho gusto.

Pero, Esmeralda era la descendiente de la orgullosa "y Sequeira de Barbedo", que se jactaba en su nombre de la distinción honorable conferida por un soberano: la "de María", que recordaba los pergaminos firmados por Doña María I. Imposible permitir que la bella niña creciese junto a esclavos africanos, educándose en contacto con la senzala, interactuando con hijos de padres cautivos cuyo destino implacable les hizo marcas con los rigores de la azada y el látigo degradante de los supervisores en la espalda desnuda.

Antônio de Maria, aprensivo, meditaba en todo mientras observaba el desarrollo de su hija. Había una necesidad urgente de sacarla del ambiente insalubre, dándole educación de acuerdo con su posición social y cultura materna, ya que no sería razonable que la hija de Maria Susana sufriera la humillación de recibir solo una educación mediocre. Al principio, pensó en internarla en una escuela existente en Brasil. Pero con el tiempo pensó que, por lo tanto, la niña iría de vacaciones a Santa María todos los años, lo que a toda costa deseaba evitar intentar liberarla de la estima por los esclavos. Luego decidió transportarla a Portugal, encomendándola al cuidado de familiares que aun estaban allí, incluidos los padres de Maria Susana y una hermana que había tomado órdenes religiosas y vivía en las "Doroteas"[15] como educadora de muchachas.

Y así fue que, al completar los siete años de la niña, para una agradable mañana de invierno, serena y dulce, ya que solo las condiciones climáticas de las plagas de Río saben ofrecer, mis ojos se entristecieron hasta la nostalgia, contemplando la dulce niña deshaciéndose en lágrimas al despedirse de la amorosa tía que la había mecido con caricias maternales, así como de la esclava negra que la había criado fielmente, cuyos ojos hinchados estaban nublados por las lágrimas.

Esmeralda partía hacia Europa con su padre. Santa María ya no podía contar con el buen ángel que la alegraba con la gracia de su gentileza y la protección contra la triste esclavitud...

Durante este tiempo lejano, la pequeña ciudad de X se destacó por su importancia comercial y agrícola, ya que era uno de

---

[15] Antiguo centro de educación para jovencitas en Lisboa.

los centros más florecientes y famosos de la provincia de Río de Janeiro, con sus cultivos superabundantes, un municipio rico preferido por figuras sociales prominentes. quienes fueron allí construyendo palacios para el verano, adquiriendo tierras y creando grupos rurales muy futuros. Por otro lado, la salud climática, el encanto sugestivo de la ciudad, eternamente sembrado de palmeras y jardines florecientes, atrajeron no solo la fina flor de la diplomacia o la nobleza que pululaba alrededor del trono, sino otras clases igualmente prominentes en la sociedad, como como capitalistas, corredores, extranjeros adinerados, afortunados portugueses, que también construyeron encantadores chalés o pequeñas haciendas allí, donde les gustaba pasar el verano. Muy cerca de Río de Janeiro, X era como la cuna ideal que satisfizo a todos. Y por esta misma razón, si hoy en día solo vive del encanto de los recuerdos, melancólica somnolienta con sus casas invariablemente cerradas, su pasado; sin embargo, fue durante mucho tiempo esplendor y prontitud, porque el Imperio le otorgó todo lo que era noble. ¡Galante y caballerosa! Sus fiestas eran famosas, frecuentadas por multitudes ricas, que no dudaron en gastar fortunas para la satisfacción de un día de capricho porque el brazo esclavo estaba allí, incansable y servicial, listo para compensar los "déficits" que podrían haber ocurrido durante el saldo de las cuentas... Sus suntuosos bailes, comentados incluso en la propia corte, hicieron temblar de orgullo esas pintorescas calles.

Ahora, un tiempo antes que Barbedo se enrumbara hacia su tierra natal para llevarse a su amada hija, había llegado al pequeño pueblo galante familia desde hace mucho tiempo radicada en Río de Janeiro, cuyo hijo primogénito, de solo doce años cuando lo presentamos al lector, se estaba preparando, en las mejores escuelas de la Corte, para asistir a la Universidad de Coímbra a su debido tiempo. Luego, la familia se instaló allí, para evitar el clima excesivamente cálido de la capital del Imperio, debido al precario estado de salud de su amado jefe, adquiriendo un espléndido chalé rodeado de una agradable hacienda, que llamaron chalé Grande, dado su aspecto verdaderamente señorial, y más tarde, una pequeña hacienda agrícola, que se adapta al excelente clima. Era la pareja Souza Gonçalves y sus hijos Bento José y Dulce.

No siendo propiamente ricos, los Souzas Gonçalves tenían suficiente para mantener progresiva la propiedad adquirida, con una esclavitud razonable, para mantener una vida social decente y permitir una buena educación para sus hijos. El jefe, portugués de nacimiento, tenía la intención de enviar a su hijo a Coímbra para estudiar e hizo todo lo posible por verlo graduarse en Derecho y leyes, mientras que su madre, descendiente de magistrados y abogados brasileños, ayudó a los esfuerzos del esposo, orgullosa de la vivacidad de su hijo, cuya inteligencia, a la edad de doce años, prometió triunfos y muchas glorias para el apellido. Se llamó al niño Bento José de Souza Gonçalves, pero, Irma llamándolo de "Betito", se le conoció por el apodo de su nombre incluso entre colegas en los bancos de la escuela y, más tarde, incluso en Coímbra. Fue audaz e inquieto, inteligente y lúcido, declamando buenos poetas a los doce años, versando y cantando con una hermosa voz a los trece años, dando un discurso galante a los catorce años, enseñando a sus colegas, al mismo tiempo, latín y francés, que hablaban y escribían a esa edad; emborracharse por la noche, a los quince; amaneció en la mesa de juego, arrastrado por las malas compañías, donde perdió parte de la asignación proporcionada por sus padres, vano para imitar, tan temprano, luminarias de las letras brasileñas de la época, como Castro Alves, Fagundes Varela y algunos otros que aun encantan al buen gusto de los lectores aplicados. Sin embargo, disfrutó de las vacaciones de fin de año en X, en el dulce calor de la casa de su padre, feliz de ser liberado de las aburridas disciplinas que lo obligaron a realizar esfuerzos y preocupaciones permanentes. Y fue para verlo, riendo y travieso, la tez enrojecida por los rigores del sol, acompañado por otros muchachos de su edad, galopando desenfrenados en la espalda desnuda de los animales de su padre, a través de las calles sombreadas de X o de hacienda en hacienda, a través de caminos polvorientos, en visitas amistosas a vecinos. Y, en las noches de luna llena, escapando de la vigilancia paterna, uniéndose a los bohemios locales para serenatas románticas, cantando a lo largo de las calles silenciosas mientras el refresco sereno iluminaba el perfume de las plantas que consagraban la ciudad. Tales interrupciones, en esos años verdes, terminaron despertando la ira del generoso padre, a quien los amigos leales y el corresponsal mismo en la Corte se dieron cuenta de los eventos desagradables. Desesperado, el Sr. Souza Gonçalves decidió sacar a su hijo de Río de Janeiro, irrevocablemente, aplicando medidas correctivas severas, incluso corporales, lo que lo humilló mucho. Él lo encarceló groseramente en la hacienda, obligándolo a vivir con esclavos, supervisores y animales, exigiéndole un discernimiento severo para las operaciones rurales, una medida que ofendió tácitamente el orgullo del joven estudiante, disminuyéndolo en el concepto de sí mismo. Sin embargo, un año después, en respuesta a las súplicas de su esposa, ya atacada por una enfermedad grave que la llevaría a la tumba, el viejo Souza accedió a obligarlo a regresar a la escuela, entendiendo que posiblemente se había curado de la levedad juvenil. Pero, en lugar de remitirlo nuevamente a la corte, tan pronto como el buen compañero de su día había pasado, emprendió un viaje a Portugal, dejándolo al cuidado de su abuelo, con recomendaciones amplias y rigurosas a su respecto.

Y, en efecto, privado de la tolerancia benevolente de los padres, entristecido por la falta de afecto materno, viviendo en un medio extraño y un ambiente que sin duda era más disciplinado y, además, dirigido por el pulso de hierro de un segundo padre, bien intencionado en su austeridad y para quien se juzgaría a un carcelero, el joven Bento José de Souza Gonçalves pronto calificó para ser admitido en la famosa Universidad, donde anualmente las luminarias de la intelectualidad se honraban con el título ganado con tanto esfuerzo.

Extenderemos nuestros humildes comentarios un poco más allá del Atlántico, en busca de nuestros personajes en la generosa tierra portuguesa.

CAPÍTULO III
Invigilancia

"Orad y vigilad, para que no caigas en la tentación. El espíritu es realmente fuerte, pero la carne es débil."

(Jesucristo. San Mateo, 26:41).

Antônio José de Maria y Sequeira de Barbedo se permitieron permanecer en Portugal por dos años. Sería indispensable, dijo juiciosamente, acompañar a su hija, ayudándola a adaptarse a las nuevas costumbres, vigorizándola con su afectuosa presencia hasta para armonizar con la familia a la que no estaba acostumbrada, pero que intentó todo para cautivarla, amable y amorosamente. Sin embargo, la niña tardó en olvidar el afecto que dejó en Brasil y diremos, fielmente, que nunca olvidó el lugar de nacimiento, los campos cultivados de la próspera y grosera hacienda donde se escucharon los sonidos dolorosos o duros de los esclavos que le recordaban a la lejana Luanda o ¡la soñadora Guinea que, sabían, nunca volvería a vivir! La Sra. Concepción, la negra Balbina que la había amamantado con cuidado materno, María Rosa, su hija, que luego sería la madre de Antônio Miguel; la bella mestiza Juanita, su corte de chicas negras vestidas con vestidos llamativos y grandes lazos en la cabeza, que ella misma llevaba y exigía para ellos, eran recuerdos que la amable niña lloraba inconsolable, temiendo al angustiado padre que el anhelo pudiera comprometer su salud. Pero es cierto que el tiempo y la ausencia son los mejores asesores para el corazón que necesita olvidar. Poco a poco, la hija de María Susana se fue conformando. Nuevos afectos llenaron su ingenuo corazón, reteniendo su atención en el círculo en el que vivía. Estaba en edad escolar y sus estudios desviaron sus pensamientos hacia preocupaciones nuevas e interesantes. Otras compañeras amables y serviciales tuvieron la magia de borrar de sus recuerdos las formas humildes de las chicas negras que; sin embargo, nunca pudieron olvidarla, quienes la lloraba en medio de lamentos de añoranza, quienes permanecían desprotegidas en su ausencia y muy pronto llevadas a las arduas faenas de labranza, probando las laceraciones del tronco o la picota, ya que el patio de castigos retomaba la siniestra programación de flagelación e ignominia...

Instalada en Doroteas, en Lisboa, con recomendaciones paternas para una mejor educación, después de dos años, la pequeña Esmeralda, ya consciente de las tareas escolares y mostrando buena disposición física, moral y mental, fue entregada por su padre al cuidado de los abuelos y tíos., que estaban felices de cuidarla, dejándolo en libertad de regresar a Brasil para retomar la dirección de sus intereses. Barbedo había alcanzado la apariencia más bella del hombre desde que tenía treinta y cuatro años. Vigoroso y atractivo, había adquirido cierta belleza viril impresionante, que no pasaría desapercibida para nadie e incluso para el sexo más justo. Los miembros de su familia le aconsejaron, prudentemente, que regresara a Brasil en posesión de un nuevo matrimonio. Allí, a su alcance, jóvenes de buenas familias, doncellas amables y dignas, quien estaría muy feliz de acompañarlo en la boda. Pero, fiel al diseño erróneo que se había impuesto, ignoró las sugerencias leales recibidas y regresó a Santa María completamente solo, decepcionando a más que una amable patricia, que esperaba actitudes más amables de su parte...

Sin embargo, la soledad que lo rodeaba pronto envolvió su corazón ardiente en olas deprimentes de neurastenia y nostalgia. El insomnio torturó sus noches, llenándolas de preocupaciones desgarradoras. El mal genio alteró su paz interior, haciendo que las horas que vivió fueran infelices y cambiando sus disposiciones orgánicas, lo que resentía las luchas nerviosas. ¡Para distraerse, se dedicó a trabajar con fervor excesivo, excusándose con la idea que sería necesario ofrecerle a Esmeralda un futuro brillante, que la compensara por la desgracia de no tener madre al nacer y exiliarse en una escuela, lejos del lugar de nacimiento y de él mismo, su padre! Y, por lo tanto, se imponían demandas necesariamente mayores a los esclavos, que lloraban bajo el ardor de las disciplinas feudales.

A menudo aprensivo, temeroso del futuro y sintiendo algo indefinible que se derrumbaría sobre él como un rebote, debido a la dureza con la que tuvo que tratar a los bastardos cuyo trabajo lo enriqueció, le aconsejé que renovara sus métodos para lidiar con la esclavitud, recordándole la calidad de la raza humana, que se originó del mismo Creador, sería lo mismo a la vista de Dios. Entonces se rio, con descuido impertinente, refutando mis observaciones con controles remotos de este contenido:

– ¡Tus consideraciones son típicas de la ideología de los filósofos y santos, mi querido amigo, pero no el reflejo positivo de la realidad! ¡Una raza inferior y primitiva como esta nunca será igual a la civilizada europea! No hablo de las sutilezas de la Creación. Dejo aquello a los exégetas, a los representantes de la Iglesia, los únicos en quienes reconozco la autoridad para resolver el asunto... ¡Soy un comerciante, nada más! Y, como tal, es justo que aspire a la prosperidad para mis intereses... Si compro estos esclavos con mi oro; si los alimento y los cubro a mi costa, tengo derechos sagrados sobre ellos, y me deberán obediencia y veneración...

Un día me dijo que emprendería un viaje por las capitales del Brasil, que aun no había tenido la oportunidad de visitar. La soledad en Santa María lo volvía loco. El clima implacable de la metrópoli deprimió su salud. Necesitaba descansar y distraerse para ayudarlo a superar la inquietud de la que se sentía poseído, así como el aburrimiento exasperante que aniquiló su vida. Aprobé la resolución, recomendada por cualquier médico, deseándole sinceramente los mejores resultados. Y luego fue a Recife, después de temporadas cortas en dos o tres ciudades de Bahía, ansioso por contemplar Olinda y los vestigios del pasaje, en Pernambuco, del príncipe de Nassau, en cuyo nombre jugaba con frecuencia, con orgullo y desdén...

Una noche, en el comedor de la pequeña posada donde había vivido, Barbedo estaba leyendo los periódicos recién llegados de la Corte, completamente ajenos a su entorno. La noche era cálida y deliciosa, y las ventanas abiertas dejaban entrar continuas ráfagas del dulce aroma de los árboles de mango, que proliferaban alrededor de la pintoresca mansión. A lo lejos, el océano, aturdido por la fuerza indomable de la marea alta, azotaba las playas con un torrente salvaje, levantando gemidos salvajes en el aire, como una ira inconsolable. La cena había terminado hacía mucho. Los otros comensales se retiraron en alegre alboroto, dirigiéndose a la calle para disfrutar de la frescura de las playas, mientras él permanecía absorto en la lectura, sin apartar la mirada de las intrigas políticas que llenaban las columnas de dichos periódicos.

Sin embargo, se dio cuenta vagamente que alguien se había parado al otro lado de la mesa, limitando con él, y que, como él, se había inmovilizado allí, sin atender a las delicias de la serena noche iluminada por la luna. Sin embargo, era una percepción intuitiva, más que positiva por sus facultades motoras, una advertencia de la sensación consciente, magnética de fluidos que no le gustaba, pero en la que su atención mental-racional aun no había participado, lo que le hizo tomar conocimiento objetivo lo que realmente estaba pasando

De repente, al pasar la página, su mirada se deslizó sobre una figura, resaltando sus formas. Aun absorto, volvió automáticamente a la lectura, listo para continuar. Pero, tan rápido como acababa de distinguir la misma figura, sus ojos, su mente, sus percepciones de vuelta a las fijaciones normales del mundo externo, volvieron a esas formas, ahora realmente atrayendo su atención. Era una mujer que tendría unos veinticinco años. Con una tez vigorosa, como en general las personas afectadas por un trabajo menos ligero, alta y oscura, bastante bella y seductora en su tipo, con grandes ojos negros, brillantes y ruidosos, labios rojos y arqueados, pero gruesos peludos y grandes, indicadores de indomable pasión ardiente, de sensualismo pronunciado. Mientras que el cabello, negro y brillante, muy empastado de aceites caseros, se desparramaban negligentes sobre su espalda, y el traje, medio desarreglado, eran de un tejido inferior y un color chillón.

El ilustre Sequeira de Barbedo frunció el ceño en estado de shock. La joven lo miró provocativamente, como si quisiera absorberlo con los ojos, mientras una media sonrisa impertinente estiraba más su boca, donde quedaban en exhibición dientes hermosos, tal vez demasiado grandes para una boca femenina, pero innegablemente blancos y limpios, el joven agricultor la conocía al verla servir en la mesa desde que llegó a Recife. Se llamaba Severina Soares y era sobrina del dueño de la posada. Había escuchado a los otros invitados comentar sobre ella, que había sido seducida y abandonada con una hija pequeña, y que no estaba a la altura de la dignidad femenina. Sin embargo, nunca había hablado con ella. No le habían atraído sus encantos, ya que no le había preocupado la insignificancia de su individualidad, por lo tanto, ella no pudo descubrir ningún detalle de seducción. Orgulloso y taciturno, no sería a una simple sirviente de hotel que bajaría los ojos, no interesado en las conquistas sentimentales. Al ver que la joven no miraba hacia otro lado o mostró timidez ante su expresión de disgusto al verse tan contemplado, antes de parecer actuar con determinación, preguntó, con un tono grosero:

— ¿Podré averiguar por qué estás allí mirándome tonta? ¿Deseas alguna cosa?

— ¡Si! – Respondió ella, audaz, entre cínica y despectiva –. Me gustaría contemplar tu hermosa apariencia para toda la vida…

El viudo de María Susana se puso de pie. Estrictamente observante del respeto por los techos de otras personas, estaba dispuesto a irse sin responder a la provocación inusual, sin preocuparse por ninguna aventura en torno a la sobrina de su anfitrión, a quien no estaba absolutamente inclinado. Pero este último, prometiendo no perder terreno y seguro que no se volvería a encontrar la oportunidad más propicia para los fines que tenía en mente, lo detuvo, suplicante, tomándole del brazo:

– Le ruego que no se vaya, Sr. Doctor, y reitero la broma... Sí, quiero hablar con usted... Quiero algo de su amabilidad... Soy muy pobre, casi miserable, como ve... Infeliz criada del hotel, humillada, despreciada por parientes estrictos que me aburren y que a regañadientes disparan con el pan que satisface mi hambre... Tengo una hija, que sabe, que está enferma porque no tengo los recursos para medicarla convenientemente... Ni siquiera puedo comprarle unos zapatos para proteger sus pies, y la pobre, aunque enferma, vive descalza... Sé que eres médico... Vengo a pedirte la caridad de examinar a mi hija, prescribir el tratamiento, ayudarme a obtener los medicamentos, ya que no puedo comprarlos...

Un sentimiento indefinible hizo vibrar el corazón del viejo facultativo. Por un instante, múltiples pensamientos pasaron por su cerebro. Severina no mintió: él mismo tuvo la ocasión de percibir a veces el maltrato infligido a ella como su hija, por parte de los familiares de quienes dependía; el rigor con el que los dos soportaron, y la niña enferma era conocido por todos, pálida, marchita, descalza, el abdomen obeso denunciando anemia y desnutrición, la tos rebelde e incómoda presagiando bronquitis crónica. De repente, recordó a su amada Esmeralda. ¡Oh! ¿Y si él mismo no podía traer a esa querida hija, la razón más fuerte de su existencia, protegido por la comodidad que proporciona? ¿Qué pasaría si fuese Esmeralda y no la hija de Severina Soares quien no tenía zapatitos miserables con los que proteger sus pies y vestida con ropas rotas, enfermas y frágiles de esa manera?

Alcanzó su sensibilidad paterna por las expresiones de dolor de esa joven madre, a quien interpretó sincera y angustiada, así como por su condición de médico, su rostro se aclaró y fue amablemente que replicó:

– Tráeme a tu hija, pobre mujer, para que pueda escuchar... Te concederé tus deseos...

Y, de hecho, lo hizo, indicando un tratamiento concienzudo de la niña pobre y atendiendo humanamente sus necesidades, lo que reconoció como totales. Sin embargo, realizó una acción tan hermosa por mero deber profesional y humanitario, absolutamente desprovisto de intenciones subordinadas en torno a la humilde servidora del hotel. Sin embargo, esta última, al observarlo dedicado, a proporcionar la falta de recursos para el tratamiento de la pequeña paciente, tenía la intención de verlo comportarse de esta manera porque quería ser amable consigo mismo. Se había entregado, por lo tanto, a la esperanza de obtener el amor de Barbedo, insinuando de cualquier manera en su vida a través de la triste situación de esa hija que lo inspiró con compasión; y, por esa misma razón, no perdió ninguna oportunidad de acercarse a él, incluso creando posibilidades de ser irrespetado. La pasión violenta exaltó los sentidos primitivos de la bella pernambucana, desorientando su mente y prendiendo fuego a su corazón. Barbedo era encantador; ¡y la arrogancia con la que se condujo, la fría indiferencia que manifestó en asuntos sentimentales, como el orgullo que surgió de las actitudes normales, fueron factores que la excitaron inmoderadamente! Sabía lo contrario, muy rico, libre de compromisos apasionados, lo que quizás fortaleció aun más sus locas aspiraciones. ¡Oh! ¡Si este hombre inusual pudiera amarla...! ¡Si al menos la deseara como compañera de su soledad, establecería un contacto permanente entre ellos...! Si consintiera en transportarla al Sur, instalándola en su hacienda, donde ya no sufriría la humillación de la miseria y el desprecio infligido a ella y a su hija por su propia familia... ¡Se confesaría compensada por la cantidad de problemas que su adversa suerte le había hecho probar! ¡Tenía miedo de verlo pasar de un momento a otro sin ningún entendimiento amistoso que estrechara la relación entre ellos! Y, al darse cuenta que nunca alcanzaría actitudes menos respetuosas o indiferentes de su parte, estaba preparado para causar situaciones irremediables, lo que haría posible sus intenciones...

¡Y así fue que el orgulloso descendiente de Sequeira de Barbedo, extrañamente él mismo, permaneció en Recife durante tres largos meses, abrumado por el aguijón amoroso de la astuta pernambucana, de quien se había convertido en un amante, un cómplice, por lo tanto, de las transgresiones lamentables a las leyes del decoro y moral!

El viudo de María Susana ciertamente no se comprometería arrastrado por un sentimiento de amor verdadero, ya que esto es inseparable de las costumbres dignificadas. Antes, contaminado por arrastres subordinados, se había dejado vencer por las redes infernales de una condición deprimente, después de haber rechazado las oportunidades nupciales que se adaptarían mejor al carácter del hombre honorable.

Cuando, algún tiempo después, el joven agricultor regresó a la mansión de Santa María, sus esclavos y sirvientes, así como los comensales más íntimos, se sorprendieron al verse a sí mismo descendiendo del carruaje que había seguido en las huellas del caballo que lo conducía, una mujer, alta y oscura, con rasgos duros y hostiles, pero muy hermosa, acompañada de una niña cuya apariencia débil y vergonzosa sugería solo siete años de edad, cuando, en realidad, contaba diez, un año más, por lo tanto, la pequeña Esmeralda, que todavía estaba en el internado de Lisboa.

¡Poco a poco, Severina Soares introdujo su propio descuido en el recinto doméstico, que inicialmente había dirigido como una simple cuidadora, la falta de una dama legítima, para que, con el paso de los días, insinuarse sutilmente, otorgándose derechos que, en verdad, no tenía! Escandalizada y ofendida por la intrusión indebida, la Sra. Concepción había preferido retirarse de la hacienda a la Corte, sin adaptarse al curso indecoroso de su hermano. Este último, a pesar de ser consciente del mal que había practicado, permaneció discreto, otorgándole a su amante una libertad limitada en la dirección de los dominios; sin embargo, cegado por su propio orgullo, lo que le impidió darse cuenta del avance que la joven de Pernambuco tomó en la autonomía del antiguo. solar. Barbedo la trató con orgullo, sin mostrarle nunca afecto; sin embargo, le proporcionó a ella y a su hija la comodidad más desvanecida, que permitió cuidar a ambas grandes damas, a pesar de la ausencia de gracias naturales, que no existían en ellas. Por otro lado, Severina tendría el deber de presentarse discretamente, como una simple cuidadora de la casa, lo que la irritaba tácitamente; y la niña misma, a quien había tratado con amabilidad, eliminando su dolencia física, mi altivo amigo solo le concedió un trato severo y respetable, exigiendo la máxima consideración de su autoridad. Íntimamente, una aversión singular, vaga e indefinible, tenía por madre e hija, y a menudo, en momentos de consultas íntimas, preguntaba por sus propios pensamientos porque había aceptado traerla a su propia casa, lamentando la debilidad que lo había arrastrado a apenarse tanto de una como de la otra.

Pero pasaron los años... Desde la intimidad doméstica, el evento había progresado al dominio público... ¡E incluso si el granjero rico deseara contraer matrimonio, en una familia considerada y probable, ya no sería posible, porque no encontraría a nadie en quien confiar para un propósito tan serio! ¡Cada hora que pasaba frente a las rutas de Barbedo, manteniendo la conexión insolente, sería un nuevo enlace para entrelazarlos, permitiendo a Severina un triunfo más, y era menos probable que ocurriera una incapacidad para un descanso ese día a día! No pocas veces, la astuta nordestina se había atrevido a investigar las posibilidades de legalización de la situación. La ambición en torno a los activos de Antônio de Barbedo creó en su mente el deseo de convertirse realmente en la dama de esas inmensas propiedades, de legitimar a su hija, permitiéndole usar el nombre ilustre, ¡dándole así un futuro auspicioso junto a la heredera que sabía existía en el extranjero, como en el anhelante corazón de su padre! Sin embargo, ante indicios tan ingenuos, Barbedo se rio, hostil y despectivo, cuando no reprimió tales impulsos ambiciosos con comentarios impactantes y ofensivos. Sin embargo, Severina Soares perseveró con las mismas intenciones, sin disminuir la velocidad en la batalla alrededor de la persona a quien ella enredaba sutilmente en sus propias maquinaciones.

Abierto como este paréntesis fue para equilibrar nuestra información en una marcha inteligible, alejémonos de Santa María en busca del océano, que cruzaremos de regreso a Portugal, un escenario encantador que no nos permitiremos prescindir de estas simples narraciones.

CAPÍTULO IV
Corazones en Flor

¿Alguna vez has visto el capullo de rosa blanca, blanca e inmaculada, sobre cuyos pétalos satinados los rayos del sol naciente extienden sus destellos inefables, coloreándolos dulcemente entre vasos de luz reconfortante y reactiva?

¡También lo hizo Esmeralda de Barbedo cuando completó diecisiete primaveras, risueñas y prometedoras! Esbelta, linda, elegante, también mostró en la fisonomía sincera y afable esa vivacidad radiante y alegre de criaturas muy jóvenes, que esperan del curso de la existencia todos los beneficios, descubriendo un futuro, a través del prisma de sus propios sueños, absolutamente idéntico al concebido por antojos sublimes del corazón floreciente. ¡Amable con la piedad, sincera y amable con la dedicación, su personaje sería como la más poética pluma donde las manifestaciones más hermosas de la nobleza de principios brillaban como joyas de valor inusual!

El año era 1880... y el mes de diciembre, lluvioso y amargo, la había llevado del internado de Lisboa a la encantadora "Quinta Feliz", en las afueras de Coímbra, donde vivían sus abuelos maternos y en cuyo convivio ella pasaba invariablemente las fiestas de Navidad y Año Nuevo. Su hermoso cabello oscuro, como el de su padre, caía en mechones aterciopelados sobre sus elegantes hombros, después de estar cuidadosamente arreglado en la parte superior de su cabeza, donde los racimos de anillos llenos estaban atados con un agradable lazo de cinta blanca, mientras que el elegante vestido de lana, también blanco, que realzaba su corte delicado, hacía que su obra maestra de gracia y belleza sea inconfundible, solo comparable a los ángeles retratados por el pincel de artistas pasados.

La bella descendiente de la orgullosa "Maria y Sequeira de Barbedo" alegre y muy feliz, esa tarde ceniza cuando la volvimos a encontrar después de tantos años de ausencia. Y, sentada a su magnífico "*Pleyel*" para conciertos, con el que sus abuelos pensaron que era un buen regalo para ella a fin de año, y en cuyo armonioso teclado ensaya las canciones más tiernas que ha inspirado el sentimentalismo romántico de Portugal, sonríe y canta, con su voz dulce y angelical, esperando ser repetida a los invitados durante la fiesta que los abuelos amorosos ofrecerán en su honor, para el próximo cumpleaños de Navidad. Pero esta fiesta tendrá lugar incluso antes de Navidad, porque esta fecha brillante y auspiciosa para el cristianismo también evoca el luto y las penas de los de Queirós y Sequeira de Barbedo, ya que marca el paso de la bella flor que era María Susana, la madre de Esmeralda.

Amueblada con sobriedad, la habitación, un poco patriarcal, con distinción y buen gusto regional en su decoración, está velada por una sugestiva tristeza, propicia para los sueños que giran alrededor de ese cerebro aun no contaminados por la falta de armonía mental, porque las cortinas de los balcones descienden debido a las lluvias, mientras que las últimas rosas reavivan sus últimos perfumes en los aparadores cercanos, atrapados en ricos frascos de loza. Afuera, "Quinta Feliz" se extiende como un belén exuberante, con sus trillas ricamente cultivadas, frutales olivares y suntuosos viñedos cultivados con cuidado paternal por el Dr. Ambrósio de Queirós, el padre de María Susana que no desdeña la agricultura cuando los deberes de su profesión como apóstol de la Medicina no lo mantienen fuera del hogar. Los lechos de rosas y amapolas, los geranios rojos y los claveles rojos de las ventanas, ya muertos, empapados por la lluvia hasta las raíces, ya no irisan con su decoloración los jardines que, en primavera, revivirán en fiestas de colores y perfumes, bajo el cuidado del paciente Queirós. Pero están los orgullosos laureles, los álamos y los castaños que prestan majestuosa belleza al medio ambiente… y, además, el bosquete de cedros y hayas donde la familia almuerza los domingos, durante el verano, con setos de madreselva pintorescamente alrededor de la entrada principal de la agradable residencia…

En cierto momento, la joven suspende el trabajo en el que ella se emociona, saca una voluminosa carta del elegante bolsillo del vestido, ya ha leído y releído muchas veces, y nuevamente lee, divertida y conmovida, los ojos de amistad con cada nueva frase que la distingue, su corazón precipitado y tierno, el patético poema que sigue, porque la carta retrata fielmente el estado vibracional emocional del noble corazón que lo dicta:

– "*Mi querida Esmeralda:*

Nuestra querida amiga Pamela Cesarini me habló de tu llegada a Coímbra, ayer por la tarde. Aquí me tienes, querida mía, depositando a tus pies mis más cordiales saludos, deseando que llegue el día en que pueda saludarte personalmente… Es decir, para esa celebración de tu cumpleaños, que, desde hace un año, desde tu regreso al internado, ¡espero con anhelo!, ¡ay!, ¡qué lento, irritante en su pereza, este año de 1880, para que yo tuviera la suerte de volver a contemplar tu angelical belleza! ¡Te quiero tanto, Esmeralda…! ¡Y si las fulguraciones de nuestro amor un día no logran esclarecer mis acciones y mi destino, seré el más desdichado de los hombres, y ciertamente sucumbiré bajo el peso de tan dura desgracia! Durante este año, sin poder verte sin el refrigerio de poder confesarte mis anhelos, los oscuros presentimientos abrumaron mi mente, creando sueños angustiosos para mi sueño, ¡durante los cuales me vi a mí mismo luchando en la soledad tétrica de una prisión despojada de los tesoros de tu amor! ¡Pero ahora que estás de vuelta en Coímbra y que tan dulce esperanza me atrae a través de las noticias de Pamela sobre ti, afirmando que soy querido para tu corazón, los temores se desvanecieron, porque mi alma fue consolada y calentada por la bendición de tu presencia! Hace solo un año que los cielos me dieron la oportunidad de conocerte. ¡Ah! ¡Fue la Navidad pasada, esa otra celebración de tu cumpleaños! Luego regresaste al internado y me quedé en Coímbra, ¡habiéndonos visto y hablado solo dos veces más! Sin embargo, mi querida, ¡hoy siento como si durante siglos hubiera sido esclavizado por el dulce yugo de tu amor, alimentando la impresión que las afinidades que nos datan serían de un pasado distante e impenetrable!

Las recomendaciones que me hiciste al despedirte de tu regreso a Lisboa, hace apenas un año: Dejé el bohemio para siempre, ¡olvidé el juego para siempre, querida Esmeralda! Lo olvidé porque me lo pediste, los hermosos ojos nublados por las lágrimas, ¡por tu amor! Espero, por lo tanto, ser devuelto fielmente en el intenso amor que te consagro, porque afirmaste que, si mis costumbres se dignificaran, me dedicarías tus afectos, aceptando mi mano como esposo, quien, entonces, te ofrecí, para cuando nuestra edad y la finalización de nuestros estudios lo permitan... ¿Dudarás de la verdad de lo que digo? ¡Oh! Dile a Pamela que le pregunte a Daniel: ¡él ha sido mi compañero en todo momento! Pamela me aseguró que visitará Suiza, probablemente estacionará en Zúrich la próxima primavera, antes de ingresar a la escuela de monjas en Sion, París, donde mejorará sus estudios. ¡Ah! Preveo los días felices que disfrutaremos a través de los hermosos paisajes suizos, porque le he traído tanta alegría a mi abuelo, en el curso de Derecho que he estado haciendo en la Universidad, que el excelente anciano quería regalarme unas vacaciones en Suiza. ¡Mientras añoro la primavera, que nos llevará a ese país encantador, permitiéndonos socializar a diario...!

Pamela te visitará... Ella te llevará esta carta... ¡Oh! ¡Cómo la envidio! Ella me apura, no puedo continuar... Y aun así, todavía quería decirte tantas cosas que yo desbordar del corazón...!"

Ahora, la vibrante misiva fue firmada por el simple diminutivo de un nombre propio que, desde la intimidad de un hogar brasileño, había sido transportado con su portador a Portugal, haciéndose popular y conocido entre los estudiantes y jóvenes de Coímbra: ¡Betito!

Radiante, la hija de Barbedo volvió a esconder el precioso regalo ofrecido a su corazón y reanudó la delicada tarea que se le había impuesto al piano. De hecho, un año antes, durante una fiesta encantadora en "Quinta Feliz", Esmeralda había tenido la oportunidad de conocer a su joven patricio Bento José de Souza Gonçalves, quien, como sabemos, su padre había enviado desde

Brasil, con la esperanza que los nuevos métodos disciplinarios lo hicieran útil para la familia y la sociedad.

El celoso padre no había sido engañado. El joven Souza Gonçalves, quien, en ese momento, contaría veintidós primaveras, se había aplicado al estudio tan fervientemente que pronto alcanzaría su licenciatura, honrándose en Derecho y leyes, ya que se destacó como uno de los mejores estudiantes universitarios en Coímbra. Sus méritos fueron brillantes e indiscutibles. Habló con tanto fervor y vehemencia que, durante la simple ejemplificación de la silla, se diría que se hace en un tribunal, causando admiración a los propios maestros por la profundidad del conocimiento y la elocuencia de la lógica. Sin embargo, su valor personal creció cuando se supo que también se inspiró en el verso clásico, que, en Portugal, y Coímbra, especialmente para el gusto de los intelectuales, ha sido actual; y sus poemas, fundidos en un idealismo saludable, se convirtieron, como las tesis y los discursos, aplaudidos por cuantos los conocían.

Sin embargo, solo a un gran costo, y gracias a la poderosa influencia de Esmeralda en su corazón, Betito pudo dominar el hábito de jugar a las cartas, una inclinación desastrosa cuyos reflejos conllevarían muchos desacuerdos para su futuro, activados por las compañías perniciosas con las que se había rodeado desde entonces, los jóvenes gastados en libertades excesivas en la capital de su país. En Coímbra, desde el principio, a menudo hizo uso del recurso degradante de comerciar con sus propios libros e incluso con su propia ropa, para resolver deudas problemáticas, hechos cuyas noticias, si el viejo Gonçalves supiera, ¡le valdrían humillantes represiones para un estudiante de su valor! A excepción de este desafortunado rasgo de inferioridad, se demostró que el joven brasileño con tantas cualidades morales e intelectuales y una caballerosidad tan cautivadora cuán imposible sería para las personas en sus relaciones no rendirse a las simpatías que irradiaban de su personalidad. Entre sus amigos más cercanos, destacaba la familia Cesarini, de origen italiano, cuyos nobles títulos la hacían extremadamente respetable. Daniel y Pamela eran, por lo tanto, hermanos; al confrontar la mansión de su residencia con las propiedades de Souza Gonçalves, fue fácil para la vivacidad de los dos jóvenes tener una comprensión amistosa para toda la familia, sobre todo porque Pamela, una muñeca elegante de quince años, se educó en Lisboa en el mismo internado donde vivió Esmeralda. Fue, por lo tanto, a través de los nobles Cesarini que Betito logró acercarse a la hija de Barbedo, cuando solo había oído hablar de ella a través de la elegante Pamela.

En ese momento, el joven estudiante se presentó físicamente como uno de los tipos más hermosos de hombres jóvenes de su tiempo. Moreno y delgado, un tanto fino de talle, tenía grandes ojos negros, vivos y penetrantes, y una frente ancha que indicaba inteligencia y habilidad. Su cabello también era negro y lleno, algo largo como lo usaban los elegantes, artistas e intelectuales de esa época, cepillando la parte posterior de su cuello, como un bigote delgado, brillante y bien peinado, y la indispensable "mosca" entre su labio inferior y su mentón le daba una marcada dignidad y una distinción fisionómica muy recomendable, un rasgo característico de los hombres del siglo pasado.

Esmeralda lo amaba tanto como un corazón a su edad. Es por eso que fue con la lealtad más profunda que tiernamente había afirmado el propósito de perseverar en su afecto hasta la posibilidad de casarse. Luego, durante la fiesta, observándolos, hermosos y muy cultos, ambos revelaron regalos artísticos inusuales, ya que Betito había compuesto un delicado poema saludando a la cumpleañera y lo había declarado bajo el gusto y simpatía general, para luego encantar a los asistentes, haciéndose escuchar en la flauta, acompañados por el piano de la bella Esmeralda, radiante de felicidad: el viejo Dr. Queirós por primera vez pensó en la posibilidad de verlos unidos en matrimonio, una vez que entendieron, que los dos jóvenes fueron atraídos simultáneamente por inclinación amorosa visible. Por otro lado, presentado al médico digno un año antes por Cesarini, el muchacho brasileño, tan digno y orgulloso, comprometido en la convivencia de nuevas amistades, que definitivamente se había ganado la estima de toda la familia de su amada. Esa noche, por lo tanto, viéndolos exuberantes en la vida y la juventud en sintonía con los valses o atentos a los nuevos números musicales, el viejo abuelo pensó que una alianza entre Souza Gonçalves y Sequeira de Barbedo no sería desagradable, a pesar de los comentarios de quienes pretendían afirmar que no fueron los primeros en poder reunirse financieramente con este último, ya que el padre de Bento José no habría logrado en el extranjero, la emancipación económica que logró el "de María", el nivel de vida más alto posible a pequeños titulares de Portugal y Brasil.

Mientras tanto, durante los siguientes días, creció la tierna afinidad de los corazones de los dos jóvenes brasileños, y esto reveló la grandeza de este sentimiento que pronto el joven estudiante de doctorado se convirtió en el estándar de los hombres jóvenes reflexivos y conscientes de las responsabilidades asumidas ante su propia conciencia, como ante la sociedad. Se había dedicado efectivamente a la conquista de un futuro basado en situaciones respetables, potenciadas por sus propios valores personales, ya que su riqueza material o financiera era escasa. Y fue bajo el impulso generoso de tales disposiciones que las etapas finales todavía necesarias para la conquista de su grado de doctor en Derecho y leyes.

Sin embargo, aquí están en la agradable Suiza, visitada por ellos durante dos años consecutivos, disfrutando de las deliciosas fiestas de verano en medio de los encantamientos de la apacible mansión de los cantones y los lagos más bellos. Acompañada por el Cesarini, Esmeralda se dejó llevar entre sueños y prestezas durante toda la etapa del magnífico verano. El joven abogado se unió a la fiesta y salió, igualmente exuberante de felicidad, deambulando, junto a su amada, de ciudad en ciudad, de cantón en cantón, en visitas agradables y fructíferas, porque fueron muy instructivas, durante las cuales sabía qué admirar más, la hospitalidad afable y generosa de su gente trabajadora y contenida o la exuberancia y belleza de sus paisajes de ensueño. Ambos, junto con la dulce Pamela y Daniel, escalaron montañas coronadas de pinos opulentos, subiendo alturas, para, con manos entrelazadas, encantadas de contemplar, con asombro, los magníficos panoramas de valles verdes y exquisitamente cultivados, que las murmurantes corrientes atraviesan, cayendo desde alturas vertiginosas; o las faldas de las colinas cubiertas de hierba donde se alimentaba el ganado haciendo sonar las campanas monótonas bajo la atenta mirada del pastor, cantando las dulces y tristes melodías de su cantón. Más allá de los picos helados de los enormes Alpes, inaccesibles a su fragilidad como jóvenes habitantes de la ciudad, pero brillando eternamente sus glaciares como diamantes fantásticos en el sol, donde florecieron las inmaculadas *edelweiss*, hermosas especies de flora de hielo, que solamente el arrojo y la audacia de los verdaderos alpinistas pueden cosechar o contemplar. Pero aquí, en la montaña, aquí hay una alfombra de pequeñas flores ásperas y delicadas, bajo las caricias del sol de verano, adornando el camino que tomaron, son los *nomeolvides* del cielo, los digitalis rojos, los graciosos fuelles, el tojo y la árnica de color dorado, el precioso acónito de flores azules, que Esmeralda va cogiendo alegre, en medio de la risa, llevándolas consigo ¡como dulces reliquias de inolvidables horas de felicidad! Sin embargo, Zúrich fue uno de los lugares visitados, ¡lo que más profundamente penetró en su sensibilidad! Esas calles largas y muy limpias, inmersas en sueños pacíficos, el muelle de Limmat, pintoresco y sereno, cortado por elegantes puentes bajo la frescura de los fragantes árboles; sus majestuosos edificios apuntando a las flechas del firmamento o pequeñas torretas afiladas y chimeneas sugerentes; el famoso lago, junto al cual el alma se vuelve cautivadora, tierna, alentada por actitudes más nobles, se movieron tan profundamente en sus corazones que de cierta manera, entre emocionado y reflexivo, el muchacho brasileño habló a su amada, mientras contemplaba el hermoso paisaje, desde la terraza del hotel:

– Si los deberes sagrados no me llaman a Brasil, me quedaría residiendo en esta mansión hospitalaria en la Tierra, que es Suiza. Tengo la vaga impresión, querida, que, si nos fuera posible realizar nuestros esponsales ahora y arreglar nuestra residencia aquí, seríamos completamente felices... Mientras que a menudo los terrores repentinos y extraños sorprenden a mi corazón al razonar que solo en nuestra patria podremos unirnos para siempre... Como si una vez allí nos sucediera algo desesperado...

Ella; sin embargo, ingenua y confiada, adorable en su dulzura, apoyó su delicada mano sobre la suya, y murmuró conciliador y esperanzado:

– Tú fuiste, como yo, educado en Europa... Tus impresiones no son más que falsas preocupaciones de aquellos que pronto abandonarán los centros más civilizados del mundo debido a sus plagas navideñas que, aunque muy queridas, aun son desalentadoras envueltas en la bruma de problemas complejos. Sin embargo, estoy segura que, aun bajo la dulzura de esos cielos brasileños que nunca he olvidado y en medio del esplendor de esa flora incomparable, tan grosera como prometedora, estaremos completamente felices, arrullados por el amor que transfigura nuestros corazones...

Contempló su ternura y sus manos se apretaron en un gesto cariñoso. Y luego, bajo la dulzura de las frescas brisas que pasaban, susurrando, y la cúpula azul donde se encendieron las primeras estrellas, puras y cristalinas, sus almas se transportaron, conmovidas, y sus corazones se buscaron, felices, en el dulce contacto de un ósculo extraído de lo más profundo de su ser.

CAPÍTULO V
Madre e Hija

Desde la Navidad de 1863, la mansión de Santa María no se ha vestido así. Las banderas multicolores ondean, unidas a largas cuerdas de cordaje, entre ramas de bambú armadas en arcos triunfales, llevando a toda la región desde el camino real hasta los caminos principales y laterales del curioso edificio, extendiéndose aun más a través de los patios y jardines. No olvidemos que la imponente residencia estaba dispuesta en forma de E, con tres fachadas distintas separadas del cuerpo del edificio y bordeadas por magníficos balcones y terrazas, a lo largo de toda su longitud. Permitiendo; sin embargo, el acceso independiente al interior, por todos ellos, en un laberinto caprichoso de entradas artísticas y pasajes de comunicaciones interdependientes.

Los porches y balcones, también marcados, presentan rosas y claveles entrelazados entre las ramas de bambú que se acurrucan en las grandes barandas de las escaleras. Y, de vez en cuando, la frágil campana de la capilla, que suena festivamente, advierte a un operador concienzudo que es hora de volar nuevos cohetes, que se elevan en el espacio entre el silbido característico de la pólvora que arde, dejando una interesante mecha de humo y chispas. Y nuevos cohetes explotan en el aire por miedo a las viejas y niños tímidos y por el placer de los hombres jóvenes. Aquí se puede ver a la filarmónica de la hacienda, pintoresca en el conjunto que presenta músicos compuestos por esclavos, pero descalzos[16], que están listos, en una plataforma igualmente adornada, conscientes de la

---

[16] A los esclavos negros no se les permitía el uso de calzado.

importancia del papel desempeñado en ese día auspicioso, los instrumentos altamente pulidos que brillan su metal dorado a los reflejos del sol. Los personajes más famosos de la localidad se reunieron, reunidos para la celebración de un evento alegre. Y los esclavos, formados como un batallón para la revista, abrieron alas a lo largo de la entrada central, vistiendo ropa nueva: camisas de algodón crudo y pantalones azules de algodón para hombres; falda de algodón crudo y falda negra para mujer. Entre ellos, uno se destacó, todavía muy joven, por la verdadera satisfacción que mostró en el semblante afrodescendiente, y que llevaba de la mano a un "niño", su hijo, de cuatro años. Era María Rosa la hermana de la hija del rico dueño de tan vastos campos. A su lado, la una vez pequeña y hermosa mulatita Juanita, ahora una soberbia joven de veinte años; y, frente a ambos, en la columna hecha por los hombres, Cassiano Sebastian, su prometido, mulato cantante y valiente, experto en *"congadas"*, quien prestó un sabor incomparable de animación, dueño de una voz buena y sensual, que arrebató a los jóvenes esclavos cuando cantaba las canciones ardientes o melancólicas en el aire cuando golpeaba la azada brillante o cuando el molino cantaba, o incluso con el sonido de la humilde y triste guitarra, en las noches de luna, cuando los "Siñáziñas" encantaban y tocaban...

Entre los habitantes de X que asistieron al festival, destacaremos solo uno, aunque otros fueron dignos de mención, el Dr. Bento José de Souza Gonçalves, quien recientemente había salido de Europa, en posesión de su honorable pergamino, y quién, solicitando de acuerdo con las leyes del Imperio la necesaria concesión, mantenía un bufete de abogados en el Tribunal de San Sebastian de Río de Janeiro, así como en X.

La expectativa entre la pequeña multitud es, por lo tanto, de alegría y ansiedad alegre. Todos sonríen... El viejo esclavo Anacleto, que había llevado a la hija de Barbedo en sus brazos, una y otra vez, cuando era una niña pequeña, entrometiéndose en la senzala en busca de María Rosa, vistiendo, radiante como una simple adolescente, los nuevos pantalones de algodón, incluido en el batallón de esclavos, se daba a la lengua y se reía sin cesar, expresando la alegría que inundaba su alma.

Sin embargo, en Santa María había dos corazones se retorcían en ritmos de amargas aprensiones; dos almas solitarias por la inferioridad de las tendencias malévolas; dos individuos en quienes las pasiones desordenadas crecieron a la sombra del egoísmo refutado, alentando la complicidad de sentimientos íntimos, como la envidia y los celos, el rencor y la ambición indomable, y en cuyas mentes las oscuras sugerencias del mal respiraron inspiraciones sombrías. Eran Severina Soares, la antigua amante del señor Sequeira de Barbedo, ahora en honor de la recomendación por la magnanimidad del señor Don Pedro II, y su hija Ana María. Ambas permanecieron incrustadas en la hiel de múltiples rarezas, al margen de la satisfacción general, conmocionados por el rencor angustiado.

Es que Esmeralda de Barbedo llegaría esa tarde al lugar de nacimiento, regresando de Europa, ya completados sus estudios. Acababa de desmontar un paje del caballo, que había galopado sin cesar desde la carretera X que anunciaba que la bella Siñáziña había desembarcado del tren de hierro a la estación, había tomado el vagón y pronto entraría en su casa, porque el carruaje estaba girando, rápido, tirado por cuatro caballos ligeros y resistentes... Su padre la había estado esperando en la Corte y había estado ausente de su casa durante muchos días, pero había consultado con administradores y superintendentes sobre el mejor programa que se llevaría a cabo para una recepción digna para su heredera, y ahora, esperando, todo era emoción y alegría en Santa María. Sin embargo, ella regresó, acompañada por sus abuelos, nuestros viejos amigos, el Dr. Ambrósio de Queirós y su esposa, quienes, descontentos con la separación de su querida nieta, decidieron aventurarse en el viaje con la intención de obtener el permiso de su yerno para su regreso definitivo a Portugal, en su compañía. Sin embargo, otro propósito tendría el sacrificio de los viejos generosos: patrocinar la solicitud de la mano de Esmeralda del Dr. Souza Gonçalves con el arrogante Barbedo, o Betito, ya que lo trataron en privado. La joven había confesado a sus abuelos el afecto que le prendió fuego al joven patricio, y este, a su vez, se había filtrado fielmente a la comprensión de los venerables amigos de sus propios deseos y pretensiones, pidiéndoles sus buenos oficios con el padre de su amado, a su favor. Y esa tarde, el mismo Dr. Bento José de Souza Gonçalves los esperaba con mayor ansiedad y emoción, más que cualquier otra circunstancia. Sin embargo, observando, ante los suntuosos honores con los que Barbedo había tenido a bien sorprender a su hija, el ex universitario de Coímbra se preguntaba si el rico Comendador llegaría a ser tan generoso como para concederle la mano de su heredera a un simple abogado un poco menos que pobre. Mientras; sin embargo, los músicos interpretan nuevas piezas de su vasto repertorio, los cohetes explotan, las campanas del anillo de la Capilla, los negros esperan bajo un sol abrasador y Betito medita... sigamos la línea de sus elaboraciones para descubrir más detalles alrededor de tus pasos:

– Salió de Portugal unos dos años antes que Esmeralda regresara a Brasil. El abuelo y el padre, formaron una empresa, entendiendo que el muchacho realmente quería progresar, le dijeron que eligiera entre la herencia que debería recibir debido a la muerte de ambos y la beca para mejorar en Francia. Betito dio su opinión sobre este último y, anhelando un gran ideal cultural, se ilustró más en contacto con los maestros franceses. Sin embargo, estaba en Alemania, donde había ido en busca de otro conocimiento, cuando las noticias alarmantes lo llevaron a cambiar la programación que se había elaborado: una carta de Dulce, de la distante X, fechada dos meses antes, comunicada la incurable enfermedad que había sorprendido a su padre y la necesidad de su regreso a su país para hacerse cargo del negocio. El joven doctor, sin siquiera regresar a Portugal, antes de decir adiós a los seres queridos que esperaban allí a través de extensas misivas en las que expuso el imperativo de las circunstancias, se embarcó incontinentemente a Brasil, donde llegó a tiempo para cerrar los ojos del viejo padre, que había expirado en sus brazos. Asumiendo la dirección de la propiedad, se produjeron transformaciones radicales en ella. Dulce se había casado en su ausencia hace mucho tiempo, residiendo en el interior de São Paulo, ella y su esposo no estaban interesados en una propiedad algo arruinada, ya en declive en la producción. Luego le compró la propiedad, tratando de elevarla al nivel de progreso total y, en efecto, desde el principio guio el movimiento en esa dirección, mientras se dividía en el desempeño de su profesión, obteniendo laureles crecientes en la defensa de las causas que le fueron entregadas.

Pero Bento José había sido educado en Europa. Estaba saturado de ideas sociales avanzadas y el liberalismo de los pueblos más civilizados. Recorría las capitales donde la cultura había alcanzado pináculos inconfundibles, iluminando las conciencias para guías más modernas. Le disgustó, por lo tanto, hasta el asco, tener que equilibrarse, planificar la elevación social, en la fuerza de la esclavitud, haciendo uso del brazo esclavo sufriente y humillado. Su propio carácter, generoso y liberal, se guio por reglas opuestas a la política esclavista de los partidos conservadores.

Además, la campaña abolicionista, que había comenzado hacía mucho tiempo con fervor, había alcanzado su nivel más inflamado en los centros brasileños más avanzados. La elocuencia aprendida de Joaquim Nabuco, Rui Barbosa, José do Patrocínio, José Mariano y tantos otros generosos defensores de la libertad de los hombres de color estallaron como opulentos rayos de luz sobre las conciencias, señalando la urgencia de la libertad general, incluso si las arcas de la nación se quedaran sin armas para la gran cosecha. Los abolicionistas se convirtieron en apóstoles de una gran causa, venerados por las multitudes, que no aplaudieron por su transporte de idealistas encendidos por las llamas del progreso. A través de las columnas de periódicos, en panfletos dispersos en las calles, en manifestaciones de teatros y clubes; a través de la buena literatura y hasta del teatro – los demócratas y liberales exigieron la extinción de la esclavitud – ¡mancha ignominiosa tiñendo el pabellón nacional tan digno de glorias legítimas!

¡Betito se convirtió en abolicionista! Se unió a los grandes centros cívicos que lucharon por el gran ideal patriótico[17] y sus discursos y sus artículos se difundieron por todos los periódicos liberales de la metrópoli y de la provincia, por lo que sus panfletos se volvieron vehementes, ardientes e intransigentes hacia las clases conservadoras al solicitar medidas gubernamentales inmediatas para poner fin a la esclavitud. Pero, ante atribuciones tan audaces, valientes y nobles, incluso para admirarlo, había liberado la esclavitud sin omitir el brote más tierno de sus habitaciones de esclavos, convirtiéndolo en hombres libres, trabajadores asalariados. Sin embargo, eran tan sugerentes los odios irreconciliables, los ataques y las críticas despiadadas de los vecinos y adversarios interesados en la agricultura servil y los esclavos inveterados, además de sacrificios financieros inconmensurables para mantener la hacienda en forma, cuyos trabajadores, ahora a favor, eran colonos dignos honorablemente recompensados por sus servicios. Pero, una vez liberados, muchos de ellos se negaron a permanecer sujetos al trabajo, incluso si eran asalariados, prefiriendo la negligencia, el ostracismo y la miseria a someterse a deberes que les recordaban la arrogancia de los señores o la asalto de los supervisores, que había resultado por Betito, en poco tiempo, lamentables pérdidas financieras, ya que, al no poder tocar sus culturas debido a la falta de brazos suficientes, estas desaparecieron rápidamente, en una triste puesta de sol de grandeza. Sería necesario para él, para elevar su patrimonio, el motivo común en esos tiempos tristes: alquilar esclavos a otros propietarios, quienes recibirían el pago, mientras que esos continuarían en la obligación de dar a la hacienda el mayor de sus esfuerzos. Pero para el joven médico, abolicionista y liberal, le repugnaba la medida, por desgracia, más deprimente que mantener la propia esclavitud.

Y el resultado fue que, en ausencia de colonos, los cafetales se marchitaron, los campos de maíz se pudrieron en los campos, después del tiempo apropiado para la cosecha; mientras que los

---

[17] La Sociedad Brasileña contra la Esclavitud y la Asociación Central Abolicionista eran las dos más importantes.

frijoles se perdieron bajo la lluvia, corroídos por las orugas, sin manos expertas para recogerlos de los graneros...

Bento José pensó en todo esto, contemplando a los quinientos cincuenta esclavos del Comendador, formados frente a la Casa Grande, y la opulencia de sus trillas, y, en su corazón, exclamó, consolado por las aprobaciones de conciencia:

– Al menos estaré cubierto para intentar levantarme en pedestales humanos...

– ¿En qué meditaciones, señor Dr. Gonçalves, está tan absorto, desinteresado en las festividades...? Durante media hora los otros muchachos lo han estado buscando, disgustados por no unirse a ellos para el entretenimiento de la diversión...

Era Severina Soares, quien se había acercado sutilmente, acompañada por su hija, a quien ella enlazaba alrededor de su cintura. El joven abogado se volvió bruscamente, mientras disfrazado de vergüenza le cargó la cara. Se levantó y los saludó cortésmente, ofreciéndoles sillas.

– No pensé, mi señora – dijo evasivamente –, solo contempló la ornamentación caprichosa que anima esta auspiciosa mansión...

La mujer pernambucana se encogió de hombros en un gesto de aburrimiento y, con una mancha de labios insignificante, respondió:

– Cuando el dinero es excesivo y no puede encontrar dónde gastarlo, ¡tírelo, Sr. Doctor! Eso es lo que hace este opulento Comendador, que se vuelve ridículo e intrascendente en todo lo que se relaciona con su hija, a quien él idolatra como un viejo miembro en primer plano... Jueces, por lo que uno ve, el mundo es demasiado pequeño para ella... Y a menudo dice que sacrificaría su propia vida si supiera cómo darle placer...

– Así es como actúan los padres amorosos, mi señora... El Sr. Comendador ciertamente no será el único en decirlo...

– Pero él es excesivo en sus concesiones y perderá a su propia hija, quien, dicen, lo esclaviza a su antojo... No era suficiente viajar a Europa casi anualmente, debido a sus demandas… Ni a los vertiginosos gastos en estudios, primero en Lisboa, luego en París y no sé en qué otro lugar… Como si la niña necesitara convertirse en médico. ¡Dicen que es una cumbre…! Y que está muy por encima de mi Ana María, en educación, lo cual no será sorprendente, ¡porque esta es solo una ahijada, mientras que la otra es hija única! ¡Oh! Ella está calificada en un idioma extranjero, en música, como en regalos domésticos. El padre dice que ella también es poeta, recitadora, cantante, no sé qué más… ¿Qué hará en esta hacienda, con tanta sabiduría, es lo que no entiendo… ¿Por qué una mujer está tan adelantada? No me escandalizaré si, un día, la tal joven, le diera un disgusto a su padre… Dicen que…

Sin embargo, interrumpió con cautela y vergüenza la rencorosa calumnia de la interlocutora, y preguntó bruscamente, sin pensar en nada más que la interrumpiera:

– ¿Y la niña Ana María cuando volverá al internado para terminar sus estudios…?

– ¡Oh! – la ex conserje, sonriendo, asumiendo un verdadero interés en su hija, en la expresión inadvertida de Betito –. Muy pronto, tal vez este año… Y luego podrá casarse, según el deseo de Barbedo. Me gustaría que se eduque también en Europa, como la "otra." Pero el Comendador es ingrato y egoísta, se opone firmemente.

Ana María; sin embargo, miraba a Bento José con ansiedad y fascinación. Desde que regresó de Europa, el joven abogado había tratado de relacionarse con la madre de su amada, como amiga de la familia Ambrósio de Queirós, en Coímbra, la joven de Pernambuco se enamoró de él, segura que las repetidas visitas de la misma, hecho a la mansión, preferiblemente sería intencional para ella, no para el Comendador. Necesariamente, el abogado le pagó los honores de pulido, porque Barbedo, presentándolo como su ahijada y alumna, sin duda atraería la atención debido a las personas de consideración. Para ese momento, Severina y su hija habían tomado gran precedencia sobre el Comendador, quien, insensiblemente, se había extendido por toda la mansión.

¿Percibiría éste la lenta insinuación para ser su amante o, enceguecido por el orgullo o los placeres, la suponía tan desinteresada en su falsa condición de criada, cuando él mismo desearía conservarla?

Lo cierto era que, con el tiempo, Severina había sentido que era acreedora de todos los derechos de una esposa legítima, incluso de la fortuna de Barbedo, gran parte de la cual esperaba heredar algún día. A su vez, Antônio de Maria, alejado de los afectos familiares más caros, que podrían revivir su corazón ardiente por las nobles aspiraciones sentimentales, se acostumbró sutilmente a la compañía de la atractiva mujer, que no negoció esfuerzos para ganar sus simpatías y preservarlas. Ciertamente no la amaba. Él solo la quería, la necesitaba en la soledad de la que se rodeaba, adaptándose al afecto que había inspirado. Severina, por el contrario, lo amaba profundamente, ella misma, permitiendo todos los recursos para permanecer a su lado, ya sea en la situación irritante a la que había sido relegada durante mucho tiempo o como una consorte legítima que todavía esperaba ser. En numerosas ocasiones lo había instado impertinentemente a casarse con ella, legitimando luego a Ana María, en cuyas venas no corría la sangre de los Barbedos, como sabemos, ya que, en verdad, la pobre niña permaneció sin paternidad, arrastrando la humillación de ser considerada, en el concepto apropiado, un producto desafortunado de una unión ilícita e inevitable. Pero el viudo de María Susana, en cuyo orgullo venció el sentimiento, se negó a hacer lo que ella pensaba que era una desgracia para el honor tradicional de la familia.

Sin embargo, proveyó bien la educación de la niña, brindándole buenos maestros y permitiendo su consideración y comodidad en su dominio, prometiéndole al resto, a la madre exigente, protección perenne hasta la llegada del matrimonio.

Ahora, convirtiéndose en un visitante frecuente de Santa María, Betito, al principio, no entendió las intenciones que Severina y su hija lo atacaran. Ambas lo colmaron de atenciones y amabilidades, algo exageradas para las personas de buena educación, pero comprensibles en personajes que estaban inclinados a los impulsos de pasiones desordenadas. Le pidieron asiduamente compañía en caminatas, fiestas, bailes, etc., a lo que el joven abogado acordó por distinción, esperando cosechar un valioso concurso futuro por las intenciones con el Comendador; es decir, las pretensiones con respecto a la mano de Esmeralda, quien continuó fomentando, porque suponía una madre e hija leales y respetuosas en el sentimiento que afectaban. Así fue que nunca se robaron un vals con Ana María, durante las numerosas veladas a las que asistió, acompañándolas, otorgándoles, caballero perfecto, amabilidad respetuosa. Radiantes, las dos damas interesadas creían que era una aventura amorosa; y, para que la ausencia de Ana María no amortiguara el entusiasmo del presunto pretendiente, Severina Soares había participado en la dueña del antiguo molino que su hija deseaba descansar de los largos trajes de la escuela y, sin saberlo, la sacó de la escuela donde había estado tratando durante mucho tiempo trataba de educarse. Barbedo accedió, desinteresado de si la hija de su amante hiciese o no una buena figura en la sociedad.

Hasta que, en una ocasión, un cierto domingo por la tarde, cuando, durante unos minutos, se encontraron solos después que, junto con los otros comensales, saborearon el café en el porche de mármol que el oro del sol de la tarde estaba alabando en tonos inexpresables. Ana María, traicionando la impaciencia que se había dejado invadir por las actitudes discretas del muchacho, lo sorprendió con la siguiente investigación incómoda:

– Tengo la intención de volver a la escuela pronto, Sr. Dr. Gonçalves, para completar el curso que comencé...

Se volvió cortés y amable, según lo ordenado por los dictados de la buena educación:

– La felicito, señorita, por la encomiable resolución... Una chica bien educada es lo más encantador para quienes tienen la fortuna de rodearla.

He retrasado mi estadía aquí – sonrió, encantada de cambiar las expresiones de la interlocutora a favor de sus propias suposiciones –, esperando que nuestra situación se defina de una vez por todas... Y me gustaría que aclarara lo que pretende probar... Cuánto... Quiero decir...

Betito se volvió, mirándola con incomprensión, su pensamiento arremolinándose, inquietante vislumbrando en el enunciado consecuencias imprudentes y desagradables.

– No entiendo, señorita... – murmuró, incapaz de decir algo más expresivo.

– Quiero decir... ¿Cuándo piensas hablar con mi patrocinador sobre nosotros...?

Una vergüenza inusual sorprendió al joven abogado. Entendió lo suficiente como para apreciar la difícil situación en que las circunstancias lo habían colocado. Nunca había alimentado, era cierto, ningún entretenimiento sentimental en el alma ingenua e inútil de la hija de Severina. Su homenaje caballeresco, de un hombre de buena sociedad, había sido malinterpretado, lo que se volvería serio, dados los proyectos preservados en torno a la persona de Esmeralda. Había una necesidad urgente de deshacerse de la situación ridícula. Y se estaba enderezando, enfadado, que él respondió, saludándola para retirarse:

– Perdone, señorita... Pero creo que hay un malentendido... Porque no tengo ninguna razón para hablar con el Comendador sobre nosotros...

Y a partir de esa tarde en adelante, no solo había escatimado visitas a Santa María, sino que había evitado la compañía de Severina y Ana, que las confundió y amargó profundamente.

Sin embargo, una esperanza secreta insistía en conmover el corazón de la ingenua pernambucana y su madre, que anhelaban ver a su pareja con alguien que, como el Dr. Souza Gonçalves, pudiera elevarla en el concepto de sociedad.

Esa tarde, por lo tanto, estaban hablando en el porche con vergüenza sin disimulo por parte del joven abogado, quien se escandalizó por las expresiones casuales de Severina con respecto a Barbedo y su familia. Sin embargo, al verlo taciturno y discreto, continuó, ya que, sin ignorar el hecho que él había sido educado en Coímbra y había conocido a Esmeralda y a sus padres allí, temía algo indefinible, evitando las dulces aspiraciones de su hija, como resultado de ese antiguo conocimiento:

– ¿Qué idea formal de la hija del Comendador, que hoy finalmente regresará a la casa de su padre? – Exclamó, curiosamente, mientras Ana María retorcía las cintas de los vestidos mirando a Betito en todo momento, y él escaneaba el camino que se extendía más allá, bordeado por mangueras, para descubrir el carruaje tardío.

– ¡La mejor posible, mi señora! – Respondió sin dudar, abrochándose el abrigo impecablemente, traicionando la impaciencia –. Es la chica más encantadora que conozco... y estoy orgulloso de ser contado entre la cantidad de sus amigos...

La antiguo cuidadora iba a responder tal vez con un movimiento de cabeza. Pero, de repente, rumores inusuales atrajeron la atención colectiva.

El criado colocado en la pequeña torre de la Capilla hizo que las campanillas vibraran de emoción. Nuevos y continuos cohetes explotaron, ahora con mayor intensidad; y, a instancias del mismo criado, ondeando una bandera blanca, la filarmónica comenzó a realizar una brillante y vibrante marcha triunfal: el esperado carro había surgido en la curva del camino, seguido por otro y un grupo de amables jinetes que lo escoltaron, además de los esclavos exploradores en el camino: ¡Esmeralda regresó a su cuna natal como una anhelada reina triunfante!

En un gesto espontáneo y animado que traicionó la ansiedad durante tanto tiempo reprimido, Betito bajó corriendo las escaleras, olvidando todas las comodidades...

Y cuando, por fin, el automóvil se detuvo al borde del primer tramo de escaleras, él mismo abrió la escotilla, derribando a su bella novia, al igual que los buenos amigos de Coímbra...

Los esclavos estallaron en feroces saludos... Incontables alegrías vertidas de todos los corazones reunidos para un sincero homenaje de bienvenida. Ella se volteó, esbelta y feliz, mirando en la línea formada por los esclavos. Y luego los invitados vieron algo que nunca concebirían: Esmeralda reconoció a algunos de sus viejos amigos de la senzala: Balbina, la buena ama que la había amamantado... Anacleto, que la había llevado en sus brazos una y otra vez... Luciana, la bordadora, que hacía vestidos de muñecas como los de sus chicas negras... Se arrojó a los brazos de Balbina y lloró sobre su hombro, extendiendo su mano hacia Anacleto, quien la saludó con la galantería de un perfecto caballero, mientras María Rosa y Juanita se acercaban, cumpliendo con sus demandas...

– ¡Tú, María Rosa, con un niño en tus brazos...! ¡Si cuentas con mi edad...! – Admiró, observando que su hermana vestía un pequeño vestido negro.

– Es el ahijado de Siñáziña... ¿No era nuestro trato, cuando éramos pequeños?

Todos se rieron y ella dijo:

– Ven a hablar conmigo a la casa grande... Te traigo regalos...

Los invitados se acercaron y los esclavos se dispersaron, bendiciéndola, para los bailes y festividades en su honor. Severina y su hija; sin embargo, mantuvieron su distancia, sin participar en la alegría general. Prefirieron observar el movimiento de la balaustrada en los porches, que eran distantes y rencorosas como dos pájaros siniestros.

CAPÍTULO VI
Triunfo Fácil

Durante unos meses, Esmeralda ignoró la situación real de Severina Soares en la casa de su padre. Se suponía que era una sirvienta pagada, porque la veía diligente e imperiosa en la dirección doméstica, a menudo arbitraria y despótica en decisiones como tratar con esclavos y sirvientes, lo que la llevó a avergonzarse; sin embargo, sin permitirse manifestarse de impresiones íntimas.

Desde los primeros días, la heredera de Barbedo había notado que las dos cuidadoras no habían estimado su presencia. Dirían que estaban avergonzadas, angustiadas, que nunca le prestaron la debida atención y que le hablaron solo en respuesta a sus preguntas, a través de monosílabos descorteses y visiblemente hostiles. Amable y tolerante y con una educación precisa, la encantadora recién llegada interpretó estas actitudes como frutos de la incivilidad, entendiéndolas brutalmente en la dura convivencia de la hacienda. En lugar de evitarlas o enojarse, trató de atraerlas, a veces tratando de hacer de Ana María una compañera amable para las horas diarias o para la misma Severina, acumulando amabilidad, segura que, con la sucesión de días, se desvanecerían las desagradables impresiones que había causado.

Sin embargo, tales actitudes hostiles por parte de las dos damas no pasaron desapercibidas por el ingenio del viejo Dr. Queirós y su digna consorte, quienes se dedicaron a una observación discreta, pero perseverante de los hechos. El ingenioso y audaz ingenio de Severina en dirección a la casa, su excelente comportamiento, que validaba imperiosamente su humilde condición, llamaron la atención del venerable clínico portugués sobre lo que realmente estaba sucediendo. El propio Comendador, colocado en una situación difícil en presencia de su hija, así como de los respetados suegros, no pasó desapercibido por las actitudes incisivas de la antigua amante, que habría dicho impaciente por presentar, a sus ojos, la conexión vergonzosa, que a cualquier precio hubiera deseado esconder. Los altercados repetidos y violentos tuvieron lugar en la privacidad de sus dos habitaciones, ya que, muy vasto, el edificio permití habitaciones aisladas y hasta independientes unas de otras.

Antônio de María propuso, comprensivo y conciliador, a Severina y su hija que dejaran definitivamente la hacienda para la residencia en la Corte, comprometiéndose a proporcionarles una vivienda conveniente, un sustento abundante y digno, una situación favorable en la sociedad y sus propias visitas periódicas porque, dijo atormentado, temía los conceptos de su hija sobre él, educó a quienes habían estado a la sombra de principios nobles y virtuosos, ante los cuales las fallas morales se encontrarían con una desaprobación intransigente. Pero la antigua cuidadora se había negado a entender, alegando los quince años de incansable dedicación a él en cuanto a su hogar prestado, estallando en llanto o suplicando por cada nueva razón que él expuso.

Pero... ¡No te abandonaré, mi querida amiga...! ¡Continuaré, tanto contigo como con tu hija, prestando la misma protección! ¡Serás la misma en mi corazón...! Sin embargo, debes irte, ya que no estimas a mi hija y te sorprendió su presencia... y para evitar posibles contratiempos futuros...

- ¡Continúa, ilustre Comendador! - respondía ella descuidadamente -. ¡Continúa con pretensiones similares y seré yo quien confiese a la bella Siñáziña los derechos que mi hija y yo adquirimos en esta casa durante unos quince años...!

Él sonrió, superior y agudo, y preguntó, reprendiendo:

- ¿Y qué otros derechos tienes, mi pobre amiga...? Sino aquellos que, espontáneamente, doy mi consentimiento para concederte... ¿No te prometo, por lo tanto, una vida lujosa en la Corte...?

Indignada, con los ojos llenos de revuelta, los labios lívidos y contraídos, la ardiente criatura replicaba, audazmente:

– ¿Desea tratarme como una concubina despreciable, a la que intentas eclipsar con palacios, encajes y joyas...? ¡Quiero derechos, señor Comendador! ¡Para mí y mi hija...! ¡Haz famosa a tu hija, que vivió lejos de ti entre armiños y flores, y déjame aquí, en esta casa donde vives y donde deseo morir...! ¿Por qué no la llevas? ¿Por qué la trajiste...? ¿Qué hay para encantarla y arrestarla? ¿Tú, a quien apenas conoce, ya que ni siquiera fue criada por ti? ¡Ah! ¡Ah! ¡Ya veo, señor Comendador! Me tiras lejos, donde te atormentaré con añoranzas tuyas, porque te quiero sobre todo en este mundo, recibiendo migajas de tus favores, ¡mientras la felicidad estará aquí contigo! ¡Me alejas, cuando menos lo esperas, me sorprenderás con una boda, relegándome a la desesperación por una novia que tu hija te imponga! ¡Me repeles después de tantos años de gentil convivencia, para que pueda consumir la angustia en cualquier rincón de San Cristóbal o Tijuca, mientras que aquí te consentirás con tus compañeros, en medio de alegrías y aduladores! ¡Oh, no...! ¡Nunca saldré de esta casa! Esto también me pertenece, ¡por mucho que cuidé de todo y por lo mucho que te he amado! ¡Si quieres paz, saca a tu hija de aquí, que no necesita esto para ser feliz...! ¡Llévatela de aquí, llévatela! ¡Porque, en cuanto a mí, ¡me quedaré para siempre!

Y en la noche, hasta que amanecieron los primeros rayos del día en el horizonte lejano, deshaciendo la somnolencia de las aves ansiosas por los rayos vivificantes del sol generoso, las lamentables escenas continuaron, porque incluso él no estaba inclinado a las órdenes de la criatura grosera, irritado por la falta de respeto de quien, íntimamente, podría haber tenido razón, pero a quien había despreciado desde el primer día, y del cual, efectivamente, querría apartarse:

– ¡Lo siento señora! – Respondía, autoritario –. ¡Debes recordar que la intrusa en esta mansión eres tú y no mi hija!

¡Esmeralda está en su casa, en la cuna en la que nació! ¡En estas habitaciones lanzó el primer vahído en el instante en que llegó al mundo y cuando su madre exhaló el último aliento...! En nuestro sepulcro de X, los restos de su madre están enterrados; estará el mío, y un día, e incluso el suyo... ¡Pero nunca el tuyo, Sra. Severina Soares...! ¿Entiendes ahora?

¡Tú y tu hija deben considerarse muy bendecidas por no haberlas enviado antes a Recife, donde las encontré, una medida que no tomaré, ya que no soy realmente malo y, en efecto, atendiendo los servicios ahora alegados y a la compañía que realmente me hiciste durante mi soledad! ¡Sepa, por lo tanto, señora cuidadora, que Esmeralda de Barbedo es hoy, y será, en el futuro, la única mujer en estas áreas! ¿Que deseas residir aquí para siempre y que no escuchaste nada? ¡Nada la sacará de su mansión excepto su propia voluntad o sus propios caprichos!

Vencida y con el corazón retorciéndose en oleadas de hiel, la mujer celosa se echó a llorar. Aborrecido, el hombre con problemas se retiraría buscando descansar en otra habitación. Y al día siguiente, Ana escuchó de su madre, irrespetuosa y temblorosa, el relato fiel de cuánto había sucedido, mientras que Esmeralda, casta y mentalmente sana, ignoró todo, no se dio cuenta de nada.

Mientras tanto, profundas modificaciones la hermosa joven estableciera no solo en las disposiciones interiores de la agradable residencia, sino también en los cimientos mismos de su dirección exterior. Hubo prisa por recoger a Balbina, la vieja ama, ya débil y enferma, que, en efecto, murió poco después; Rosa María y su hijo, así como Juanita, desde las tareas difíciles en los cafetales hasta sus servicios privados en el interior doméstico. Ahora les proporcionaba ropa, si no idéntica a la suya, al menos muy agradable a los ojos de los demás, ya que les hacía uniformes al gusto de las empleadas domésticas francesas, una actitud que irritaba tácitamente a las dos señoras cuidadoras, acrecentando en sus corazones la hiel que ya contenían. Y, fiel al programa de amabilidad que se había elaborado, un mes después de regresar a la casa de su padre, llevó al hijo mayor de María Rosa, junto con su padre, a la pila bautismal, a quien le había impuesto el deber de ser el padrino, dándole el nombre, como sabemos, de Antônio Miguel, porque, hasta entonces, a pesar de las cuatro primaveras del petizo, solo era conocido con el sobrenombre de "Mocoso." Esmeralda; sin embargo, hizo más. El día del bautismo le entregó a su ahijado una carta de libertad inmediata, a pesar de reconocerlo protegido por la llamada Ley del Vientre Libre; la misma exigencia de la buena voluntad de su padre, que Balbina, Rosa, Juanita y Anacleto, no tienen nada que negarle, a esto y a la niñera, brindando, entonces, un merecido descanso, dada la edad ya avanzada que contaban, ya que, solo que más más tarde, en 1886, aparecería la "Ley de los sesenta."

Yo admiraba, con ternura, el carácter generoso de mi ahijada, que con frecuencia me visitaba en nuestra residencia de San Cristóbal, que fue amable y amable incluso con la ternura y la dedicación. Era humilde y sencilla de corazón; y, un ardiente abolicionista de los arcanos del corazón, llevó al interlocutor a meditar con los profundos conceptos que emitió y las respuestas altamente morales y filosóficas sobre democracia, liberalismo, religiones y fraternidad. En esos años verdes, Esmeralda conocía a Rousseau y las hélices demócratas más famosas de la Revolución Francesa, discutiendo el tema a la luz de los acentos de la lógica como había vivido el tiempo atormentado, lo que me sorprendió mucho, ya que, si hoy fuera una mujer joven de su edad es refractaria a tesis similares, en las sociedades de la época, y principalmente en Portugal y Brasil, sería inconcebible que eso se realizase.

Una vez la escuché discutir con su padre, locuaz y lúcidamente, superándolo en discusiones, sobre la necesidad de imitar el gesto del Dr. Bento José, otorgando libertad general a la esclavitud. Encantado y orgulloso de la inteligencia de la hija que el cielo le había dado, el Comendador la había hecho sentarse sobre sus rodillas, besando sus manos y mejillas cariñosamente; y, feliz en su risa habitual, se volvió hacia mí y sus suegros y exclamó, tiernamente:

– ¡Al igual que la madre...! ¡María Susana me pidió lo mismo durante más de veinte años! ¡Oh! ¡Mis dificultades para explicarle que, si lo atendiera, la gran cosecha desaparecería...!

Y para la niña, conmovido:

– ¿Sabes, hija mía, que, si te viera así de inmediato, le ocurrirían grandes problemas a tu mansión? He estado meditando, de hecho, sobre el tema palpitante y puedes creer que mi mayor deseo sería colaborar con las nobles inclinaciones de tu corazón. Además, me siento exhausto por los trucos y briboneríasde estos negros, que ni siquiera han recibido castigos corporales de sus pírricos... Créeme, querida: Preparo Santa María para que no caiga sin remedio con la manumisión general que no tardará mucho en sorprendernos, no de esto o aquel, sino por ley emitida por la propia Corona...

– ¡Que los cielos te escuchen, padre mío...! Sin embargo, permíteme dirigir a estos negros, con mis propios métodos, como llamas a tus sirvientes, y cosecharemos dos resultados importantes para nuestro deleite: se corregirán muy rápidamente sus modales y su carácter pírrico y, cuando finalmente llegue a los cielos brasileños, la liberación general tendrá amigos sinceros que colaborarán en sus cultivos asalariados, magnificándolos en lugar de debilitarlos.

Entre risas bondadosas, lo escuché preguntarle a la hermosa interlocutora, mientras yo mismo admiraba la escena llena de impresiones inefables:

– ¿Y cuáles son tus métodos, querida...? ¡Oh! ¡Ni se te ocurra querer verte frente a esta primitiva falange!

Ella; sin embargo, con ojos pensativos estirando fuerzas mentales en busca de dulces recuerdos, respondió con un largo suspiro, robando del regazo de los padres para sentarse al piano y cantar melodías dulces, como un ángel cuya presencia atrajese las milagrosas bendiciones del cielo: Los trataría como hermanos y amigos que realmente nos pertenecen a todos, ya que somos criaturas derivadas de un solo Creador y Padre, y no como animales esclavizados. Les otorgaría derechos y protección, como parte de una raza algo más avanzada en civilización, nunca subordinándome al papel de verdugo por afligir sus corazones, ¡haciéndolos enemigos perennes...! ¡Oh, mi padre! ¡Si lees lo que leí, lo encontramos Pamela y yo en la biblioteca del caballero Cesarini! ¡Si hubieras meditado, como yo, sobre aquellas arrebatadoras enseñanzas provenientes de las más puras fuentes que pueden caer sobre la Tierra...!

Intrigado, el orgulloso esclavista iba a responder, sin duda exigiendo explicaciones, pero la voz plateada de la gentil muchacha se elevó como la del ruiseñor errante en una noche de luna llena, presentándonos extractos preciosos de su maravilloso repertorio. Betito, que estaba presente y no interfirió, se acercó al estrado donde estaba el hermoso "Pleyel" y, sosteniendo la flauta que había acompañado, la siguió en un dueto muy romántico y tierno. Y esa noche ya no se trató más de la abolición.

Antônio de Barbedo había salido de su elegante carruaje frente a la puerta del hermoso Chalé Grande, donde, en un lugar agradable en X, vivía el Dr. Souza Gonçalves. Había entrado sin ceremonia, celebrando al gran terranova, Soberano, que actuaba como portero, quien, fiel amigo, saltó alegremente frente a él y lo condujo al balcón de la entrada. La residencia del joven poeta era lo que podría clasificarse como la residencia de un artista. Si, en Santa María, se destacó la magnificencia de lujo que presta la riqueza, en el Chalé Grande, como los habitantes de X llamaron la residencia Souza Gonçalves, el sabor decorativo se destacó, desde los jardines, donde las guarderías de felices pájaros y aves de la fauna brasileña, con plumaje en colores brillantes, prestaba matices paradisíacos. Las elegantes romanceras formaron una extensa hilera de puertas a la entrada de la mansión, y los fragantes melocotoneros, esparcidos por las camas, dejaron que los frutos evocadores de las haciendas orientales colgaran de sus ramas beneficiosas; y acacias frondosas, y árboles de *ipe* multicolores, palmeras de coco reflexivas y nostálgicas y majestuosos árboles de mango que adornan la habitación, proyectaban sombras sugerentes en los callejones y los parterres, en cuyos senos rosados, lirios inmaculados o violetas discretas exudan esencias penetrantes. El interior, severo, silencioso, incluso nostálgico, ya que el joven médico vivía solo con unos pocos criados, estaba decorado al gusto europeo; y, al pisar esas habitaciones y oficinas, uno tenía la impresión de haber penetrado en un interior doméstico suizo, tanto sus disposiciones y utensilios recordaban la agradable permanencia de su propietario en los poéticos cantones de la tierra de Guillermo Tell.

Allí, mantenía su bufete de abogados, y Barbedo, recibido por un criado serio, un negro liberado, considerado por su antiguo amo, fue a buscarlo absorto en el estudio de los registros importantes de una determinada causa que había aceptado.

La solicitud de Esmeralda había sido hecha por el ex estudiante universitario en Coímbra hacía aproximadamente un mes. Mi viejo amigo Barbedo estimaba al joven abogado y noté la satisfacción con la que había participado en el evento. Su delicadeza de principios y noble consideración habían ido tan lejos como para escuchar mi opinión antes de la respuesta decisiva al pretendiente, porque en estos tiempos distantes, corteses y caballerosos, los padrinos del bautismo influyeron mucho en cómo se relacionaba con sus ahijados. Admiraba, como él, al joven Souza Gonçalves, en su carácter de reconocimiento de dotes, y no dudé en felicitar a mi amigo por otro triunfo de su vida, que también conocí gratamente. Por lo tanto, el pretendiente había sido bien recibido y Esmeralda era considerada su prometida hacía unos días.

Como era de esperar, el evento trajo alegría a todos los corazones, ya sea en Santa María, donde incluso el último de los esclavos se regocijó con la sugerente novedad, o en X donde Bento José contó, además de enemigos intransigentes, también un amplio círculo de admiradores y aficionado.

El joven lector que me ha hecho el honor de llegar hasta este capítulo, me perdonará por esos detalles, que serán necesarios para una mayor aclaración.

Sin embargo, la sorpresa había sido demasiado dura para la morena Ana María, cuyas pretensiones en torno a un matrimonio con el abogado, cruelmente deshechas, la conmocionaron hasta la desesperación y la llevaron a enfermarse.

Desde hace unos días, deprimida por la humillación de reconocerse repudiada, absolutamente segura que no ignoraba el afecto que la había inspirado, porque incluso ella no había tratado de ocultarlo, Ana se rindió a impresionantes crisis de llanto y exasperación, yendo al extremo de prometerle a su desolada madre que acabará con su propia vida. Sin embargo, Severina, igualmente aplastada por las aspiraciones de su hija, trató de ocultar su entusiasmo a los demás habitantes de la casa, declarando que fue atacada por una fuerte gripe, que requería un descanso absoluto. En vano, Esmeralda, apenada, había deseado ayudarlas a ambos acompañando a la paciente para ofrecerle consuelo, ignorando totalmente el odio del que se había convertido en el objetivo. Sin embargo, reconociendo que no era deseada, se había retirado a su discreción, sin olvidar; sin embargo, todo lo que fuese necesario para quien, en vez de rival, suponía una amiga en su casa.

Mientras tanto, impresionado, el Comendador había traído al médico sin demora, quien, prescribiendo solo drogas calmantes y mucho descanso, había diagnosticado la excitación nerviosa resultante de las conmociones profundas. Entonces mi amigo había querido saber qué había pasado. Había insistido, preocupado. Y Severina, a quien los sentimientos impulsivos a menudo conducían, no resistió la tentación de tejer un sutil sistema de pequeños enredos, con la esperanza que las relaciones entre el antiguo amante y el abogado fueran tensas, lo que resultaría en imposibilidades o dificultades en los esponsales de Esmeralda. Sin embargo, lo había hecho por mera represalia, dándose cuenta que por sus actitudes feas no habría esperanza para el corazón apasionado de su hija.

Entonces, a instancias de mi viejo amigo, le había afirmado que el Dr. Souza Gonçalves había engañado descaradamente a Ana Maria en sus sueños de niña, incluso comprometiendo su reputación en todas partes, ya que ella lo solicitó sin restricciones, impidiéndole así aceptar homenajes de otros jóvenes; que, como era bien sabido, la visitaba a menudo, yendo a Santa María, disculpándose por sus atenciones a sí mismo, Barbedo; quien la honró con galantería, acompañándola a ella y a la propia Severina a teatros, excursiones y bailes, lo que hizo que ambos esperaran que él definiera sus propios sentimientos, pidiéndole que se case con él. Por el contrario; sin embargo, prefería la mano de Esmeralda... Que, por cierto, no sería admiración, ya que Ana, muy pobre y sin nombre, no atraería a un hombre así al matrimonio, arruinado por la riqueza, hubo un disipador, que actuó como un abolicionista que intentaba alcanzar la propiedad de otros por simple despecho... Una discusión violenta siguió a la declaración insultante. Barbedo no creía que las afirmaciones de la amante a su alrededor en la que prefería ver un corazón idealista simple, del cual el ardor que solo los jóvenes saben expresar durante las competencias superiores en las que vio a su futuro yerno; es decir, las batallas de un alto movimiento social. Además, recuerde que las pretensiones de Ana habrían sufrido malentendidos frente a los modales caballerescos de Betito, ya que él y Esmeralda se habían amado desde los días de su juventud, en Coímbra, y había, por lo tanto, un pacto conyugal entre ellos desde hace mucho tiempo...

Sin embargo, tales fueron las insinuaciones de la pérfida criatura que Antônio de Maria, impresionado, resolvió llegar a un acuerdo con el futuro yerno y, esa tarde, cuando los duraznos casaron las esencias con los aromas del jardín de rosas, allí se dirigía tierra adentro hacia el gran chalé.

Durante una hora, los dos hombres se entendieron cortésmente, pero con franqueza.

Barbedo le había explicado los motivos de su visita, fiel a la franqueza y lealtad de la raza galante de la que descendía, para pedirle que satisficiera a Ana María con el engaño y el supuesto interés en la fortuna de Esmeralda. El joven abogado, naturalmente, se había rebelado hasta el fondo de su ser, sonrojándose, indignado, ante cada nueva advertencia del interlocutor que se filtraba de las quejas de Severina, cuya interferencia en el caso no había tratado de ocultarlo, rechazándolas con arrogancia; y solo por no exagerar en actitudes represivas gracias a la comprensión generosa que había tratado de tener sobre el evento y a la educación de la que era portador. Sin embargo, había afirmado al futuro suegro que, de hecho, durante su primera juventud y, más tarde, en los primeros días que pasó en Coímbra, se había desviado a los excesos del juego; pero eso, lentamente, y gracias a las consideraciones de la edad adulta, se había corregido de la nefasta costumbre, nunca alimentando una nueva inclinación hacia ella. Amaba a Esmeralda con toda su alma. Y, por esa misma razón, nunca podría haber traicionado su confianza, sin respetar su ausencia como él mismo, Barbedo, a través de la acción indigna de una infamia, en la persona de Ana María Soares; ya que incluso propuso con vehemencia que el matrimonio con Esmeralda se llevara a cabo bajo una separación absoluta de activos, para que nunca sospechen de otra cosa que no sea la gran sensación que tributaba a la joven novia.

Satisfecho, el Comendador estrechó su mano, considerándolo sincero en su concepto. Pero cuando se despidieron, publicados en el agradable porche de entrada, en la medida en que Betito lo había acompañado, Barbedo colocó la mano derecha sobre su hombro, en un gesto amistoso y seguro, pronunciando; sin embargo, una tremenda reprimenda, que tenía la acción de sacudir los poderes espirituales del joven digno, como si una nube lo anunciara con presentimientos desconcertantes:

– ¡Sus explicaciones me satisfacen por completo, Sr. Souza Gonçalves! Las expresiones saturadas de sinceridad que acabo de escuchar y analizar se han silenciado en mi corazón. De lo contrario, siendo mis suegros durante mucho tiempo, sus amigos, y conscientes de sus afectuosas inclinaciones hacia mi hija, han seguido sus pasos de mil maneras sutiles e insospechadas, aquí como en Europa, y, por esta misma razón, fueron los primeros en reconozco la calumnia del razonamiento de la Sra. Severina... Sé que Esmeralda te ama... Por lo tanto, te entrego a una esposa con toda la alegría del corazón de un padre que desea feliz a su única e idolatrada hija... ¡Cásate con ella! Pero aquí estás, sin el permiso para separar los activos, que incluso Esmeralda no aceptaría... ¡Lo sé, oh, sí! Las malas inclinaciones de Severina, la ignorancia que agudiza su carácter. Sin embargo... Presta atención a mis advertencias de este momento y retenlas con seguridad en los arcanos de tu corazón, porque las expreso de las profundidades de mis sentimientos paternales.

Quitó la mano derecha del hombro del joven médico, se encontró solemnemente, levantó los ojos hacia el cielo opalino, cuyas nubes se mezclaban con colores rosados bajo las suaves radiaciones de la noche, y luego los circunnavegó por el pintoresco parque, y agregó, serio y profético:

– Sin embargo... Te lo juro por el Creador Supremo de todas las cosas, cuya sabiduría de la nada ha extraído los resplandores de este cielo que nos contempla y de esta Naturaleza que encanta nuestras cuerdas de alma más sensibles, que, si haces infeliz a mi hija, la amargura se hincha sobre su corazón o sus ojos, causando que las lágrimas de desilusión fluyan, a los infiernos que serán castigados en este mundo o en el próximo, ¡será derrotada, porque sabré cómo vengarla!

Bajo la serenidad de la tarde paradisíaca, los dos hombres se miraron por un instante que a ambos les pareció profundo como una secuencia de presentimientos funerarios. Sin embargo, la dulzura del corazón de Betito, dedicado a los encantamientos más tiernos a los que conduce el amor, lo hizo esbozar, con una sonrisa confiada, toda la fe que su alma depositó en el futuro, porque, nuevamente, estrechó la mano de Sequeira de Barbedo, respondió serenamente:

– ¡Entonces viviré pacíficamente, Sr. Comendador, porque preferiría destruir antes que crear angustia para Esmeralda!

– ¡Eso espero, señor!

Fue la respuesta.

* * *

¡Los días pasaron felices para los dos corazones jóvenes que suspiraron por el feliz momento en que, frente al altar, intercambiarían el anillo simbólico, el vínculo sacrosanto para unificar sus vidas para siempre! Intenso movimiento estaba teniendo lugar en el solar de Santa María. Los emisarios se fueron a Europa en busca de oro, muebles, servicios públicos, un atuendo elegante para la novia feliz, que se rodeó de regalos costosos, impulsados por la buena voluntad de su padre y sus abuelos para servirla en lugar de sus ambiciones personales, simples y sencillos que siempre supo ser. Souza Gonçalves, a su vez, consciente de la gran responsabilidad que asumió, se multiplicó en actividades heroicas, en la loable intención de conquistar, de una vez por todas, la confianza del futuro suegro y preservar la de la muy querida novia, que en su corazón ¡tenía una fe ilimitada! ¡Y era verlos hermosos como la encarnación misma del amanecer confiados en las glorias del cénit, idolatrando como compañeros del alma marcados por el favor celestial! ¡Totalmente armonizados en sus inclinaciones características, parecían estar envueltos en dulces bendiciones desde lo Alto y, a menudo, mirándolos atentamente en un estudio, ya sea alrededor de una sonata de Beethoven, que interpretaron magistralmente – ella en el piano, él en la flauta – o en un concierto de Mozart, fue alrededor de las Bellas Letras, que admiraban con el fervor de verdaderos artistas, sentí mis ojos rociados por la dulzura del afecto más agradecido! Nunca la mansión espléndida de la "de María" había alcanzado un cansancio artístico tan grande, y sus festividades alcanzaron laureles tan resplandecientes, como en los tiempos de Esmeralda, ¡que todos los movimientos que presidió rodeados de los encantos inefables de su personalidad culta y angelical! Un alma educada en principios de virtudes legítimas, saturó el entorno en el que vivía con las radiaciones dulces y puras de su corazón, exenta de expresiones distintas de las del verdadero bien. Y amando al novio con la dulzura más ferviente capaz de un corazón leal, secretaba las rosas en su jardín, como en los matorrales del parque o en la feliz garrula, que a sus pies venía a recibir las migajas diarias, las emociones agradecidas. ¡eso dilató sus pensamientos para vuelos más amplios de tus sueños de niña! Y balbuceaba a solas, durante las caminatas solitarias en el jardín silencioso de la venerable mansión, sus ojos se elevaban dulcemente al cielo, en sincera oración cuyas vibraciones se extenderían a través de las inmensidades del infinito:

– ¡Gracias, Dios mío, por permitirle a tu sirviente tanta felicidad! ¡Me siento involucrada en las sublimes guaridas de un gran Amor...! ¡Que tus bendiciones paternas perfumen las rutas de aquellos que tanto me quieren...!

Pero, eclipsada por las cadencias que irradiaban de sí misma, la bella criatura no se dio cuenta que la seguía de cerca la sombra obsesiva de un pasado nefasto, encarnado en la figura de dos buitres humanos, odiosos y temibles, que le seguían los pasos, envidiosos de aquella inmensa dicha...

Un domingo por la mañana, mientras sus abuelos estaban ausentes, Esmeralda se sorprendió en sus habitaciones por el tumultuoso estallido de la ex criada en su casa, Severina Soares. Estaba llorando, su cara convulsionada, su cuerpo sacudido por estremecimientos nerviosos. La hermosa joven de Pernambuco se arrojó a sus pies y, sin darle tiempo a la joven para volver de su sorpresa, exclamó, en una actitud melodramática:

– ¡Oh! ¡Joven, hija mía! ¡Ayúdame, porque soy una gran desgraciada! ¡Tu padre es cruel, despiadado! Me echó de esta casa, a la que he servido con tanta lealtad, y más a mi pobre hija... y ¿qué será de las dos, sin experiencia y sin protección?

Sin embargo, Severina mintió cuando exageró la actitud del amante, quien, como no ignoramos, solo insistió en su traslado a la capital del Imperio. Luego, Barbedo emprendió las últimas gestiones para lograr la intención que lo atormentaba con insistencias obsesivas; y esa mañana, durante una tormentosa discusión sobre el caso de Ana María, había participado a la hermosa mujer de Pernambuco que, en la próxima semana, ambas abandonarían la hacienda para ir a la Corte. Pero la criatura singular, enredada en complejas desorientaciones, amaba a Barbedo con vehemente pasión, y de ninguna manera querría separarse de él.

Sin embargo, al verla atrapada en un estado tan lamentable, la joven trató de calmarla rodeándola de atenciones y cuidados, olvidando sus hostilidades diarias. Hasta que, mirándola con más calma, insistió en que se explicara. Luego, la mujer nordestina narró sus inmensas desgracias antes de conocer a Barbedo; su inmensa pasión por él, pretendiendo no comprender la brutalidad de la locura que cometió contra la delicadeza del amor filial de la joven; confesó sin restricciones la conexión que había mantenido durante tantos años; la relación amorosa que había acunado sus corazones mientras ella, Esmeralda, se educó en Europa; las desesperaciones que lastimaron su corazón cuando fue violado por una separación que asqueó las fibras más ocultas de su alma.

Consternada y sorprendida por sus actitudes paternas, Esmeralda se dejó llevar por la amabilidad que era prerrogativa de su corazón y mezcló sus propias lágrimas con las lágrimas de la loca, prometiendo intervenir. Y, de hecho, ese mismo día, la bella heredera de Santa María invitó a su padre a una conversación íntima en el encantador ambiente de su sala de lectura. Para decirlo sin rodeos, la novia de Betito hizo daño al asunto, pidiendo firmemente a las dos damas que permanecieran en el lugar que habían ocupado durante tantos años y sorprendiendo al digno titular con este desconcertante final para el orgullo de un padre:

– ¡Sé todo sobre tu delicada situación, querido padre! Y creo que la solución con la que tiene la intención de cerrar el triste caso, en el que prefiero contemplar un drama bastante conmovedor, en lugar de una acción ligera practicada por aquellos que, como tú, hasta ahora se han guiado por las pautas más justas, no es del todo honorable para tu conciencia...

Avergonzado, estaba el Comendador para confesarse con su hija, declarando lo que ya no podía negar, pero luego exponiendo, a su consideración, el inconveniente de mantener a las dos mujeres en su casa; el deseo de obsidiana de liberarse de la presencia de Severina mientras intentaba apoyarla desde la distancia, un deseo que en su íntimo resonó como un repunte aterrador, advirtiéndole de futuras penas, sin omitir ni siquiera la narración de pesadillas continuas y desconcertantes, que lo asaltaban por la noche, durante el cual María Susana se hizo visible para sus percepciones, bañada en lágrimas, rogándole que dejara a Severina y a su hija sin demora. Y había terminado el largo discurso prometiendo pensar en las sugerencias que presentó Esmeralda, ya que, generosa incluso ante la admiración, la joven le rogó a su padre que se casara con la cuidadora, epilogó cuidadosamente un drama iniciado a pesar de las leyes de la moral y el deber.

- Las hostilidades a las que te refieres, padre mío, provocadas por la desafortunada señora - reflexionó con ternura -, provienen de la negligencia con la que la trataste desde el principio. Severina te quiere más que nada y también ama a su hija, que está muy a tu favor... Y no sé qué mayor dolor y qué mayor revuelta habrá por un corazón que siente ardor en el odio continuo de otros, que para reconocerse relegada a una situación humillante... ¡Si durante un período de tiempo tan prolongado ella fue digna de compartir su vida íntima, fiel y noble como cualquier esposa virtuosa, a pesar del oscuro y deprimente pasado que vivió, será justo que ahogues prejuicios y falsas razones que te impiden hacer de ella tu legítima consorte...!

- ¡No evalúas la profundidad del sacrificio que exiges de tu padre, querida hija! - Intervino, sintiendo el rubor manchar sus mejillas -. No deseo negar que he cultivado una cierta amistad y gratitud por la dama en cuestión, dado lo mucho que ella me ha amado y ayudado... Pero luego hacerla mi esposa, compartiendo todos mis derechos, totalmente apegada a mi destino, la distancia es abrumadora... ¡Créeme, Esmeralda! Severina revela cualidades de carácter tan inferiores que no solo temo legitimar esta desafortunada situación, sino que incluso deseo, en efecto, sacarla de esta casa...

– ¿Y solo ahora mi padre has notado tales inferioridades? Durante tantos años vividos en común, ¿no te ha sido posible proporcionarles a las pobres una deseducación de reeducación capaz de permitirle adquirir cualidades más nobles? ¿No son tales inferioridades producto de las revueltas ante la continua humillación que han estado experimentando desde su juventud...? Créeme, padre mío, y permíteme hacerte consciente de ciertos conceptos que he aprendido en literatura apasionante, que también quiero saber: ¡Es el verdadero elemento de la redención! ¡Estima, protección moral en el hogar, dignidad, como la consideración que le damos a Severina y Ana, corregirá todas estas anormalidades deplorables...! ¡Por quien eres, padre! Corrige tu desliz ennobleciendo la situación con una actitud a la altura de tu honradez y de la brillante reputación que conquistaste.

¡Pobre esmeralda! Solo vislumbrando pálidas porciones de las verdades eternas, ¡no entendía que la obra caritativa y sublime del amor llevará siglos diluir las corazas del egoísmo que rodea el corazón humano para redimirlo! Al vivir en un ambiente íntimo donde solo el amor penetraba, suavizando todos sus pensamientos y actitudes, ¡olvidó que la razón también es un asesor y que es esencial combinarlo con el amor para que el equilibrio se vuelva perfecto y la armonía prevalezca!

En los días que siguieron, el tema favorito de las conversaciones íntimas entre padre e hija seguía siendo el mismo. La joven mujer insistió. El padre se alejó. Después de consultar a sus abuelos, discretos y dignos, se mantuvieron neutrales. Observando furtivamente la batalla que se libraba en el consejo familiar, la astuta joven pernambucana fue humilde y resignada, permitiéndose una actitud que debería haber sido la única que había adoptado antes, mientras que su hija, que se retiraba, se mantenía en las mismas habitaciones. Cuando se nos pidió que diéramos opinión sobre el caso sensible, el Dr. Bento José y yo preferimos abstenernos de la responsabilidad de un asunto que solo concernía a Barbedos. Sin embargo, Esmeralda sabía cómo mantenerse con una elevación tan generosa de puntos de vista que, impresionada y atónita por las razones que expuso, el orgulloso Comendador accedió a sus instancias.

Y así fue que, incluso antes del consorcio de la hija, Barbedo convirtió a Severina Soares en su legítima esposa.

CAPÍTULO VII
La Boda

Algunos meses pasaron sin incidentes. Toda la vida doméstica de Santa María gozó de una solemne paz. De los argumentos violentos de la vieja pareja de amantes, solo los recuerdos prevalecieron en los corazones de los cónyuges. Satisfecha con la aspiración más cara de su alma, Severina dio alas al orgullo, se impuso a la sociedad sin restricciones y exigió todas las demostraciones de aprecio. Sin embargo, trató de corregir los inconvenientes del pasado, ahora mostrándose sonriente y amorosa por todas las razones, declarando sin dudar que le debía a su hijastra la felicidad y la consideración que disfrutaba entre las buenas personas, por lo tanto, la posesión definitiva del corazón del hombre amado. Satisfecho, Barbedo se acomodó en el nuevo estado, confiando en cada nuevo día debido a la transformación visible presentada por su esposa. Y Esmeralda se echó a reír gratamente, escuchando a la madrastra exponer los éxtasis de su propio corazón en presencia de cualquiera, afirmando su deseo de ser tan fervientemente amada por Betito como su amado padre por Severina. A veces la oía decirle a su madrastra, en presencia de todos los miembros de la familia durante las tardes templadas:

– ¡Eres adorable, mi buena Severina, en tu simplicidad y en la veneración que le dedicas a mi padre! ¡Oh! Desearía que me dieras hermosos hermanitos... para que, en el futuro, mis hijos pequeños tengan sus propios tíos como compañeros de diversión y travesuras...

La joven pernambucana se echaba a reír alegremente; y, sin abandonar el ganchillo, que ella tejía eternamente, sacudiéndose nerviosamente en su cómoda mecedora, colocada preferiblemente en el porche de sus apartamentos, del cual no solo se podía ver el de Esmeralda, sino que incluso para ellos sucedería sin alguien darse cuenta – respondió, en un suspiro:

– Si es así, ¡mi felicidad sería completa, querida niña...!

Mientras tanto, la joven heredera había puesto en práctica los excelentes proyectos expuestos a su padre y todo en Santa María había adquirido un aspecto nuevo, renovador y humanitario. ¡Suplicios, castigos e incluso prisiones para esclavos definitivamente habían sido reprimidos por mucho tiempo! Los trabajos se distribuyen hábilmente, sin motivo de agotamiento para ninguno de ellos. Los más abundantes y bien cuidados, así como la vestimenta de los negros, siempre limpios y no harapientos. Había creado una escuela en la hacienda, como un ser angelical que proporcionaría todo en beneficio de los desheredados en el mundo, para enseñar a los hijos de los esclavos a enseñarles. Les había dado a los músicos mejores maestros, iluminando así sus mentes, lo que se inclinaba hacia aspiraciones artísticas más elevadas. Y María Rosa, como Juanita, se había enseñado muchas artes domésticas, inclusive convirtiendo a ambas en excelentes gobernantas y dedicas dueñas de casa.

Al asegurarse que Carlinda, la hija de su tía, la Sra. Concepción, se estaba preparando para la boda, la hizo transportarse de la Corte a su lado, asumiendo generosamente la responsabilidad de los mismos preparativos. Y luego, al descubrir que Cassiano Sebastián, el simpático mulato que cantaba, deseaba casarse con Juanita, pero que, como esclava, no tendría éxito, ya que ella fue liberada, obtuvo su libertad de su padre, junto a Betito, el muchacho fiel pasó a la categoría de mayordomo y cocinero de Chalé Grande.

Severina estaba llena de despecho y resentimiento por observar que Esmeralda actuaba libremente, descuidada para pedir su autorización, ahora la única dama en Santa María, por todas esas compañías que absolutamente no complacieron a su corazón. Sin embargo, fiel a los nuevos métodos que se habían impuesto, sonrió ante todo con la esperanza de una nueva victoria: – El perfil de Ana por parte de Barbedo y la adquisición de la dote respectiva, con Esmeralda como intermediaria. En cuanto a las pretensiones sentimentales de Ana María alrededor de Betito, se diría que estaban archivadas en los recovecos de su alma. Esmeralda aun no sabía que la hijastra que su padre había asumido que había sido elegida por el joven abogado y que lo había deseado fervientemente como esposo, ya que, por temor a abrumarla, ponerla en una situación delicada, él y su padre nunca participaron en ella el evento desagradable, Severina tampoco se involucró. En verdad; sin embargo, el corazón de Ana Soares no era más que el candor devorador del volcán inquieto bajo la imposibilidad irremediable de expandirse.

Este fue, entonces, el panorama doméstico de mi amiga María y Sequeira de Barbedo cuando, finalmente, rayó el día de los esponsales de nuestra Esmeralda con el Dr. Bento José de Souza Gonçalves.

¡Oh! ¡Cuántos años han pasado desde entonces! Pero, aun así, contemplándolos hoy, felices y sonrientes en el fruto de una nueva existencia, donde las pruebas expiatorias no intervienen, tal vez aun más dulcemente unidas por el verdadero sentimiento de amor que atrapa sus almas, ambos desarrollándose en luchas, benditas por el trabajo útil y el amor por los demás en la era de la Tercera Revelación: no puedo evitar recordar la fuerte emoción que también experimenté en esa festiva tarde del 24 de junio de 1884, cuando vi a Esmeralda envuelta en sus amplios vestidos de satén blanco, hermosa frente de *madonna* adornada con flores de azahar de mimosa y velos diáfanos estirados como vaporizaciones inmaculados, llegando al altar de hadas de la Capilla de la hacienda del brazo del padre, ¡Con el fin de unirnos en sacrosantos lazos matrimoniales con el hombre amado por su corazón! Esa tarde, también, sentí que las lágrimas humedecían mis párpados, mientras que un tinte de angustia indefinible enfrió mi ser hasta los recovecos del alma, alertó que mis facultades psíquicas fueron dejadas por presentimientos repentinos e insoportables.

Lo contemplé a la sugestiva luz de las antorchas y a medida que evolucionó a partir del incienso sutil, mientras que, desde el coro, los cantos tiernos se elevaron en hosannas al Excelso, a los suaves sonidos del armonio. ¡Vi al orgulloso Comendador Sequeira de Barbedo estallar en lágrimas besando los velos blancos que cubrían a su hija, mientras el sacerdote bendijo la unión! Vi al Dr. Queirós grave y quieto junto a su esposa llorosa, como antes de un ataúd que se iría para siempre... Y sorprendí, vagamente aterrorizada, a Severina Soares mirando a los novios con ardientes miradas de odio y envidia, mientras abrazaba a su hija. Ahogada por las lágrimas.

Y me pregunté aprensivo:

– ¡Qué oscuro torrente de presagios desgarradores se extiende aquí, Dios mío! ¿Corazones invasores previamente reunidos para un acto solemne de verdadera alegría?

Sin embargo, la mansión se alegraba de los invitados que venían de la Corte y de los alrededores. Decorado con un sabor intraducible, ¡uno preferiría decir un refugio encantador apropiado para el placer de las hadas de las Musas del Olimpo! Los apartamentos de Esmeralda, ubicados precisamente en el cuerpo central del edificio construido en E, ¡eran los más hermosos y armoniosos que mis ojos habían visto!

A través de los patios, desde la noche, la esclavitud se disfrutó sin restricciones, ya que la bella esposa le había otorgado unas vacaciones durante todo el día y plena libertad, aun ofreciendo ropa digna, una abundante mesa de varios comestibles, en los patios interiores y barriles de buen vino que estaban felizmente exhaustos; y por la noche, mientras en los nobles salones de casa grande los invitados bailaban al son de dos magníficas orquestas, giraban al encanto de los valses o saltaban a la vibración de una polca, sonriendo ante las sorpresas de la siempre bienvenida pandilla, a través de los patios los esclavos se movían se desplegaron en entusiastas no menos ardientes, al sonido de sus violas o al ritmo monótono pero sugerente del *"Caxambu"*[18], mientras que, con intención a veces triste y dulcemente dolorosa, a veces festiva y triste, cantaban nenias tiernas a la bella Siñáziña, saltaron y bailaron, recordando las antiguas costumbres de su tribu distante; lloraban o bendecían en voz alta en la que mostraban toda su ternura por lo que era como una expresión celestial en sus vidas. Aquí, organizaron círculos y aceptaron el desafío, cada uno comprometido a exaltar mejor los dones de la querida Siñáziña que se iba a casar; allí, fue Cassiano Sebastián quien cantó las canciones de la época con una voz grosera y hermosa, mezclándose con los esclavos cuando fue liberado; más adelante, un grupo de mujeres negras, ya grises, pero felices hasta el punto del delirio, porque el buen vino les había adormecido el cerebro, sin saber qué hacer para exaltar a la niña mimosa que habían visto nacer y que ahora se ve casada, ronca y agotado aplaudiendo con un ritmo admirable, girando a izquierda y derecha, tejiendo media rueda; y, en ensordecedor estruendo, cantaban a manera de saludo por ellas mismas inventada en el momento, conforme les permitía la media lengua de la que disponían.

Siñáziña, Hoy se casó
N'este día de San Juan,
Pra bendecí la boda
El santo vino de globo.

Siñó Viejo tá feliz.
La negrada bebe vino.
Canta y ríe Santa María:
Siñáziña hizo su nido.

Prometido de Siñáziña,
Quien lo trajo fue San Juan,
¡É Ño Bento, sí siñó!
Pra él también, ¡bendición!

---

[18] Baile de negros, especie de batucada al sonido del tambor.

¡Y un tributo tan bárbaro y sencillo sería sin duda uno de los más leales y entrañables de cuántos, en esa auspiciosa noche, habían recibido la feliz pareja de novios!

Mientras tanto, seguían bailes muy portugueses en los pasillos de la casa grande, realizados por amigos y compatriotas de Barbedo en honor a aquellos que, hijos de portugueses, habían crecido y se habían educado en Portugal, mientras nacían en Brasil. Fados y canciones selectas de Coímbra, encantadoras canciones de Minho o de los pueblos de Ribatejo, bellas melodías de carácter muy portugués, como los bailes de los cuatro rincones de Portugal; todo desfilaba allí en el transcurso de la noche, a los tiernos ojos de Esmeralda y Bento José, quienes se conmovieron con las tiernas reminiscencias de las encantadoras costumbres del hermoso rincón donde comenzó el romance de sus corazones, ¡cuyo glorioso pináculo sería esa deliciosa fiesta! Y tal fue el entusiasmo de los buenos lusitanos, recordando, deseando llorar, sus pintorescos pueblos distantes, pero nunca olvidados, que la esposa misma tenía que satisfacer el capricho de su nostalgia cantando números seleccionados de folklore portugués, en el que era excelente. Y el propio Comendador, como el serio Dr. Queirós, decidió abandonar la severidad de la ceremonia de la boda para mezclarse con las felices parejas que recordaban las hermosas festividades de los pueblos nativos con sus bailes típicos.

Feliz y conmovida por todo lo que la rodeaba, la encantadora novia no se negó a mostrarse en su hermoso atuendo a sus amados sirvientes negros, bajando a los patios, tiernamente atrapados por el brazo de Betito, para recibir el homenaje que fue objeto. ¡Y era bastante seguro que ambos se divirtieron y tocaron incluso los recovecos del alma, presenciando la sinceridad externa de esos corazones ignorantes, pero leales! Sin embargo, amable y vigilante, había recogido a aquellos que estaban deprimidos por el exceso de vino; y, riendo con el prometido, sin vergüenza, descubrió a Anacleto con una corbata y calzado, inmóvil al lado de un barril de vino, ya en un estado de embriaguez completa, pero aun con la fuerza para levantar la botella, vertiendo el vino sobre sí mismo, sin tacto para encontrar su propia boca, y repetir, casi ininteligiblemente, el saludo que desde la mañana temprano no cesaba de hacer a aquella a quien antaño cargara en sus brazos.

– ¡Viva Siñáziña...! ¡Viva Betito...!

¡Y todo indicaba que una nueva etapa de aventuras maravillosas había amanecido para el solar de Santa María en ese agradable día de San Juan...! Sin embargo, ¡no fue así!

FIN DE LA SEGUNDA PARTE

TERCERA PARTE
La Tragedia

CAPÍTULO I
Presagios Fatídicos

"¿Quién sabe si, descendiendo hasta el fondo de ustedes mismos, no reconocerán que fueron los agresores? ¿Quién sabe si, en esta lucha que comienza con un pinchazo y termina con una ruptura, no fueron ustedes quienes lanzaron el primer golpe? ¿Si no se les escapó ninguna palabra injuriosa? ¿Si procediste con toda la moderación necesaria?"[19]

Dos meses después del auspicioso compromiso, el Dr. Queirós y su esposa dijeron adiós con lágrimas en los ojos a su amada nieta, para regresar a Europa, de donde habían estado ausentes durante más de un año. Barbedo, que no había visitado su lugar de nacimiento durante unos tres años, acompañó a su suegro, llevando a su exultante y feliz esposa con él ante este nuevo triunfo. En cuanto a Ana María, cuya educación aun era muy deseable, había regresado al internado mientras su madre viajaba, su padrastro, en ese momento, se esforzó por brindarle la mejor educación posible, lo que sería un nuevo estímulo para que Severina asumiera por muy cerca la realización de su amoroso ideal materno: el encuentro del opulento nombre de los Barbedos con la oscura y humillada firma de Ana María, para una adopción legítima de su marido a favor de esto.

---

[19] *"El Evangelio según el Espiritismo"*, Allan Kardec, Capítulo X – Comunicación del Apóstol Paulo.

Sin embargo, un observador atento sorprendería el núcleo de la restricción tácita de Antônio de Maria de oprimir su pecho, en virtud de su nueva condición, porque lo cierto era que, a pesar de la conformidad que se esforzó por demostrar, íntimamente el hombre rico se confesó disgustado consigo mismo por haber cedido a las reflexiones de su hija, uniéndose para siempre con una mujer que realmente no amaba. Sin embargo, se disgustó en las profundidades del ser que lo perseguía tan intensamente, luchando diariamente para cumplir con los deberes de esposo y jefe, buscando honrar y elevar en consideración y estima a quien compartía su nombre. Y, para elevar el nivel de su educación, proporcionándole un medio de convivencia en centros más civilizados, decidió viajar mientras Esmeralda, muy feliz con su esposo, quedaría cubierta de las hostilidades o sinsabores que la presencia de Severina y su hija por casualidad le acarreasen.

Así fue que pasó aproximadamente un año y medio, durante el cual la bella esposa diría que estaba flotando entre sueños de fortunas inefables, haciendo su propia existencia, como la de la que amaba, llena de falsedades legítimas, presidiendo todo con los encantos que irradiaban de ella misma. Bajo su dirección, la hacienda había seguido siendo próspera y alentada por el advenimiento de un nuevo progreso, a pesar de las agitaciones abolicionistas que se multiplicaron. Sin embargo, otras propiedades se deterioraron por el descuido de los agricultores e incluso por su temor a la amenaza de la liberación general. En su hacienda, la esclavitud, dócil y reconocida por su bondad atractiva, trabajó a su alrededor, feliz de ayudarla y de reconocerla satisfecha con sus esfuerzos por servirla bien. ¡Muchas veces me refugié, en ese momento, de las intensas preocupaciones de la vida en la capital, en el entorno paradisíaco del solar de Santa María, donde Esmeralda y Betito imprimieron un tono tan acentuado de arte y belleza, que me llevó a reflexionar sobre cómo estas dos almas se habrían unido bajo bendiciones divinas para la felicidad de los mortales que a su lado disfrutaron de lo dicho para vivir! Los suaves días de verano de ese mismo año 1884 que pasé allí, las veladas en la noche, en el hall de recepción de la noble residencia, durante los cuales mi ahijada y su esposo proporcionaron horas inolvidables de entretenimiento selecto, nunca pudieron desvanecerse de mis recuerdos, honrándolos con la buena música que ambos sabían tocar o con la lúcida conferencia que desarrollaron en torno a cualquier tema ¡eso me llevó a reflexionar sobre el hecho que estas dos almas se habrían unido bajo las bendiciones divinas para la felicidad de los mortales que a su lado disfrutaban de la llamada vida!

Durante ese mismo tiempo, durante una tarde cuando visité su biblioteca, ubicada en el último piso de los apartamentos que habitaba, con vistas a la pintoresca terraza, la dependencia descrita al lector en la primera parte de estas narraciones, encontré, sorprendida, la segunda edición de las obras completas de Allan Kardec, ofrecidas a Esmeralda por la familia Cesarini, con una dedicación expresiva. Curioso, le pregunté, confesándome, solo entonces, que desde los días escolares se había convertido a la fe espírita, guiada por los maestros de Cesarini, y que en sus convicciones inquebrantables, el secreto de la serenidad singular, la felicidad sin tapujos y alegría de vivir y progresar que irradiaban de toda su personalidad, y agregó que su abuelo también había pasado a las huestes kardecistas, atraídos por la singular magia separada de la ciencia encantadora que eleva el alma humana en el concepto de sí misma, ¡sintonizándola a través del diapasón del bien! ¡Solo sonreí, admirando en mi ahijada la lucidez mental que le permitió, en años tan verdes, apegarse a las ideas más trascendentes que las preocupaciones humanas pueden enfrentar!

Mientras tanto, las luchas abolicionistas se intensificaron y el Dr. Souza Gonçalves se dividió ansiosamente entre sus deberes profesionales y esas gestiones, asistiendo a reuniones de clubes democráticos donde su verbo ardiente y brillante explotó en medio de los éxtasis de su ardiente idealista y entre el entusiasmo colectivo que no le regateaba aplausos y colaboración. Republicano ferviente, también luchaba por el cambio de régimen, viajaba con frecuencia a la Corte y a las provincias de São Paulo, Minas Gerais e incluso a

Bahía y Pernambuco, al servicio de la propaganda de los ideales que también eran los de la mayoría de los brasileños...

Esmeralda admiraba hasta la veneración el carácter vigoroso e intrépido de su esposo, aplaudiendo sus actuaciones patrióticas con fervor e incentivos siempre nuevos. Y debido a que lo entendió desinteresado y desprendido en su noble trabajo, favoreció a los clubes de los que formaba parte con generosas cantidades de dinero, donaciones o préstamos legales, impuestos – afirmaba bondadosa –, con los que ayudaría a la causa humanitaria de la abolición. Sin embargo, nunca dejó de recomendarle a su esposo precaución y prudencia en las expansiones, ya que no ignoraban las feroces enemistades que adquiría diariamente, entre las clases conservadoras y los productores agrícolas de los alrededores, que no despreciaban las oportunidades de luchar y amenazarlo con represalias y venganza, dado el aumento que sus audaces actuaciones proporcionaban a las ideas vigentes en el país.

Y así continuó la vida de la pareja, entre afecto y aventuras muy sociales para ambos, cuando Barbedo, todavía en Portugal, recibe dos cartas consideradas muy importantes para sus conceptos, que decidieron su apresurado regreso a Brasil. El primero fue emitido por su abogado en Río de Janeiro, un abogado conservador intransigente, y que tradujo, entre otros asuntos de importancia general, esta acusación grave:

– *"El yerno de Vuestra Excelencia exagera sus derechos de opinar sobre temas políticos y sociales delicados y está disgustado con todos los nobles y honorables dueños de la provincia, dificultando las negociaciones de los productos de Santa María y convirtiendo el respetable solar de vuestros mayores en extraño bastión de abolicionistas y republicanos, lo que ha provocado la deserción de verdaderos amigos y fieles partidarios no solo de la Corona sino también de la propia prosperidad económica del país. Se diría que el Sr. D. Souza Gonçalves está demente, tanto que defiende la raza africana y predica las ideas de la mafia democrática a través de clubes y teatros, en los mítines que se hacen famosos por aquí, y hasta en la plaza pública, como cualquier gamberro irresponsable, y – lo que es peor – en los mismos salones de Santa María, donde la hija de Vuestra Excelencia lo mira todo impotente indefensa, sin moderarse en tonos anti patrióticos, incluso para examinar el desastre que para Brasil representará la abolición de la esclavitud en masa y de repente, como lo deseen, él y sus compinches. En X se convirtió en persona non grata e incluso odiado... Y no me sorprenderé, Excelencia, si, a su regreso, ya no hay un solo esclavo en la senzala de Santa María..."*

La segunda era de Ana María a su madre y señaló esta sugerencia malévola, que, frente al razonamiento del fiscal, tenía el poder de crear aprensiones dolorosas en Barbedo, que la esposa sabía cómo criticar, fiel a la vieja amargura contra el joven abogado:

– *"Pasé parte de mis vacaciones en Santa María, pero tales son los excesos que allí se observan que regresé sin demora al internado. Toda la sociedad de X comenta que el señor Dr. Bento José tergiversa el patrimonio de Esmeralda, usándolo por el aumento de los excesos políticos que ha venido practicando, confirmando así la vieja murmuración de que se unió a Esmeralda sólo por amplios intereses pecuniarios. ¡En verdad, madre mía querida, me da pena la pobre señora! La abandona en la soledad de la hacienda, entre rudos esclavos y capataces descorteses durante etapas consecutivas, gozando de las provincias más brillantes, como São Paulo, Minas Gerais y Bahía, dándose el lujo de existir fortalecida cuando sabemos que ya ha saqueado lo que poseía, ¡dejándolo con solo un mísero título como abogado...!*

Incluso se dice que nuestra querida Esmeralda viene empeñando muchas de sus joyas privadas, para satisfacer sus torpes caprichos, sin que mi padrino Comendador lo sepa... De hecho, no hay nadie por aquí que ignore eso, por los clubes que ha fundado. En todas partes las aventuras lo arrastraron, el juego, su antigua pasión, estaba ganando sin restricciones, frecuentado por elementos democráticos del nivel social más bajo, cubierto por excusas políticas y patrióticas..."

Una vez en Santa María, entregándose a investigaciones detalladas, el orgulloso titular, si no podía comprender completamente la veracidad de la doble acusación, se aseguró; sin embargo, que existieran expresiones muy reales en ambos. Sin embargo, asediado por miles de quejas y comentarios que vinieron de todas partes y perturbaron su mente, no había podido obtener suficiente alivio para considerar que no todo lo que los detractores señalaron podría ser responsabilidad de Bento José; y que si se celebraran reuniones frecuentes en Santa María, de carácter abolicionista y republicano, preferirían ser autorizadas por la propia Esmeralda, quien proporcionó su consentimiento y valor personal para este propósito; y más que si los clubes fundados por el joven abolicionista se practicaran inconvenientes como el juego, eso, aquel; ¡sin embargo, no se permitió hacerlo, abrumado que se sentía con responsabilidades insuperables, mientras que, si viajaba con frecuencia, sería porque se veía impulsado por la Causa que había abrazado, entendiendo que la redención de una raza valía la pena el esfuerzo, la ausencia de algunos días o meses entre dos esposos que se amaban fielmente!

Disgustado y displicente, Barbedo se entendió con su yerno, instándolo a abandonar la misión que se le había impuesto en el medio, advirtiéndole también sobre el disgusto que sus acciones le habían causado. Pero Betito, que estimaba fielmente a su suegro, trató de llevarlo a comprender la imposibilidad de detenerse en las expansiones permitidas en favor de sus propios ideales, asegurando; sin embargo, la decisión de transferirse a la Corte con su esposa, para que sus movimientos político sociales no obstaculicen la buena búsqueda de los intereses de Santa María. Cuando me pidieron dar mi opinión, mi ahijada reconcilió la situación y la aclaró; también respondía a las solicitudes de su padre, que no deseaba verla partir de su lado ahora que había regresado de un viaje tan largo y conveciendo a su esposo de la necesidad de revelar la situación por sí misma. Ambos; sin embargo, ignoraron las insinuaciones maliciosas de las misivas enviadas a Portugal; y, a partir de esa fecha, mientras estaba tranquilo en sus preocupaciones anteriores, mi pobre amigo comenzó a cultivar prevenciones sordas y sospechas a expensas de su yerno.

Aproximadamente dos meses después de regresar de Europa, una noche, preocupada e inquieta frente a las actitudes deslucidas de su esposo hacia la protección de su hija, Severina le preguntó sobre las promesas que había hecho durante el viaje sobre el mismo tema; es decir, la muy preciada afiliación de Ana María, ya que la joven, que ya había pasado veintiún primaveras, se retiraba visiblemente ante problemas sentimentales, temiendo la humillación debido a la ilegitimidad de su propio nacimiento.

Ahora, Barbedo, quien realmente prometió a su esposa que se interesaría en satisfacer el anhelo sensible de las dos damas tan pronto como llegara al Brasil, se diría que ahora evitaría las comprensiones e inconvenientes pertinentes al caso, frente a la increíble fortuna que se sintió invadir con la noticia que en algún momento Esmeralda le daría un nieto, por el orgullo y la alegría de su vejez.

Por lo tanto, los cónyuges se encontraron solos en sus propias habitaciones privadas, cubiertos con la posibilidad de ser sorprendidos por los otros habitantes de la casa. Escuchando, como siempre, de mal humor, las razones exigentes de su compañera que, después de los primeros días de matrimonio, había vuelto a la insidiosa de las viejas quejas, el Comendador respondió, grosero y abrumado:

– ¡Déjame solo, señora, por quien eres! ¡Me siento cansado, necesito descansar...!

– Pero... mi querido amigo, si nunca estás listo para entender el caso urgente del perfil de Ana, ¿cuándo tendrá lugar el importante evento?

– Es por eso que debes entender, mi querida señora, que no deseo convertirme en el padre de una hija que ya conocí en tu compañía cuando te vi por primera vez... Quizás aun no lo entendías, si deseaba dar un nombre a Tu hija, ¿lo habría hecho durante su infancia, sin que tengas que preocuparte por mí en estas condiciones?

– ¡Barba! ¡Por Dios, te lo ruego! ¡No repitas esos insultos...!

– ¿Insultos...? ¿Dices insultos...? ¿Dónde están, oh mi querida señora? Habrá insultos solo recordándome que no soy el padre de tu hija, para que ella vaya por ahí usando mi nombre, disfrutando de las ventajas que este derecho le dará, y eso será muy irritante para mí cuando después de todo, tengo una hija, que es realmente mi sangre, hija y heredera, a quien tendré que dar satisfacción; un yerno, a quien ofreceré ejemplos de honestidad, para que no proceda con mi hija de todos modos; ¿y que pronto tendré un nieto, cuyo futuro también tendré que proporcionar, ya que el padre no tiene nada y vive para desarrollarse en idealismos para el bien de los negros, sin pensar en sí mismo? ¡Francamente, señora Severina! ¡Estoy sorprendido que aun no haya entendido mis razones!

- Por lo tanto, te niegas a concederme la gracia, incluso las limosnas, que de rodillas te pide mi alma, para permitir que mi hija, criada bajo tu techo desde que era pequeña, te trate como a un padre y te reconozca como tal, ya que usted era el único que realmente tenía como protector y jefe: ¿el derecho a ser respetada y poder casarse con un hombre honorable y bien ubicado en la sociedad?

- ¡No solo me niego, incluso te pido, mi señora, que nunca toques este tema desagradable! Porque si la niña no puede unirse a un hombre honorable, que lo haga con cualquier hombre, incluso deshonrado... como el padre que le diste... porque estará acostumbrada a eso... Tus facultades maternas me irritan, ¡quédate ahí...! ¿Quizás estabas pensando en el futuro de tu hija cuando, en Recife, te abandonaste a los excesos en los que te encontré colapsada?

- ¡Sr. Barbedo! - Gritó la pobre mujer ante la brutalidad de los insultos de su esposo, desesperada por ser golpeada en las profundidades de su amor propio -. ¡Recuerda que soy tu mujer legítima ante Dios y los hombres! ¡Que Ana es tu hijastra y vive bajo tu techo...! ¡Y lo indigno que será para ti también, si ella, al casarse, solo puede presentar su nombre humillado y la paternidad ilegítima que su infeliz madre puede ofrecerle!

- Bien, señora, que profese y se convierta en monja... ¡porque el honorable nombre de Sequeira de Barbedo nunca cubrirá a los hijos espurios de nadie!

– Oh! ¡Cállate, maldita sea! ¡Cien veces maldito! ¡Orgulloso y desagradecido! ¿Por qué, entonces, me diste tu propio nombre?

– Porque Esmeralda, amable y pura como un ángel, me ordenó hacerlo, amenazándome con su regreso a Portugal, si no lo hacía...

– Apelaré a sus mismos sentimientos a favor de Ana...

Sin embargo, el Comendador, que ya estaba tumbado en la cama, se puso de pie pacíficamente, se compuso con la elegante túnica que usaba habitualmente, se sirvió la pipa inseparable y, volviéndose hacia la esposa con problemas, en una actitud intraducible, el desprecio, culminó en la serie inquieta de inconvenientes con este golpe bien dirigido que él mismo, más que nadie, debería derribar:

– ¡Inténtalo! ¡Y pasará por la decepción de comprender que incluso mi propia hija no asistirá esta vez...! ¡Le entiendo bien, Sra. Severina! ¡Desea para su hija los mismos derechos de nacimiento y fortuna que tiene Esmeralda! Sin embargo, te decepcionaré de una vez por todas. ¡Mi hija es la única dueña de Santa María y mi única heredera! Antes de unirnos en matrimonio, pasé todos mis activos a su nombre, ¡siendo yo solo un simple usufructuario! ¡No tengo nada, ni tendré nada, excepto a su muerte! ¡No tienes nada! ¡Tu hija nunca tendrá nada!

Lo dijo y salió, buscando otra habitación para poder pasar el resto de la noche con calma, como sucedía invariablemente durante los incidentes desagradables. Lo dijo; sin embargo, sin darse cuenta, en el ardor colérico de la discusión, sin apreciar la gravedad de la afirmación dada y el inconveniente de la indignación que arrojó a la persona que se sintió engañada por los sagrados derechos que ella misma creía o que realmente estaba acreditando; y rechazando la razón que si él mismo era padre y amaba a su hija incluso hasta la idolatría y el sacrificio, Severina, a su vez, era madre, y por el producto amado de su propio ser, a quien consideraba una mártir de la situación. ¡También quisiera todas las primicias del cielo y la tierra!

La sorpresa barrió por los labios de la infeliz mujer el torrente de reproches y amargura que fluyó de su corazón entre la revuelta. ¡El estupor de escucharlo prohibió el don de hablar! Sus ojos se abrieron, su boca se entrecerró de asombro, su corazón se contrajo ante la suprema y cruel decepción que la golpeó con el amargo sabor de la humillación más repugnante. ¡En un instante, al verlo desaparecer en la puerta, que golpeó con fuerza, enojada, ella midió la intensidad del mal que derribó sus más queridas esperanzas, devastada por los prejuicios de hierro de ese hombre indomable, orgulloso e intransigente, que adornaba su nombre con la evocación del nombre de un soberano! Finalmente, se dio cuenta que nunca había sido amada por él. Que, en su corazón, había pasado como una sombra anónima, ¡Solo respaldado por su calidad de hombre que nunca había quedado impresionado por la efervescencia del afecto indestructible que tanto había deseado inspirar! Ella; sin embargo, lo había amado con ansias de la pasión más vehemente, ¡luchando por destruir en sus propios pensamientos la idea que ella solo sería útil para sí misma! ¡Siempre luchó contra la humillación que sufría por su trato indiferente y contra la superioridad, que reconoció, pero que no olvidó hacer alarde de su presencia! La desilusión insoportable la abrumaba, mientras que, con el corazón roto, exhausto por luchar por un bien inalcanzable, le susurraba en los recovecos mentales, dando acceso a terribles sentimientos de odio y revuelta:

– ¡Será inútil seguir luchando! ¡Inclínate, desgraciado, a la hiel que te presentan! ¡Oh, Barbedo! ¡Barbedo! ¡Corazón cruel y orgulloso a quien amaba tanto! ¿Cómo puedo lastimarte, deshonrarte, hombre sin compasión? ¿Qué haré, qué haré para verte sufrir?

Se arrojó sobre la cama, balanceándose entre convulsiones perfectas obsesionadas por las fuerzas vengativas del mal, rasgando almohadas y sábanas entre los dientes, sofocando gritos salvajes de desesperación y locura, despeinándose, golpeándose y blasfemando como el reprobado entre la rabia de lo invisible, maldiciendo e indignada entre oleadas de demencia satánica, como si preludios obsesivos vibraban con las sutilezas de su ser psíquico… Y por la mañana, cuando su hija entró en la habitación, sirviéndole el café que le trajo un esclavo, la encontró todavía sollozando, con las manos apretadas debajo de las mantas, los ojos pisoteados por el insomnio, rencorosos y predispuestos a inclinarse ante los malévolos mandatos que fluían del invisible, fortaleciendo sus pensamientos en afinidad con la oscuridad…

En los días siguientes; sin embargo, pareció calmarse, volviendo a la rutina de la vida matrimonial. Ni siquiera había mostrado la más mínima sombra de agonía al marido. Por el contrario, prescindió del mismo trato amoroso, la misma sonrisa tierna y apasionada. Y ella había parecido dulcemente resignada ante la humillante situación que para ella y para ella misma había creado el esposo con la transferencia de su fortuna a favor de su hija, un hecho que él realmente había logrado, pero que aun no había sido informada, ignorándolo por completo.

Sin embargo, en el receso de su alma inconforme, el odio se encendió irremediablemente, llevándola al absurdo de razonar que: ¡Esmeralda había hecho la desgracia de Ana María muchas veces! Le había arrebatado a Betito, provocando un luto eterno y una decepción emocional en su corazón ardiente; había pasado por alto y eliminado la posibilidad que su padrastro la quisiera y que su magnanimidad mereciera una protección digna, ¡incapaz de reconocer que la niña, ajena a los acontecimientos, no tenía absolutamente ninguna influencia en las resoluciones de su padre! Un sentimiento feroz de odio hacia la joven indefensa, que anteriormente creía que era una amiga leal, aun más siniestra y temerosa porque estaba envuelta en los disfraces hipócritas de actitudes amables, llevó a la mujer singular a preguntar desde su propia mente, mientras tejía sus ingresos eternos de crochet, llevado en un columpio cómodo, al porche de sus aposentos, medio eficaz para felicitar a las tres personalidades que, a su juicio, habían cortado los vuelos de sus persistentes ambiciones, es decir, Esmeralda, Bento José y el Comendador Barbedo.

Y debido a que se sintonizó con la oscuridad a través del odio y la revuelta, ¡la oscuridad descendió sobre ella, respondiendo a sus inmoderados llamamientos!

CAPÍTULO II
Ronda Siniestra

Comúnmente, toda personalidad humana que se deja absorber por las olas deprimentes de pensamientos perversos o de odio, adquiere "por esta misma razón, influencias obsesivas del mundo invisible, que están en sintonía con él, alimentándolo con tendencias apasionadas, intuyéndolos, animándolos." incluso para el crimen, haciendo uso de los recursos nefastos que se encuentra en el campo íntimo de quien los atrae, al que impulsan con todas las fuerzas de sus disposiciones inferiores, luego, con la individualidad encarnada, que llamaremos intoxicación mental, ya que la persona, a la que deprimen los malos pensamientos, se convertirá en un instrumento – consciente, ya que no está desprotegido del razonamiento, tanto es así que, a través de esto, fue que atrajo al mal –, de las entidades malvadas del invisible, cuyo placer es difundir desorden y desgracia en el seno de las criaturas, como los hombres ociosos e intrigantes de las sociedades terrenales.

Esto es lo que le sucedió a la desafortunada Severina Soares, quien, con sentimientos inferiores y aun sin educación, se dejó invadir por los torrentes de sugerencias malévolos de espíritus de esclavos que murieron en Santa María, quienes no perdonaron a Barbedo ni a sus antepasados por los malos tratos anteriormente infligidos a ellos mismos, como luego a sus descendientes o amigos, a menudo sin causas justificables.

Ciertamente que, si el orgulloso Comendador aceptara la desesperada súplica de su esposa, otorgándole el cumplimiento de las intenciones maternas, o, al menos, si se hubiera comportado con actitudes más corteses, sin ofender y ridiculizarla, los hechos habrían tomado curso diferente de lo que realmente tuvieron - inclinándose hacia otra fuente de ejecución - o, en caso, él mismo se habría ahorrado la molestia de considerarse a sí mismo, más adelante, la piedra de toque para los eventos que se precipitaron alrededor su existencia, que se habría hecho realidad, ¡oh sí! ¡ya que fueron trazados en el plan de las causas, pero que bien podrían encontrar diferentes medios de consumación! Pero, un hombre de su tiempo, aunque tenía excelentes cualidades, también estaba envuelto en principios intransigentes de lo que consideraba preceptos de honor; y, no solo elogiaba, íntimamente, por esa misma razón, el mismo procedimiento hacia las demandas de su esposa, sino que estaba satisfecho de haberla ofendido para frenar nuevos avances, ¡colocándose así en la delicada situación de haber causado el odio de Severina contra toda la tensión relacionada con el nombre de Barbedo! Y así fue que, unos dos meses después del último desacuerdo con su esposo, una noche, después de mortificante insomnio, ante el cual presidieron malas sugerencias, salió de la cama, nerviosa y febril, yendo a la habitación de su hija, a quien Lo encontré igualmente despierta. Pidió papel y tinta y comenzó a escribir. Sin embargo, al percibir a Ana María que su madre, que apenas podía desembarazarse de una escritura, llevada a cabo con la mano derecha, trató de lograrlo con la izquierda, dijo:

– ¿Qué haces, mami...? ¿Con la mano izquierda...? – Preguntó la joven con curiosidad.

Confiadas; sin embargo, ambas no sospecharon que fueron acechados hábilmente por María Rosa y Juanita, que las habían estado observando durante mucho tiempo, para lo que diese y viniese, ya que no las apreciaban y cómo, efectivamente, era un hábito entre los esclavos, quienes tomaron posesión a menudo de los secretos más íntimos de sus amos; sin embargo, sin traicionarlos nunca.

– Toma y léelo – acordó la interrogada.

La joven obedeció, pero, poco después, una risa descarada, aunque discreta, hirió los oídos de la compañera de Barbedo.

– Esto no dará el resultado deseado, madre, ¡te lo garantizo! Reconocerían el disfraz de tu letra y estarías desenmascarada... Sé quién favorecerá nuestras intenciones sin correr ningún riesgo...

– ¡Tú! ¿Cómo así?

– ¡Sí! – confirmó, riendo. Fábio Sabóia escribirá lo que quiera, porque es fácil cambiar la letra, tantas veces como desee. Odia a Betito, es su enemigo personal y político, y por lo demás, rico, bien ubicado en la sociedad y, que no reside en X, estará cubierto por cualquier sospecha. Conseguiré algo de él en esta dirección...

– ¡Un tercero será arriesgado, hija mía...!

– No, cuando se trata de Fábio. ¡Es mi novio, me ama con fervor y odia a Betito...!

Pasaron algunos días más, de hecho, Esmeralda ve llegar al marido pálido y malhumorado, quien, invitándola a una conversación en un lugar discreto, decía:

– ¡Los miserables ahora comienzan a atacar mi honor personal...! Me hieren con calumnias diarias, me insultan a través de las columnas de los periódicos, intentan ridiculizarme con todas las noticias y apodos... Pero, entendiendo eso de todo este vil pídeme que me levante de nuevo, trata de alcanzarme en lo más sagrado que tengo... Lee esta carta, querida... Es anónima... Infame y desagradable, traduciendo el carácter del autor o autores.[20]

Impresionada, la joven tomó el papel de las manos de su esposo y comenzó a leerlo, palideciendo con indignación ante cada oración presentada bajo sus ojos:

– *"Dr. Souza Gonçalves –.*

Amigo que soy y admirador de sus virtudes peregrinas como ciudadano humanitario, glorioso abolicionista e ilustre defensor; respetado que lo

---

[20] En la sociedad de entonces, la carta anónima era una de las más usadas y terribles armas entre enemigos y adversarios de cualquier ideal. No era raro que dramas íntimos se verificaran en su funesto sabor, suicidios y hasta crímenes.

reconozco en la sociedad y acreedor de todo aprecio. Deseo llamar su atención sobre la conducta fácil y excesiva benevolente de parte de su esposa al amable y liberado Cassiano Sebastian, a quien parece apreciar muy particularmente... Y a quien ha estado agregando favores desde sus primeros días de soltera... Y de quien a menudo merece madrigales sugestivos... ¡Cuidado, Dr. Betito...! Ha viajado muchas veces recientemente... Cassiano es un tipo grande y guapo y sabemos que varios "Siñáziñas" aquí han simpatizado con sus modales trovadores."[21]

– ¡Oh! ¿Qué piensas hacer frente a tanta infamia? ¡Dios mío! ¿De dónde vendría ese gran villano? – Dijo la joven que estalla en llanto.

Betito la calmó, compasivo y tierno, seguro que terribles enemigos estaban invirtiendo en contra de la respetabilidad de su familia; y, durante el almuerzo, la carta había sido mencionada y comentada en privado, afirmando que el joven abogado hizo todo lo posible por descubrir a su autor y castigarlo en el punto álgido del insulto, en el que fue asistido por su suegro, quien fue exaltado hasta el extremo de no comer nada ese día correctamente.

– Es el resultado de su locura política – repitió a su yerno, agitado y pálido –. ¡El malestar llega muy temprano! Mi pobre hija, abrumada en su inmaculado honor por los miserables que lo odian, Sr. Dr. Souza Gonçalves, a usted y no a ella, ¿comprende?

Unos días más y fue el propio Comendador quien recibió insultos en una nueva misiva del mismo tipo, señalando a su hija como la concubina refutada del mulato Cassiano, a quien protegió de los tiempos anteriores a su propia boda, llegando a la altura de liberarlo para criarlo mejor con su esposo y, necesariamente, con ella.

Desorientado, a pesar de su certeza de la inocencia de su hija, Barbedo fue a Chalé Grande, allí, sometiendo al pobre sirviente a un interrogatorio doloroso y humillante, ya que, pensó,

---

[21] Muchos romances de amor, a su vez realmente dramáticos, se verificaban, por esos tiempos, entre los libertos e inclusive entre esclavos y sus señoras.

podría ser liberado, asumiéndose seductor gracias a predicados que lo reconocieron, alardeando de la ciudad sobre la benevolencia de la joven a su favor, juzgándola impulsada por motivos ocultos y provocando así murmullos desagradables, que habrían generado la correspondencia insultante. Sin embargo, Cassiano, aterrorizado ante una acusación tan desagradable, llevó la angustia que experimentó hasta las lágrimas, suplicando al viejo caballero por paciencia y misericordia, porque era inocente de cualquier pensamiento ofensivo contra la amable señora, a quien respetaba dignamente como benefactora, comprometiéndose a ayudar en el descubrimiento del origen de tan malvadas insinuaciones.

De hecho, esa misma noche, teniendo un largo entendimiento con Juanita, cuando se convirtió en su esposa, le ordenó, junto con María Rosa, seguir los pasos de Severina y Ana María, cuya lealtad había sospechado durante mucho tiempo, tratando de escucharles la conversación. Sin embargo, temerosa del aspecto que tomaron los acontecimientos, la ingenua guardó silencio sobre el espionaje sistemático que ella y Rosa ejercieron alrededor de las damas en cuestión, segura que eran una interferencia de ambas en el caso de las cartas, limitándose a prometer obediencia y lealtad a los pedidos recibidos.

Aquí; sin embargo, los eventos se precipitaron de manera aterradora, ya que, dos días más tarde, otra misiva se dirige al Comendador, desorientando e irritante por insinuar la intrusión de otra personalidad anónima; sin embargo, consciente de lo que estaba sucediendo en la intimidad de Santa María:

– *"El autor de las cartas insultantes en honor de su hija es su propio yerno, que espera ascender sobre usted, haciéndose generoso y sereno, para obtener concesiones pecuniarias. ¿Usted no percibe su falta de interés en descubrir la calumnia de la esposa...?"*

Convencido que tal acusación solo podría provenir del propio Cassiano, quien sería el único, en toda la ciudad, en saber lo que estaba sucediendo en la privacidad de la casa de sus empleadores, Barbedo regresa al Chalé Grande y, en ausencia de su yerno, tiene la intención de arrancar del infeliz liberto, la plena confesión de la odiosa conspiración que creció, amenazando la tranquilidad general. El liberto se defiende necesariamente con vehemencia, ya que es inocente y no sabe nada, afirmando; sin embargo, que se esfuerza por descubrir al verdadero culpable, alegándose incapaz de tal acción degradante. ¡Pero emocionado, atormentado por lo inusual de cómo las sugerencias deprimentes provenían de la obsidiana oscuridad que pesaba sobre el entorno del antiguo solar, y seguro que Cassiano mintió porque realmente estaba en alianza con el jefe, lo golpeó sin piedad, lo lastimó con un látigo hasta que sangró, olvidándose que Cassiano Sebastián ya no era un esclavo y sí un ciudadano libre, a quien protegían derechos civiles!

Mientras tanto, el joven abogado se da cuenta del éxito desagradable y, al aceptarlo como un acto de violencia exorbitante y desprecio por su propia respetabilidad, al confiar en la lealtad del liberto, lamentablemente no estuvo de acuerdo con su suegro esa misma tarde. Una discusión acalorada excita los espíritus de los dos hombres, aunque Bento José está a la altura del nivel de educación cortés con el que se muestra y el respeto debido al padre de su amada esposa. El Comendador; sin embargo, fiel a ese genio irascible que, en la víspera de Navidad de 1863, lo hizo querer estrangular a su hija recién nacida, asignándole la responsabilidad del fallecimiento de su esposa y ateniéndose, por lo demás, a la arrogancia indomable que desde los tiempos de Doña María I solía visitar la orgullosa fibra de los hombres de su raza, acusando, descuidadamente, al esposo de su hija de la autoría de las cartas mal aconsejadas; le echa encima las deudas – ya existentes por su incapacidad – que se van acumulando, de ahí la inercia en que se deja quedar frente a los arreglos para el futuro de la familia, que se incrementará en un tiempo con el nacimiento del primogénito de Esmeralda, terminando llamándolo derrochador y jugador, y acusándolo de haberse unido a Esmeralda con objetivos a ventajas económicas –mientras engañaba a pobres jóvenes inexpertas, como Ana María, que habían puesto en él tiernas esperanzas... Y ciertamente el evento ¡sería lamentable que llegara a un final grave si la pobre señora, emocionándose a lo sumo, no cayera en una alarmante crisis nerviosa, acabando así con la violencia verbal de los dos hombres que tanto amaba!

Sin embargo, la conducta de Severina permaneció pasiva y tal vez amigable a la vista de toda la familia, y a todos les pareció que ella participó en la indignación general ante los desafortunados sucesos; consolando a Barbedo, reviviendo a Esmeralda maternalmente, logrando cautivar a su esposo con las actitudes reservadas y humildes una vez más adoptadas, alentando medidas conciliatorias, pero, íntimamente, odia y alienta las represalias, mientras está preocupada por la dirección que estaban tomando los hechos.

La tensión entre suegro y yerno; sin embargo, seguía siendo amenazante; y Betito, disgustado con las ofensas recibidas, instó a su esposa a abandonar permanentemente la hacienda para residir en la metrópoli, donde múltiples deberes profesionales y sociales requerían que se quedara. Pero la joven, deseando, sobre todo, promover la reconciliación de los dos hombres, se detuvo en la indecisión, rogándole a su esposo que ampliara su intención, porque sería doloroso para ella abandonar la esclavitud a merced de los viejos métodos. Con un corazón tierno y realista que sabía que era para quien merecía toda su atención, el joven abogado condescendió, aunque avergonzado, ansioso; sin embargo, por liberarse de la opresión de su suegro, quien; no obstante, siguió respetando al máximo.

Entonces pasaron unos días más, angustiados y oprimidos, cuando, una mañana, María Rosa entró en las habitaciones de Esmeralda, temblando y aturdida, permitiendo que las lágrimas fluyeran libremente frente a su hermana.

– Pequeña dama, por el amor de Dios, escuché lo que tengo que confesarte – sollozó, nerviosa y agitada. –. Sería el más criminal de los esclavos de Santa María si me escondiera de "*Vuestramecê*" el descubrimiento que Juanita y yo acabamos de hacer... Cassiano nos prohibió transmitir lo que sabemos, hasta nuevo aviso... Principalmente al viejo "Siñó..."

– Habla sin miedo, María Rosa... no te comprometeré... – ordenó la joven, algo aprensiva.

Y luego la fiel mujer liberada habló con su querida dama, murmurando y ansiosa, traduciendo el patrón afectivo inolvidable de los esclavos africanos de la antigüedad, que sabían cómo comportarse a prueba de toda discreción ante los asuntos más serios que afectaban a sus amos:

– La historia de las cartas, Siñáziña... Yo, Juanita y Cassiano, desde el principio, sospechamos de Ñañá Severina y Siñáziña Ana... porque hemos sabido durante mucho tiempo que ni una ni otra estimaron a Ñô Betito y *Vuestramecê*... Cassiano nos envió a vigilá día y noche, y escuchando lo que hablan... Durante algunos días y noches no hemos cerrado los ojos, tratando de saber qué hacen y qué dicen... Y esta noche, notando que Ñañá Severina entraba "fuera de horas" en la habitación de la hija, escuché en el balcón, donde va la puerta de la habitación de la niña... y como solo las persianas estaban cerradas, escuché la confirmación de lo que ya sabíamos:

– Ñañá y Siñáziña Ana tenían estas cartas escritas...

– ¿Estás loca, María Rosa? – Contradijo la joven, incrédula y angustiada –. ¡No escuchaste nada! ¡No es posible! ¡No sabes los inconvenientes de lo qué estás diciendo!

– ¡Sí señora, mi Siñáziña Esmeralda! – Dijo la negra, convencida e imperiosa –. Ñañá Severina y su hija envían a alguien para escribir esas cartas y hacer toda esta intriga horrible porque odian a *Vuestramecê* y Ñô Betito por la riqueza de Siñó viejo... Escuché a Ñañá Severina decirle a Siñáziña Ana que no escriba más cartas anónimas, porque tiene miedo de ser descubierta y aterrorizada por las amenazas de Siñó viejo... Dijo que se sentirán infelices si descubre la verdad...

– ¡María Rosa, cállate, por el amor de Dios...! Severina me estima, es tímida e inexperta, no se lanzaría a tal aventura...

– Ella finge ser una amiga, pero odia la muerte de Siñáziña, ya que *Vuestramecê* vino de Portugal... Porque quería a Betito para

Ana y porque Ñô Comendador le pasó toda la riqueza a *Vuestramecê*, antes de casarse con ella, y no quería darle una dote a Ana, como ella, Severina, deseaba. He estado escuchando sus discusiones desde que mi Siñáziña llegó a casa.

– ¿Escuchaste...? ¿Mi padre actuó así...?

– ¡Si escuché! Y la última discusión fue justo antes de las cartas. Ñô Comendador le dijo que Siñáziña *Vuestramecê* es la única dueña aquí; que él mismo se hizo pobre... y ella y su pobre hija serán, como él.

– ¡Dios mío...! ¡Qué horrible circunstancia...!

Muy impresionada, la joven heredera comenzó a interrogar a la hermana de leche, quien, fielmente, narró todo lo que había sabido durante mucho tiempo. Y tal era la evidencia lógica presentada que no tenía dudas que, de hecho, su madrastra y su hija serían los autores de la pequeña trama. Y María Rosa continuó:

– ¡Vete a la Corte, Siñáziña! ¡Ve sin demora...! ¡No conoces a Ñañá Severina...! Ella es malvada y traidora, capaz de muchas cosas malas. El padre Custodio, un pobre anciano de unos sesenta años, fue golpeado hasta que cayó muerto, bañado en sangre... Y luego le dijo a Ñô Comendador que el negro murió de una fiebre "malina" que andaba por ahí... Porque Ñô Comendador viajaba por la Corte. Vete, llévate a tu ahijado y a mí también, porque le tengo miedo... Que tu negra te servirá de rastro, de rodillas.

La pobre mujer liberta se echó a llorar y Esmeralda estaba pensativa, como absorta en pensamientos serios y profundos. Por un instante, los sudores de agonía brotaban de su alma sedientos de luz y redención, humedeciendo su epidermis como si el temor a la muerte extendiera sus implacables sombras sobre ella, anunciando a la conciencia que había surgido el momento de un terrible rescate: lo último de una serie dramática de reparaciones que deberían liberarla del reproche espiritual que había contaminado su alma nacida en el cielo durante siglos. Y desde las profundidades desconocidas de su ser, surgieron oleadas de angustia amarga y confusión repentina para presentarle presentimientos insoportables pero indefinibles, como catástrofes que acechaban en el aire... Sin embargo, se levantó.

Llegó al balcón del porche, extendió su mirada a través del deslumbrante horizonte de luz, que dominaba los cafetales, y, mirando el azul impecable del cielo, murmuró, mientras dos lágrimas flotaban a través de los cordones de sus párpados:

– ¡Señor Dios! ¡Ten piedad de todos nosotros...!

Luego exclamó, acariciando la cabeza negra de los liberados con ternura fraternal:

– No puedes quedarte aquí, María Rosa... Tu vergüenza te traicionará frente a mi madrastra o Ana, y solo Dios entiende lo que sucederá... Temo por ti y Juanita... Retírate hoy, al Chalé Grande y espera mis órdenes... Antônio Miguel se quedará a mi lado... Tiene fiebre... No deseo interrumpir las recetas de mi padre para el tratamiento necesario...

– Pero... ¿Qué vas a hacer, mi Siñáziña? ¿Estar sin la vigilancia de sus dos negras, cuando Ñô Dotor no trabaja aquí y Siñó viejo no sospecha nada? Ven a Chalé Grande también, Siñáziña, sigue los consejos de tu negra... Deja a Severina y la casa.

– No podré dejar a mi padre así de repente. Más bien, quiero firmar su reconciliación con Betito...

– Eso llegará con el tiempo, Siñáziña Esmeralda... Cuando el nieto llore por primera vez en sus brazos... Estoy aterrorizada por lo que he escuchado y observado de estas dos malvadas...

– Tendré que llegar a un acuerdo con mi esposo, para ver qué resolveremos... Nada que pueda intentar así, en el aire. Creo que la situación es delicada. No deseo contradecir a mi padre, a quien me entristece notar, quejándose de Severina... Tendremos que ocultarle, a cualquier precio, lo que me acabas de informar.

– ¡No, Siñáziña...! – Contradijo la fiel servidora, impresionada y vehemente –. Perdona a tu negra... Cassiano tampoco quiere que se diga nada... ¡Pero Siñó viejo necesita saberlo todo...!

- ¿Acaso estás loca...? ¡Él no daría crédito a tus declaraciones! ¿Cómo te atreves, además, si yo mismo no me animo a acusarla? ¡Obedece, María Rosa...!

Disgustada, la liberta se fue, participando a la compañera de las órdenes recibidas; e, incluso antes del crepúsculo, se despidieron de la amable dama, abrazándola entre lágrimas; después de lo cual, yendo a la carroza que les era destinada, se fueron saludando, amorosas.

- ¿Qué harán las dos sirvientes en la ciudad a esas horas? - Preguntó Barbedo a su hija, viéndolas partir, desde la terraza donde estaba con ella.

- Las envié al Chalé Grande, que deberían poner en orden, ya que tengo la intención de pasar allí los últimos días de esta semana.

- ¿Y estarás aquí sola, sin tus sirvientes, hija mía? ¿Quieres que destaque a una esclava para tus servicios esta noche?

- ¡Oh! No será necesario por hoy, mi padre... María Rosa proporcionó todo... Mañana nos encargaremos de eso... Deja que los pobres esclavos descansen.

Planeo mudarme a X mañana por la tarde.

Ambos se sentaron, disfrutando de los dulces encantos de la noche. La infinita dulzura invadió el potencial afectivo del orgulloso capitalista. Miró el hermoso semblante de su hija, la entrelazó con afecto, agitó la frente y guardó silencio mientras contemplaba los ricos campos que se extendían entre terrazas y colinas hasta horizontes lejanos.

De repente se acordó de su esposa que había muerto hacía tantos años... ¡Revivió los días desgarradores de la viudez en plena juventud! Vio a Esmeralda, frágil y sollozando en los brazos de la ama... Sus propias alucinaciones frente al cadáver de la joven esposa y los avances irreflexivos buscando a su hija recién nacida para estrangularla... Y sudores helados de angustia íntima y singular. Lo llevó a expulsar a los fantasmas del pasado. Se puso de pie, vencido por la repentina inquietud.

– Entra, hija mía... Canta algunas canciones que te recuerden a Coímbra o al Riba Tejo... Cantada por ti traducirá un mayor encanto a mi corazón...

Ella lo besó, en un gesto elegante de inconfundible afecto filial, y se sentó al piano, deleitando su corazón durante toda la noche con los dones artísticos que tan bien cultivó. Ni ella ni mi desafortunado amigo; sin embargo, podrían haber adivinado que serían las últimas horas que disfrutarían juntos en la dulzura del ambiente doméstico, que ambos sabían honrar y venerar.

Ahora, esa misma noche, Bento José regresaría más tarde, quedándose en el Chalé debido a que convocó una reunión del Club Abolicionista del cual era presidente emérito, para que varios aspectos de la noble causa pudieran debatirse cuidadosamente, así como asuntos relacionados con el ideal republicano que absorbió sus generosas tendencias democráticas. Por otro lado, a las diez de la mañana del día siguiente, debía defender un caso legal importante en el Fórum de una determinada localidad cercana a X; y, al revisar los registros y estudiar los detalles a los que se apegaría durante los debates, no había visto a su esposa ese día, excepto por la mañana, cuando se fue a sus tareas diarias. Dado que los incidentes desagradables que conocemos entre él y su suegro se habían interpuesto, el joven abogado estaba evitando efectivamente a larguísimas estancias en Santa María, lo que realmente había llevado a su mujer a pensar en la posibilidad de una estancia en el Chalé – si tal decisión no incomodaba a su padre, a quien ella misma rendía un culto afectivo verdaderamente religioso.

Esmeralda había pasado la noche, porque solo con su padre y el pequeño liberto Antônio Miguel, su ahijado, quien, educado por su madrina, hasta entonces, con ternura materna, incluso obteniendo la satisfacción de todos los caprichos, a la edad de diez años de edad participó en reuniones familiares, disfrutando de las ventajas y el ingenio inherente a las afinidades consanguíneas. Desde su puesto habitual, en el porche, desde donde podía ver fácilmente el movimiento en las instalaciones de su hijastra,

Severina observaba con ojos celosos, disminuida por la sublimidad de la ternura que parecía unir los corazones de padre e hija, de vez en cuando acercándose al sugerente grupo, participando en la conversación, hablando dulcemente con Barbedo o felicitando a la joven cantante por la perfección de las piezas interpretadas. Sin embargo, a las diez en punto, Esmeralda se despidió de su padre encaminándose a sus aposentos con su pequeño ahijado, a quien acomodó en una cama improvisada sobre un diván, en su propio dormitorio, debido a la ausencia de María Rosa.

Hacia la una de la madrugada; sin embargo, el joven Dr. Souza Gonçalves regresaba a la mansión; y, habiendo encontrado a su esposa dormida, no trató de despertarla, instalándose sutilmente en una habitación contigua durante unas horas de descanso antes del Jurado, que prometía sensacionalismo, dado que la brillante oratoria y los recursos inesperados del joven abogado atraerían invariablemente la absolución para el acusado, porque el profesional singular nunca aceptó causas acusatorias, sino solo defensas para sus constituyentes. Sin embargo, el ilustre Sequeira de Barbedo, quien esa noche, inusualmente aprensivo e inquieto, no pudo dormir, al verlo llegar al galope de su corcel ligero, acompañado del paje de servicio, desde el balcón del porche de sus apartamentos, donde había dejado a su esposa quedarse hasta esa hora tardía, se volvió hacia ella y exclamó:

– ¡Gran frívolo y pretensioso! ¡A qué hora regresa a casa, dejando a mi hija desde la mañana! ¡Ni siquiera busca investigar el paradero del infame autor de las cartas que difaman a su esposa! ¡Pero Esmeralda tiene un padre que la idolatra! ¡Sabré defenderla! ¡Lo descubriré y lo mataré sin piedad, ya que el esposo es intrascendente e incorregible! ¡Por eso, nunca! ¡Nunca permitiré que lo acompañe a la Corte! ¡No habría defensa, lejos de mí! ¡Nunca dejarás mi compañía!

– ¿No sospechas que él mismo es el autor de las cartas...? ¿Cómo quieres que busque al autor? – Preguntó, audaz y conmovida.

– Sí... Debe ser él mismo... Pero sería demasiada infamia... Me siento confundido y desorientado últimamente... Realmente creo que estoy enfermo, amiga.

– Necesitas un médico... Lo consultaremos mañana – fue la respuesta.

Entonces la pernambucana lo abrazó con fervor, lo besó con la pasión habitual y lo guio al interior.

CAPÍTULO III
El Crimen

El lector me permitirá obtener información más detallada sobre los arreglos interiores de la mansión de Santa María, a los que me he referido brevemente.

A diferencia de la mayoría de las sedes de antiguas propiedades rurales construidas en la época del Brasil colonial, que estaban estandarizadas por la rusticidad de las líneas apresuradas debido a la urgencia del alojamiento, la suntuosa residencia de Sequeira de Barbedo desde sus inicios se había destacado por la mejora del complejo, evocando, si no externamente, al menos internamente, ciertas antiguas construcciones europeas, rodeadas de detalles bárbaros. Muy envanecidos del gracioso favor del soberano que les había dado el título del que estaban tan orgullosos, los antepasados de Barbedo entendieron que era un desperdicio vivir en refugios mal diseñados que activaron el nombre tan honorable "María", permitiéndose a sí mismos, así como a ella misma posteridad, el lujo de una mansión que podría presumir de ser una de las construcciones más bellas e imponentes de la época de Colonia, como el de otro Imperio. Con cada década que pasaba, el maestro del título y las rentas agregaban al conjunto nuevos pisos o dependencias, y la casa crecía así en estética y suntuosidad. Por esta misma razón, no le faltaban los encantos arquitectónicos interiores, tales como: pequeños escalones hacia un dormitorio o una sala de estar, en el mismo piso, que, por lo tanto, se elevaban de los otros compartimientos o bajaban; pasajes repentinos, extrañamente organizados, a veces construidos por simple ornamentación, como detalles de laberintos que recuerdan las residencias feudales en Europa; habitaciones o cámaras en las arcadas interiores, colocando balcones para la dependencia debajo de ellas, como viaductos internos para facilitar el acceso de una fachada a otra, en compartimentos cortos y oscuros, a veces dejados incluso al olvido, visto que construidos tan solamente con el objetivo de aprovechar espacios sobresalientes en el área en que se realizaría el mejoramiento del edificio.

Unos años antes que Antônio de Maria lo heredara de su abuelo, cierto aventurero italiano lo retocó por completo, mejorándolo con encantadores detalles florentinos, y la tercera fachada se levantó. Así se presentó el curioso edificio en forma singular de E mayúscula, debido a los recovecos que dejaron el relieve de las fachadas. Rodeado en toda su enorme extensión, a la altura del primer piso, por pintorescos y elegantes balcones y terrazas, por esta misma razón, se podía llegar a cualquiera de las fachadas y penetrarlas sin ser percibido desde el interior; mientras que lo mismo le pasaría a cualquiera que prefiriera hacerlo internamente, sin ser percibido desde afuera. Y al tener cualquiera de las tres fachadas de entrada y jardines independientes, hizo que el complejo fuera excepcionalmente hermoso, pero propicio para escapadas de aventuras y compañías criminales, si el honorable Barbedos no presentó, desde las generaciones antiguas, ese estándar de honestidad y ecuanimidad legítima que caracteriza a la heroica raza lusitana. Muchas veces hablé con mi noble compadre y amigo, mientras mis recovecos súper sensibles invadidos por premoniciones indefinibles:

– ¡Tienes una excelente residencia, amigo! Pero demasiado grande para una familia tan pequeña... Sus disposiciones internas son impresionantes y aterradoras... Uno diría una miniatura de castillos ingleses o escoceses, construidos a propósito para la posibilidad de asesinatos y la práctica de abominaciones.

Sin embargo, respondía con la sonrisa franca habitual, mi señor y arrogante compadre:

– ¡No digas tal inconveniente, mi excelente doctor! Como puedes ver, ¡esta mansión nunca ha visto la escena más insignificante de sangre o venganza! Estoy feliz, oh, sí, de vivir y deambular por estos compartimentos penumbrosos, cuyo ambiente, envuelto en sugerencias inusuales, despierta en mi alma emociones indefinibles, como reminiscencias de un pasado que no sé dónde viví... De hecho, sabes que durante0 la temporada tranquila, todas estas habitaciones se reagrupan con la presencia de mis queridos huéspedes...

Sin embargo, lo cierto era que había rincones oscuros y sugerentes, habitaciones intermedias, en círculo, con puertas giratorias en forma de cruz, que permitían el paso de cuatro personas, sin que; sin embargo, se vieran dos de ellas; nichos impresionantes, una especie de habitaciones oscuras con pasajes para corredores oscuros, de modo que, en caso de emergencia, sería más fácil salir de la habitación principal sin perder el tiempo caminando por las habitaciones centrales. Por lo tanto, la mansión sería efectivamente siniestra en su arquitectura interior, si no hubiera sido por el buen gusto con el que Barbedo la había decorado y los deliciosos destaques artísticos que Esmeralda había impreso en cada esquina.

Ahora, exactamente en las habitaciones privadas de mi ahijada había una de estas puertas giratorias en cruz, que abría a un pasillo, corredor o galería, que conducía a las habitaciones de su padre y en el que yacían numerosas puertas de otras habitaciones, además de otra galería de tránsito interior, generalmente desierto, que cruzó con el primero cerca de la puerta giratoria de Esmeralda, una galería que traía la singularidad de una puerta giratoria en la misma vecindad, que desde la parte posterior de la casa aisló los apartamentos de mi ahijada, así como los de su padre[22].

---

[22] Según los cuadros concedidos a mi visión, al momento de la recepción de este trabajo – esas puertas serían una especie de las "mariposas" actuales; sin embargo, hechas enteramente de madera, de las proporciones de una puerta, efectivamente con la singularidad de poder ser cerrada en ambos portales rotatorios, pues estarían afirmados en el

Al entrar, por lo tanto, a través de la puerta giratoria de Esmeralda, alguien que vino de las habitaciones del Comendador ciertamente no sería percibido por aquellos que pasaron por la galería trasera, ya que la puerta giratoria de este lo cubriría y penetraría sutilmente en un cierto nicho sombreado que sería como un apéndice del dormitorio de la pareja Souza Gonçalves. En esta dependencia, la alcoba de la habitación de Esmeralda, se volvió siniestra después de los sucesos que narramos, y donde, más tarde, María Rosa, piadosamente y bajo las conmovedoras vistas de Barbedo, improvisó un altar con un sugerente crucifijo iluminado durante unos treinta años durante un lámpara de santuario dulce y melancólica, que invitaba a la unción religiosa: mi ahijada había arreglado maletas y cajas de viaje desde el regreso de Portugal, por lo que no servía a esta dependencia, para cualquier otra necesidad, ya que otros pasajes más lógicos permitían un fácil acceso al interior de la casa. Para cualquier otro personaje menos cariñoso y confiado que el de mi ahijada, la situación de dicho nicho atraería la atención, lo que facilitaría una de esas sutiles emboscadas de las que hablé tan a menudo a mi amigo.

Sin embargo, amable y eternamente bondadosa con todos, y sin tener en cuenta ningún aspecto maligno, la esposa de Betito no solo no estaba preocupada por ese detalle de sus habitaciones, sino que incluso descuidó comprobar a diario si la puerta giratoria de la alcoba estaba realmente cerrada al corredor y esta a su propio dormitorio. se notaría la situación de dicho nicho, lo que facilitaría una de esas sutiles emboscadas de las que hablé tan a menudo con mi amigo.

Viniendo desde el interior de la casa sin desear buscar los dominios de Souza Gonçalves, inevitablemente pasaría por la galería de tráfico antes mencionada, ya sea que quisiera llegar a los apartamentos del Comendador o si quisiera encontrar la sala de estar donde su hija comúnmente se dedicaba a trabajos delicados.

---

centro. Existiendo en ellas cuatro lugares, dos personas podían pasar sin ser vistas una por la otra. Nota de la médium.

El dormitorio de este también abrió la puerta de esta habitación, que, a su vez, resultó en un pintoresco porche con escalones hacia el jardín que conducía a la puerta de entrada a la fachada del centro de residencia Souza Gonçalves. A su vez, la sala de estar de Severina, ubicada en la parte empotrada de la "E" del edificio, también colocó una puerta al mismo corredor donde estaba la alcoba de Esmeralda. Verdaderamente únicas, estas disposiciones y confusos pasajes facilitarían sobremanera cualquier acción inescrupulosa de los habitantes de ambos apartamentos y fachadas.

Ahora, en la mañana de agosto de 1886, el año en que mi querida ahijada completaría sus veintitrés primaveras, llenas de vida y en el esplendor de su inmaculada hermosura, Antônio José de María y Sequeira de Barbedo se levantó de la cama deprimido por una desagradable noche de insomnio y emoción. A pesar de todos los esfuerzos de su esposa para tranquilizarlo y ponerlo a dormir, mi pobre amigo no había podido dormir hasta la madrugada. Aun así; sin embargo, una pesadilla desorientadora lo hizo despertarse en un frenesí, bañado en sudor helado, temblando y rompiendo a llorar, mientras Severina, atenta, se había levantado para traerle algo de bebida calmante. Sin embargo, no había dormido hasta el momento en que habitualmente se retiraba a sus aposentos. En esta atroz pesadilla que había observado, afectado por la incoherente locura civil que solo producen tales circunstancias, que la sala de recepción de su hija se transformó en una cámara en llamas, se levantó en crepes mortificantes, grandes candelabros amarillos donde se encendieron velas voluminosas y se fundieron en una impresionante lágrima de cera; sugerente crucifijo imponiendo el recuerdo con Dios... y numerosas flores dispersas alrededor... Un bote mortuorio, que domina la imagen aterradora, despertó su angustia de atención, Esmeralda yacía allí, inerte, con la piel morada, los ojos fuera de sus cuencas, su boca entreabierta en una tortura de terrible tortura, mostrando su lengua púrpura e hinchada; ¡el cuello ennegrecido por contusiones denunciando un estrangulamiento, los dedos apretados, retorcidos, como si, durante la trágica ocurrencia, buscasen el gesto supremo de la defensa inútil!

Severina, a quien no le animaron a narrar el emocionante sueño, trató de consolarlo, observando su depresión, y advirtió cariñosamente:

– Necesitas un traslado temporal de Santa María para descansar y cuidar tu salud... Hoy ya no eres el joven que conocí, multiplicándose en los agotadores trabajos de la hacienda... Pronto cumplirá cincuenta y, a esa edad, es bueno descansar, eximiéndose de angustias y contratiempos... El comportamiento de tu yerno es deprimente... Te lo advertí, antes de la boda, que Bento José no nos traería felicidad... No le diste crédito a mis observaciones; sin embargo... Ahora, nos queda aplicar paciencia y salvaguardar tu preciada salud con un merecido descanso en cualquier lugar... Olvídate de las malditas cartas... Estas son las politiquerías de sus propios oponentes.

La astuta; sin embargo, había prometido tratar de mantenerlo fuera de la mansión, temerosa de las consecuencias de la investigación que él mismo había promovido, seguro que pensaba en las represalias salvajes que llevaría a cabo el día que se revelara la verdad.

Conmovido por sus palabras, Barbedo se recostó sobre su hombro, sintiéndose frágil bajo la caritativa presión de quien tan perseverantemente sabía cómo idolatrarlo, y exclamó, besando dulcemente su mejilla:

– Tienes razón, mi amiga... Tan revelada y amante que has pasado por los años... Sin embargo, no siempre he estado a la altura de la verdadera justicia... Sí, eres una amiga fiel, aunque algo grosera de alguna manera... ¡Pero todavía estamos a tiempo! ¡Te recompensaré a la altura de tus méritos!

– ¿Qué quieres decir, querido amigo?

– He estado pensando que, realmente, será de justicia que algo haga por tu hija, si no por ella misma, al menos en tu consideración, que me has amado tanto...

Un destello de alegría apenas contenida deslumbró el alma de la bella mujer pernambucana, cuya mente desveló el panorama profundo que esa confianza reveló a su ambición materna. Y, deseando anticipar el triunfo que se esbozó a través de frases tan seductoras, preguntó, conmovida:

– ¿Quieres decir, querido, que finalmente has respondido a mi antigua solicitud con respecto a Ana María?

Él la miró, movido, como si sonriera, respondiendo con ternura, como esperando gracias a través de una caricia:

– ¡Te has mostrado humilde y resignada, querida amiga, y esa actitud tocó mi corazón! ¡Sí! No solo he decido atenderlo, incluso declaro que, en tres días, todo estará terminado: tu hija también será mía por los derechos de adopción, usará mi nombre y tendrá una dote que le permitirá casarse dignamente.

– Y... ¿Esmeralda...?

De antemano te aseguro que apoyará mi gesto, ya que es un ángel... Hoy le hablaré...

– Pero... ¿No dijiste que eres pobre, que todo le pertenece a ella, ya no más a ti?

Él sonrió; sin embargo, mientras replicaba:

– Siempre tendré que dotar a Ana... y, aunque no tengo nada más, estoy seguro que mi hija lo haría por mí.

Severina agradeció a su esposo con una de sus caricias apasionadas, emocionales y temblorosas. Pero, de repente, la viveza de mármol cambió sus rasgos, que se contrajeron en un dramático raquitismo de angustia y temor, cuando pensó:

– "¿Qué pasaría si Barbedo descubriera la horrible trama de las letras anónimas...?"

Por un instante, la desafortunada mujer midió la profundidad del mal que había hecho, así como la catástrofe que para ella y para su hija significaría el descubrimiento de tal crimen. Y sintió que oleadas de exasperaciones insoportables penetraron las complejidades de su alma...

Mientras tanto, al salir de las habitaciones, el Comendador, como lo hacía todas las mañanas, fue a los apartamentos de su hija para saludarla y acompañarla en la primera comida, un hábito que Severina nunca había aceptado adoptar, y que, del mismo modo, ella nunca había logrado destruir la voluntad de su marido. Sin embargo, al darse cuenta que Esmeralda, acompañada de su esposo, fue a la sala de música a ensayar, como solían hacer en la mañana, uno de los admirables duetos para piano y flauta, en el que eran excelentes, se dio cuenta que llegaba tarde y retrocedió para no molestarlos, pensando que saludaría a su hija después de la retirada de su yerno, a quien sabía que estaba abrumado con las tareas esa mañana y con quien había vivido en agonía durante unos días.

De hecho, todavía no había llegado a la sala de desayunos por la mañana, y los acordes abrumadores del famoso concierto de flauta de Mozart deleitaron su audición, llevando su alma de las parroquias sentimentales a las inefables del ideal. Y mientras la sublime melodía extendía acordes maravillosos, haciéndolos resonar a través de los rincones del vasto domicilio, su corazón también se expandió, predisponiéndolo a la razón de evaluaciones más justificadas en cuanto al carácter del yerno, cuya imagen amable y caballerosa fue dibujada a tu imaginación en ese momento libre de hostilidades:

– ¡Es un gran artista, un gran soltero y un gran idealista! – murmuró para sí mismo, tiernamente, la idea fuera de la mesa era que Severina personalmente servía la comida de la mañana, fiel a los ominosos celos que la deprimían, pero feliz por no haberlo visto en la mesa de Esmeralda.

– "¡Oh Dios mío! ¡Honestamente no puedo creer que sea infame! ¡Es imposible...! ¿Qué demencia es esta que me preocupa tanto? ¿Por qué lo odio? ¡Todo parece idolatrar a mi hija! ¡Y él es el padre de mi futuro nieto, sangre de mi sangre, a quien amo con todo mi corazón...! ¡Y a quien espero tener en mis brazos, con orgullo y alegría sublime...! ¿Abolicionista...? ¿Republicano...? Los hombres más nobles de este mundo siempre se han guiado por las mismas pautas… ¡Sí! ¡Bento José es un soñador, un corazón leal, un personaje varonil y heroico!

Y cuando los últimos acordes de la melodía entusiasta cesaron por completo, caminó lentamente hacia la fachada sur del edificio, frente a la suya, cuyas ventanas en la parte posterior, o en los recovecos, daban a los jardines y las puertas de entrada de la noble pareja, necesariamente, por el camino que se extendía fuera de la vista.

La farmacia de la hacienda estaba ubicada allí y, al entrar en su habitación, el Comendador distinguía cuándo pasaba por los balcones laterales de Esmeralda en sus jardines, a través de grandes ventanas. Por lo tanto, comenzó a hablar con Juvêncio, el farmacéutico, que ya había comenzado sus misterios, contándole sobre la emoción que había sufrido durante la noche anterior, mientras le recetaba recetas, porque, como sabemos, Barbedo era médico; esperando pacientemente a que el trabajador termine el trabajo. Sin embargo, Severina había regresado a sus habitaciones, donde su esclava de confianza comenzó las noticias de la mañana, colocándose en el porche de su sala de estar, el lugar preferido para tejer su crochet, acomodada en la mecedora indispensable. Pero no fueron ni diez minutos, y la señora ve llegar a su hija, lívida y conmocionada, cuyos rasgos alterados la sobresaltaron, mientras temblando, con la voz entrecortada, la joven le susurraba:

– ¡Mamá! ¡Estamos perdidas! ¡Todo ha sido descubierto! ¡Esmeralda y Betito saben de dónde provenían las cartas! ¡Papi nos matará!

– Maldición, ¿estás loca, tal vez? ¿Quién te lo dijo?

– Sabes que siempre miraba por la puerta de la alcoba… que "ella" olvida cerrar y que abro, si la encuentro cerrada, ya que tengo las llaves… Discuten… Cassiano le dijo ayer a Betito que noche, en Chalé Grande, pero Esmeralda ya lo sabía… Creo que las negras de Esmeralda nos estaban vigilando… Ven…

Severina siguió a la pérfida hija, superando el tramo del balcón sin penetrar en las habitaciones interiores donde el esclavo se ocupaba del orden. Sin embargo, quien lo mirara desde afuera, lo habría visto penetrar en sus propias habitaciones, nada más.

Sin embargo, ella y su hija avanzaron hacia la galería de tráfico, y desde donde estaban parados, hasta la mecedora, hasta la puerta giratoria de la alcoba de Esmeralda, un oscuro remolino de sugestiones obsediante dementó su la mente, ya inclinada sobre sí misma para mal, esa extraña mujer que idolatraba a su marido hasta la locura, pero que no temblaría por lastimar o destruir todo lo que más deseaba, para arrestarlo en las garras de su abrumadora pasión. Midió, en un instante, el alcance de la desgracia que su hija acababa de anunciarle, y, alucinada, también se dio cuenta que sería necesario, a cualquier precio, sacarla de su camino antes que Barbedo descubriera lo que Ana María había sorprendido. Y así se coló en la habitación de su hijastra, escuchando, luego de ordenar a su hija que se asegurara de que la puerta giratoria de la galería estuviera cerrada con llave y que su esposo aun estuviera en la farmacia, es decir, en la fachada sur.

Temblando, las características descompuestas por el terror que gradualmente se apoderó de sus facultades, escuchó, efectivamente, que Bento José y Esmeralda discutieron los eventos que surgieron, en el dormitorio mismo, seguros que allí podían hacerlo sin ser sorprendidos y, descuidos de comprobar si, además de las cortinas, la puerta que se extendía desde el dormitorio hasta la alcoba, bordeando la puerta giratoria, estaba realmente cerrada.

– Sí, por supuesto, no hay duda que Severina y Ana María me han intrigado con tu padre desde antes que nuestros cónyuges, a pesar de nuestra felicidad y por comprender que me hizo incomprensible las insinuaciones de casarme con Ana, porque eras tú a quien amaba... Y cuando no hay nada más que intentar, para disgustarnos, malintencionadamente no coinciden con él, creando esta infame red de calumnias anónimas, mientras permanecen hipócritamente serenos y humildes en su publicación... Haciendo que todos crean que comparten nuestra indignación – comentó Betito, colérico, en el momento en que la mujer alucinante se levantó para escuchar, mientras él mismo terminaba el "baño", asistido por su esposa –. Cassiano – llorando, continuó – me expuso cuando se enteró; y yo, después de considerarlo cuidadosamente, concluyo que, realmente, Todas las posibilidades de esta trama fea provienen de ellas. Será necesario investigar los hechos con destreza y detalle, porque, cuando pueda acusarlas de ser agentes o incluso ejecutoras del despreciable ataque, protestar contra el Comendador o dejar de protestar, reprenderme o no, presentaré una demanda contra ambos y archivaré de todos modos, las tendré en la cárcel, ya que no me faltarán recursos para hacerlo... Me encuentro con una pista muy esclarecedora... Fábio Sabóia, como sabes, es un adversario vil, un hombre sin honor, dado a calumnias e insultos. para las columnas de los periódicos y el uso de cartas anónimas... Actualmente es el novio de Ana... y no ignoro que a menudo se entienden solos, ayudados por las negras de Severina, bajo la tolerancia de Severina y los que están ocultos por el Comendador... Tu padre me acusa de infamia de escribir insultos anónimos contra ti misma... Como si la demencia hubiera reducido su capacidad de razonar en los últimos tiempos... Hoy, después del jurado, volveré pronto para hablar con él sobre el asunto. Tu padre necesitará saber de mí o de ti el nombre de las verdaderas calumniadoras, lo que puedo garantizar que son: ¡Severina, Ana y Fábio!

– ¿Te has vuelto loco, mi amor? – Observó la dama, una vez conciliadora –. No puedes acusar a mi madrastra sin obtener pruebas muy concretas, y eso será muy difícil en el presente caso... ¡Mi padre rechazaría la acusación!

– En este momento – respondió el joven abogado con entusiasmo –, no las acusaré formalmente. Solo le informaré de mis sospechas, induciéndole, como abogado que soy, a observar e investigar a Severina sin sospechar nada de ella misma... Por lo tanto, procediendo así, él mismo desvendará el enigma que lo viene irritando y amargando.

– ¿Reflexionaste, querido Betito, sobre los acontecimientos desagradables que causarían esa actitud de tu parte? ¿Cuántas molestias, quizás incluso desafortunadas, le vendrían a mi pobre padre?

– ¡Ah...! ¿Entonces será preferible que tu marido siga siendo infame por las sospechas más vergonzosas que el cerebro de tu padre podría engendrar, lo que me ha estado acusando de todo por insinuaciones de estas dos mujeres imprudentes, incluso de vilipendiar tu honor personal con artículos periodísticos, alusivos al caso, como sucedió ayer, y cartas anónimas? ¡Sí! Estés o no de acuerdo, llegaré a un acuerdo con él esta tarde. Tu padre no ignora cuán inferior es el carácter de la mujer a la que se unió en matrimonio. A menudo se quejaba del arrepentimiento de haberla traído de Recife.

– ¡Te equivocas! ¡Eso pasó! ¡En este momento mi padre ama y respeta a quien le dio su propio nombre!

Y, para calmar al esposo, apartándolo de la intención, para ahorrar tiempo y evitar, en cualquier caso, la escena que presumía desagradable y violenta entre los dos hombres que eran tan queridos por su corazón, agregó; sin embargo, que tenía intenciones de cumplir lo que prometió:

– ¡Deja a mi cuidado la espinosa misión de informarle todo a mi padre! Me comprometeré a aclararlo, llamando la atención sobre lo que descubrimos. Haré que pregunte a Severina hábilmente... Y evitaré a Ana, para ver si se contradice. Sabes que mi padre me ama demasiado y no se rebelará contra mí. Él me creerá más fácilmente que a ti.

Él la besó amorosamente, riendo; y, abrazándolo, ambos se dirigieron al salón. Sin embargo, en la puerta de salida al porche de la veranda, que Betito usaba todas las mañanas, la conversación se reanudó.

En el sofá, el pequeño Antônio Miguel, febril, medio escondido entre mantas y cojines, observaba los hechos en silencio, sin que nadie lo notara.

Desde su posición al acecho en la alcoba oscura y olvidada, Severina había escuchado todo entre frenesí de terror y sudores fríos de angustia inconcebible. Siniestro trabajo mental de previsión para llevar a cabo cualquier acto que impida a Barbedo conocer su infamia, ahora que se ha puesto a disposición de todas las concesiones sobre ella, incluso pareciendo amarla como nunca lo había hecho antes; así como las represalias de Souza Gonçalves y, en consecuencia, la desgracia de ella y su hija, ya que asumió que incluso serían repudiados por la persona a la que ella quería sobre todo, hinchada en su cerebro ya que estaba muy intoxicada por irradiaciones obsesivas. En un momento, sintió que su corazón se aceleraba con un ritmo violento, su cuerpo temblaba con escalofríos dolorosos e incontrolables, sus manos congeladas y sudorosas tensas como por una acción nerviosa incontrolable... Mientras la garganta en llamas, la lengua seca, los ojos desorbitados, como restringida a la visión de las cosas que la rodeaban, solo presentaba a sus facultades inteligentes una sola imagen decisiva: ¡Esmeralda debatiéndose en agonía y Betito acusado de uxoricidio![23]

Sin duda sería ingenuo resolver la emoción de la semi demencia. Pero todas las resoluciones malvadas, obsesivas o no, que solo serán ingenuas para la comprensión, por lo tanto, influenciadas, parecerán lógicas. Sin embargo, ¿cuántas veces la sociedad encuentra hechos análogos a estos, hechos que solo más tarde, analizados juiciosa y lógicamente, resaltan su verdadera posición para la comprensión más modesta?

En esa presión mental, siniestra e intrascendente, rápidamente ordenó a su hija, y Ana María notó su voz ronca, alterada e híper emocional:

– Mira dónde está tu padrino...

La joven dio una vuelta, sutilmente, por el balcón, lo que significa que lo hizo externamente, se asomó como pudo y regresó, asustada:

– Todavía está en la farmacia, con Juvêncio.

---

[23] Uxoricidio: muerte de la mujer causada por el marido.

Mientras tanto, desde los balcones de esta dependencia, Barbedo observó a la pareja de esposos sin escuchar su discusión porque la distancia solo permite capturar otra palabra. Luego vio, intrigado y aprensivo, que su yerno le estaba mostrando a su esposa una hoja de papel y, con fervor y vehemencia, le dijo, entre otras palabras, imposible de entender:

– Dependerá solo de tu firma... Exijo tu consideración para que lo firme... Herencia... Fortuna... No podemos vivir así.

Mientras las voces de la joven también llegaban a sus oídos, respondiendo, como horrorizadas:

– Nunca cometeré tal acción contra mi padre... No lo exijas, querido... Lo mataría de pena...

Al darse cuenta que el Comendador estaba absorto en algo que sucedía en el exterior, el farmacéutico se acercó e, indiscretamente, también entró para observar a la pareja, quien diría que estaba agitado, escuchando, por lo tanto, las mismas expresiones. Aquí; sin embargo, Esmeralda arrebata bruscamente la hoja de papel de las manos de su esposo, arrugándola entre sus dedos... Pero luego comprende que su padre y su farmacéutico la observan, y porque todavía está en desorden, Como no se había preocupado por prepararse adecuadamente para salir de las habitaciones, se alejó al interior de la habitación, en la que la seguían vigorosamente.

Por otro lado, ambos se ríen como dos niños traviesos, peleando una lucha amistosa por la posesión del papel antes mencionado: Betito, queriendo recuperarlo; Esmeralda queriendo destruirlo... No están, por lo tanto, absolutamente agravados el uno con el otro... Discuten el sabor de las expresiones que denotan el inmenso amor que unifica sus vidas y corazones. En un momento, ya cansada, la niña abraza a su esposo y le dice, sonrojada y sonriente:

– Quememos este documento desagradecido, el resultado de tu falta de respeto por los perros de mi querido padre... ¿Crees que consentiré en hacerte sufrir tanto?

- ¡No se trata de falta de respeto, querida! – respondió amablemente – pero para demostrar mi dignidad ofendida, demostrando al Comendador que no fue sugerido por sus posesiones que me casé contigo, sino impulsado por un noble sentimiento del corazón… Estoy asqueado e irritado por las insinuaciones de tu padre a este respecto… Y, al hacer que renuncies irrevocablemente a tu herencia, quiero demostrarle que tengo suficiente orgullo y valor para brindarte un bienestar idéntico al que disfrutas bajo su techo… De acuerdo, Esmeralda, y firma, por mi bien, la declaración que tienes allí…

- ¡Muy bien! Y lo mataríamos con disgusto, ¿no es así…? ¡Nunca lo pienses…! Ve a defender a tu cliente, que ya llegas tarde. Tengo una mejor idea para todos nosotros… Nos vamos a la capital esta semana. Allí residiremos, como siempre quisiste… Nuestro querido pequeño vendrá al mundo en la hacienda de Tijuca, donde naciste… Sin la necesidad de ofender a mi padre y hacernos sentir mal, tan generoso siempre ha sido para nosotros… Olvidemos a Santa María y los problemas que nos ha causado.

Al escucharla, se inclinó una vez más, porque Esmeralda siempre ganaba. Una ola de ternura infinita envolvió su ser en recuerdo pequeñito amado que ella evocó en un momento tan preciso, y que vio en las radiaciones de su propio corazón, extendiendo suavemente sus brazos para refugiarse en su pecho… Tomó a su esposa en sus brazos, la besó gentil y amablemente, mientras respondía:

- Tienes razón, querida, quememos este desafortunado documento…

Estaban comprometidos en este delicado servicio, cuando sonaron ocho golpes en el viejo reloj de la hacienda.

- ¡Cielos! – Exclamó el abogado alarmado –. ¡El jurado sufrirá cambios bajo mi responsabilidad! ¡Todavía tengo una legua que vencer! ¡Adiós querida! Volveré a tiempo para llevarte al Chalé.

La besó a toda prisa y se fue asombrosamente, bajando los escalones del porche con mucha prisa, traviesa y de buen humor como siempre, dirigiéndose a la puerta de salida donde el paje lo esperaba con su caballo favorito y su equipaje esencial. Media oculta por las cortinas junto a la ventana, Esmeralda lo vio irse al galope loco, algo que le gustó mucho desde su juventud, y, sonriendo ante la imagen amada que estaba lejos en el camino, murmuró para sí misma, tiernamente:

– ¡Travieso como cualquier niño...! ¡Pero noble y respetable como un caballero perfecto, que siempre lo fue...!

Sin embargo, desde su puesto de observación, Barbedo y su empleado lo vieron irse descaradamente, sin distinguir a Esmeralda, que no había bajado al porche, acompañando a su esposo a la puerta, como solía hacer, debido al desorden en el que todavía ella estaba, sabiendo que estaba siendo observada.

– ¡Cómo corres! – Notificó al Comendador con amargura y hostilidad desenfrenada –. ¡Parece ser perseguido por fantasmas!

– Tendrá prisa... Defenderá una causa esta mañana...

– Sí... Perdió el tiempo discutiendo con mi pobre hija, ya que se ha convertido en un hábito...

El farmacéutico solo sonrió, presentándole el frasco de medicina para que lo tomara.

Ambos se alejaron lentamente, hablando de temas que eran muy interesantes el uno para el otro, deteniéndose de momento en momento para una exposición más detallada, y así bajaron la escalera interna. Al llegar al comienzo de la galería ya descrita, que, desde la parte inferior del edificio, comenzó a dividir las habitaciones en el centro de las del norte, Barbedo se detuvo, agradeció al empleado y, al ver a Severina en el porche, tejiendo serenamente su ganchillo, como era costumbre para él, mientras que Ana lo desataba para peinarlo, como hacía todas las mañanas, se acercaba a ellas y les preguntaba cariñosamente, mientras su hijastra lo saludaba, agitando la mano derecha y dando la cara para que la besara:

– ¿Viste si mi hija fue a bañarse?

Naturalmente, la mujer pernambucana respondió, sin levantar la vista de su trabajo:

– Todavía no la he visto hoy. Debe estar llorando... Discutieron toda la mañana... Podías escuchar el ruido desde aquí...

– De hecho... Escuché que discutieron... – murmuró el infeliz padre con un suspiro de dolor, yendo a las habitaciones de la hija y llamándola cariñosamente.

Mientras tanto, unos minutos antes, al ver a su esposo partir, Esmeralda se había retirado a la habitación para pasar a vestirse y prepararse para salir y proporcionar un esclavo para sus servicios, debido a la ausencia de María Rosa y Juanita. Tarareando, satisfecha, se fue sin preocupaciones a su habitación... ¡Pero, de repente, se detuvo, sorprendida, con un pequeño grito de miedo... Severina Soares, parada en la puerta del nicho, sosteniendo una toalla y seguida por Ana María, la miró con los ojos muy abiertos y llameantes, con una locura perfecta y rasgos disgustados, como si rayos de odio fulminante brotaran de su interior, envolviéndola en una siniestra red de daños...! La desafortunada joven entendió que sus confidencias con el esposo habían sido sorprendidas y, rápidamente, sintió que algo terrible iba a suceder, ¡porque el terror que sintió invadir repentinamente obstaculizó su claridad de razonamiento, las fuerzas de acción, la voluntad de reaccionar contra el letargo que la afectó, solo para advertirle que estaba al borde de un abismo inconmensurable! Ciertamente habría tenido tiempo de regresar, si la presencia necesaria del espíritu no la hubiera dejado en el momento preciso; huir a un lugar menos desierto, buscando refugio en los brazos protectores de su padre. Pero la mente paralizada por la vigorosa presión magnética obsesiva le negó cualquier acción para la hazaña salvadora. No recordaba que debería o podría escapar. Se comportó como el pajarito indefenso hipnotizado por la serpiente aplastante. Temblando, lívida, segura que su madrastra había estado al acecho, sintiendo el sudor frío que salía de su epidermis con un malestar repentino como si fuera preagónico.

– Severina es capaz de cualquier cosa... Ella mató al padre Custódio...

Y fue con una voz incierta, reuniendo las fuerzas morales que permanecieron en ese instante supremo, que preguntó, como en un susurro:

– ¿Qué quieres, Severina...?

– ¡No le dirás nada a tu padre, desgraciada! ¡Maldita usurpadora...!

– ¡Oh! Te merecías que te lo dijeran... pero yo...

¡Sin embargo, no pudo concluir! Severina y su hija se arrojaron sobre ella con violencia demoníaca... En un instante como el resplandor del cuervo, la mujer pernambucana envuelve su cuello con la toalla que había tomado y la aprieta vigorosamente, mientras un grito ronco de Esmeralda es contenida por Ana, que ayuda a su madre, y la víctima se tambalea, cae de rodillas, presa de horribles convulsiones, luchando en una terrible agonía. Completamente demente en ese momento, bañada en sudores respiratorios, Severina aprieta el lazo de la toalla con toda su fuerza, brillando con odio y animalidad... Y Esmeralda se retuerce, sofocada, tratando de liberarse, mientras, en cada momento más loco, la esposa de Barbedo multiplicó el vigor desesperado del que sería capaz su complexión robusta y nerviosa.

Pero de repente, Ana exclama:

– ¡Date prisa, mamá...! ¡Papá viene con Juvêncio!

La infame asesina deja caer abruptamente a su víctima, que cae al suelo, aplastada por impulsos dolorosos, con los ojos fuera de las cuencas, el cuello hinchado, la lengua al descubierto, su hermoso rostro transfigurado en una máscara de supremo dolor y horror, con los dedos apretados, en un intento de evadir la muerte ignominiosa.

Severina gana la alcoba, gira la puerta, penetra en el pasillo desierto, ligera como un elfo obsesor, gana el porche de su sala de estar y, en solo unos segundos, vuelve a sentarse en su mecedora.

A su vez, Ana María cierra ambas puertas de la alcoba, acostumbrada a estar en el mismo servicio durante mucho tiempo, dejando las llaves adentro y, por pasajes sutiles, llega al balcón a tiempo para que el Comendador la vea desenredando el cabello de tu madre, como lo hacía todas las mañanas...

En el sofá, febril y aturdido, Antônio Miguel, sin ser notado por las dos asesinas, se desmayó horrorizado.

CAPÍTULO IV
¡Dolor Supremo!

Siguiendo la galería de tráfico después de hablar con su esposa y saludar a su hijastra, Antônio de Maria deseaba cruzar la puerta giratoria que conducía al pasillo de acceso a las habitaciones de su hija, pero la encontró cerrada. Buscó otros pasajes en el mismo lado; es decir, el lado que habitaba. Todos habían estado encerrados el día anterior, y hasta ese momento continuaron, ya que Esmeralda aun no había salido de sus apartamentos. Por lo tanto, regresó a través de las habitaciones que ocupaba, llegando al balcón, tal como lo había hecho una hora antes, cuando se dio cuenta que la joven iba al salón de música, para evitar toda la fachada del centro y entrar por la puerta donde aproximadamente media hora antes de haberla visto discutir con su esposo. La llamó una y otra vez, preguntándose por qué todavía no había salido de las habitaciones, así como el hecho que no se solicitó ningún esclavo. Y sintiendo algo indefinible para oscurecer su corazón, murmuró para sí mismo, reteniendo lo que acababa de escuchar de su esposa:

– Discutieron toda la mañana... Hubo un ruido... Estará llorando por allí...

Así, entró en la sala de estar, cuya puerta, efectivamente, permaneció abierta desde que Bento José se fue, y nuevamente la llamó, repitiendo su nombre. Sin embargo, observando el mismo silencio y la puerta del dormitorio entornada, llamó en silencio y entró sin más ceremonia. ¡Pero, entonces, el espectáculo macabro que enfrentó sus ojos fue algo incomprensible para el corazón humano que nunca sufrió la desafortunada situación que para mi desafortunado amigo y amigo lo sorprendió como una avalancha infernal de desgracias irremediables!

Un llanto desgarrador, siniestro e indescriptible; un grito aterrador de asombrosa desesperación, que estalló con un dolor súper doloroso de las complejidades más sagradas de sus facultades morales y espirituales, desgarrando como los deseos de los réprobos en el momento en que ve la inmersión de su propia razón en la profundidad del abismo en el que va a colapsar: explotaron a partir de ese pecho generoso y grosero, cuyo bien supremo era el amor de esa misma hija a quien buscaba:

- ¡Ay! ¡Ay! ¡Ay! - Gritó el desafortunado, agitando la inaudita mansión aun tranquila en la calma de la mañana, los ojos dilatados con horror ante el duro espectáculo del cuerpo de su hija tirado en el suelo, ¡todavía en medio de una dolorosa agonía!

- ¡Esmeralda...! ¡Esmeralda...! ¡Hija mía...! ¡Oh, Dios...! ¡Oh, Dios del cielo...!

Se arrojó sobre ella como un loco, sin tener idea cómo tratar de ayudarla, ¡todo lo horrible que comprende de inmediato! Suspenda la pobre cabeza, tratando de deshacer el encaje de la toalla. Este; sin embargo, era vigoroso, atado por las manos de un maestro... y él, en el apogeo de la desesperación, no logró desmantelarlos... Se fue como un hombre demente, con las manos en la cabeza y las lágrimas cayendo por los ojos asustados. emitiendo gritos furiosos, que no se sabrían ya fuera por dolor o enojo por la demencia, la angustia o el asombro, mientras que los sirvientes, funcionarios, supervisores, esclavos corrían por todos lados y las campanas sonaban en una alarmante cadencia; máquinas, todo y todos gritando y gritando sin saber por qué, incluidos Severina y Ana, que temblaban y echaban espuma, como locas de verdad que eran; unos creyendo que se trataba de un incendio en los cafetales, otros ciertos que Barbedo enloqueciera.

- ¡Ayuda! ¡Ayúdenme! ¡Dios! ¡Dios mío...! ¡Esmeralda fue asesinada...! ¡Mi hija está muerta...! ¡Detengan a Betito! ¡Búsquenlo!

¡Él la mató! ¡Arréstenlo...! ¡Se escapó...! ¡Lo vi huir...! ¡Mi hija! ¡Oh cielos! ¡Esmeralda! ¡Esmeralda!

Se volvió loco en su habitación, llorando cayendo en cataratas sobre su rostro trágicamente descompuesto por una locura repentina, riendo y rugiendo como un demonio herido de muerte, y todas sus potencialidades psíquicas y humanas atacadas por el asombro incomprensible de encontrar a su hija estrangulada ignominiosamente, su hermoso rostro ¡horriblemente transformado en esa repugnante máscara suplicante!

En unos minutos la sala se había llenado. Juvencio envió rápidamente mensajeros a X, en busca de un médico y las autoridades. Barbedo suspendió a su hija en brazos temblorosos, dejándola en la cama, luego, con la ayuda de él, le quitó el lazo que la había ahorcado. Esmeralda todavía respiraba... Y notó la necesidad de hablar... Pero todos los esfuerzos del miserable padre fueron en vano. Un minuto más... Y la hermosa hija de María Susana exhalaba en sus brazos, bajo las caricias insoportables de sus lágrimas y besos inconsolables.

Entonces, mi desafortunado amigo y amigo cayó, golpeado por un desmayo que afirmaría el supremo refrigerio otorgado por la compasión celestial.

Nos eximimos de narrar lo que le sucedió a Santa María y sus alrededores, este brutal drama cuyas repercusiones sacudieron a la Corte misma, tocando el majestuoso corazón de Su Majestad, el Emperador, quien hizo la visita al desafortunado padre, en su nombre, recomendando el castigo a la altura para el criminal Sin embargo, nos permitiremos la secuencia natural del mismo drama, cuyos comienzos tuvieron lugar en los días cruciales del Terror[24], en Francia, y cuyo epílogo se desarrolló en los dudosos paisajes rurales de la provincia de Río de Janeiro.

---

[24] Régimen revolucionario que oprimió Francia.

Toda la evidencia recayó en el desafortunado esposo de la víctima, el abogado Bento José de Souza Gonçalves. Detenido por investigaciones el día del crimen, sin siquiera haber comenzado la defensa a la que se había comprometido ante el jurado, se reconoció inmediatamente enredado por una abrumadora serie de circunstancias que señalaban efectivamente la posibilidad de ser el estrangulador de la esposa... En vano, el desafortunado joven luchó, apelando a los recursos que, como intérprete de las leyes vigentes en el país, podía disponer, exigiendo, en el día fatal, a través de las lágrimas de las revueltas, para otorgarle el sagrado derecho de visitar el cadáver de su esposa y, como abogado, asistir a las gestiones para el descubrimiento del verdadero criminal, ya que se proclamó por encima de cualquier sospecha. Pero, conociendo los asombrosos recursos de este sagaz e insuperable abogado, se negaron a preguntarle por temor a que sus habilidades profesionales confundieran a la propia Justicia, utilizando pujas y subterfugios.

Desesperados y sorprendidos por la truculencia del evento inconcebible, lo vieron exasperado por las descripciones y comentarios escuchados al respecto, tratando de escapar, midiéndose corporalmente con las autoridades, se rebelaron hasta el núcleo del ser, para abordar a Santa María y enterarse en la veracidad de los hechos. ¡Pero él suplicó y se rebeló en vano! Eternamente fieles a la arbitrariedad que, a pesar de la Ley, se atreven a perpetrar, sirviendo intereses y pasiones personales incuestionables, los distribuidores de justicia, hoy como ayer, dejaron de inspirarse en pautas muy legales para brindar al acusado posibilidades de defensa en el gobierno y la presentación de la verdad, por lo tanto, ni siquiera permitiéndole el consuelo supremo de bañar el rostro de la querida muerta con sus propias lágrimas, aun porque Barbedo, enloquecido por un sufrimiento brutal, exigió crueles represalias contra su yerno, prohibiendo perentoriamente su presencia en el recinto sagrado donde había sido expuesta la pobre mujer asesinada.

Aturdidas, las autoridades provinciales iban y venían sin independencia de acción, coaccionadas por presiones políticas y miles de agravantes de la situación dominante, debido al hecho que era la personalidad de un hombre que se vio gravemente afectada por la sociedad, dadas sus ideas avanzadas, verdaderamente revolucionarias, en el concepto del tiempo.

Barbedo acusó a su yerno, sin restricciones, desde el primer día, ciego en su inmensa desgracia, alegando, en conciencia, que fue testigo del evento degradante, ya que había sido testigo de su comienzo, en el que había sido asistido por Juvêncio, el farmacéutico, quien también había visto la falta de inteligencia de la pareja al salir de Betito, cuando, junto al Comendador, despertó su atención junto a la ventana de la farmacia. Y ambos afirmaron ver, en la fuga del joven abogado, una prueba del crimen, ciertamente cometido en el ardor del debate, ya que sabían que era ardiente y vibrante, que la necesidad de darse prisa para no retrasar la ceremonia a la que prestó tierna, mientras que la toalla que se había usado para el estrangulamiento era precisamente la suya, que acababa de usar al hacer el "baño."

Cuestionado hábilmente, el liberto que había acompañado a Bento José, esperando que se fuera con el caballo, había corroborado la declaración de ambos declarantes, nada más, efectivamente, capaz de declarar algo más que lo que vio entonces; mientras que Ana y Severina, consideradas por encima de todas las sospechas, declararon fría y orgullosamente que habían escuchado una discusión violenta entre la pareja, motivada por problemas financieros, ya que el joven abogado a menudo extorsionaba a su esposa con grandes sumas, y porque la víctima se negaba a satisfacer eso esa mañana.

Luego se libró una lucha inusual y ardua entre las autoridades de X, los enemigos del joven abolicionista y él mismo. ¡Con todos los recursos a su disposición, Bento José empleó, en intentos desesperados por demostrar su inocencia, sacudido hasta la aniquilación de sus propias fuerzas de reacción ante el dolor supremo de perder a su esposa, hijo y felicidad, y el oprobio de ser aborrecido por una sociedad que tan honorablemente deseaba servir con los generosos ideales que lo exaltaban! Los pocos parientes que le quedaban en Brasil, su hermana y cuñado, se apresuraron, penalizaron, se desplegaron a favor del desgraciado y se negaron a creer que él fuera capaz de cometer un crimen atroz. Sin embargo, considerado como un carácter revolucionario y político de ideales perjudiciales para la estabilidad de la paz nacional, el caso también recayó en características políticas y en un abogado, combatido durante mucho tiempo por enemistades sangrientas e irreconciliables que estimarían su pérdida, se vio asediado por todos lados por acusaciones deprimentes, intervenciones anuladoras destinadas a aliviarlo de los prejuicios malignos de sus adversarios.

Así fue que, después de haber expuesto su vida privada al examen de la Justicia, se verificaron las enormes deudas acumuladas bajo su responsabilidad, ya que era generoso, audaz y confiado en su propio valor personal, como en el futuro, y como un ardiente idealista que era, para todos. se expusieron sacrificios por la victoria de la causa abolicionista. Sus detractores no olvidaron ni siquiera la acusación que era un jugador y un derrochador empedernido, porque fueron recordados con comentarios maliciosos incluso desde los días de su juventud, en X como en Coímbra, cuando se sabía que los libros se habían vendido para garantizarse a sí mismo sumas para la adicción al juego: tener tales comentarios, registrados por la investigación, corroboraron las insinuaciones de Ana María y su madre. Y tal fue la colección de persecuciones y ataques de opositores, políticos o no; tales eran las denuncias sistemáticas de los esclavistas que se empeñaban en reconocer un peligro social en este personaje soñador, que, inclinados, como todos, a aceptar como propia la autoría del crimen, los amigos y simpatizantes, en cuya lealtad confiaría para su defensa, se desinteresaron apartándose de su desgracia y se alejaron cobardemente del ruedo en que, por fin, ¡se reconoció abandonado!

No obstante, para obtener recursos con los que defenderse, con la esperanza de poder contratar abogados de otros lugares, que no tuvo éxito a tiempo, lo intentó, pero no pudo vender la tierra que poseía, ya que Chalé Grande y sus respectivas haciendas se habían adherido a la propiedad de Barbedo como prenda de préstamos otorgados por Esmeralda a la sociedad abolicionista a la que pertenecía Bento. Sus otros acreedores tenían prisa por hacerse con los restos, ya que Barbedo definitivamente se había apoderado del Chalé y se estaba ocupando que la propiedad de su esposa muerta no fuera tomada en sus manos.

Como sería justo, surgió la cuestión de las cartas anónimas, una base triste para eventos monstruosos. Arrestado para averiguaciones por recomendación de Barbedo, quien diría que estaba completamente enloquecido por la intensidad de su propio dolor, Cassiano Sebastián, franco e intimidado, acusa a Severina Soares y a su hija de autores de la misma y de ser las asesinas de Esmeralda, en los que es asistido por Bento José, que pretendía analizar la lógica de los hechos, indicando muy juiciosamente una nueva pista a investigar para que su inocencia se hiciera evidente. Pero, la simpleza de este brutal y profundo drama había dificultado la aclaración, sobre todo porque, interrogadas para afirmar lo que sabían sobre el sensible caso, María Rosa y Juanita, aterrorizados ante la situación e ignorantes en su conmovedora humildad, niegan apoyo a las acusaciones de Bento José y Cassiano, luego creando una mayor confusión en torno al desafortunado drama. Y al examinar el edificio en el día fatal, se descubrió que desde las habitaciones de Esmeralda solo se había abierto la puerta de la sala de estar, a través de la cual Betito había salido; y que Severina Soares, acusada por él y a la que todos habían visto en el porche de los apartamentos, como siempre, apoyada en su mecedora, no tendría tiempo de dar la vuelta, llegar al balcón de Esmeralda o moverse adelante, asesinarla en esas condiciones, estrangulándola vigorosamente con la fuerza y la habilidad que solo un hombre enojado podría obtener, y regresar a su lugar habitual en el corto tiempo que había mediado entre la fuga del abogado y el descenso de Barbedo de la farmacia... Aun porque las relaciones entre madrastra e hijastra eran las mejores posibles... Y éste habría encontrado a la esposa en otro lugar y no en la terraza.

Semejantes conclusiones policiales fueron un martirio sin nombre y sin valor para los dos acusadores de Severina, que ahora se convirtieron en cómplices del mismo crimen. Los interrogatorios inquisitoriales, seguidos de agresiones y abusos físicos y morales superlativos, se sucedieron sin interrupción durante meses consecutivos. Había una necesidad urgente de arrancar la confesión de los acusados, extraer los informes detallados de ellos, reconstruir la escena, de modo que la formación del proceso para la condena pudiera plantearse, mientras que, desde el fondo de una prisión arbitraria, como un hombre de derecho, ¡Souza Gonçalves había tratado de proporcionar recursos para defenderse, sin contar; ¡sin embargo, con la ayuda de sus propios colegas profesionales, que vieron en él el uxoricida que merecía la pena máxima!

Mientras tanto, guiado por deducciones engañosas, mi desafortunado amigo, apoyado por la incapacidad de los personajes responsables de la investigación más seria, cubierto por la influencia personal que tenía y la fascinación de su oro, descendió de la caballería tradicional de su raza para entrometerse en interrogatorios indebidos contra dos acusados, durante los cuales Cassiano fue maltratado, hostigó al yerno indefenso e inocente con el látigo de sus capataces, torturándolo con el tormento de las palizas como nunca había hecho con los propios esclavos, hasta que la sangre odiada goteó a través de las heridas ¡abiertas en el cuerpo del que su hija amaba tanto!

Al final de un año, sin confesar nunca su participación en las infamias de las que fue acusado, Cassiano sucumbió bajo el maltrato de los sangrientos defensores de la legalidad, abandonados e indefensos ante la violencia imperdonable que, si hoy mancha a la sociedad que lo ejerce, en ¡el tiempo al que nos referimos fue un hecho habitual al que generalmente no se le prestó mucha atención! Y Bento José, agotado por el dolor moral superlativo y el martirologio al que fue sometido; y Bento José, el lúcido abolicionista-republicano cuya vibrante oratoria arrebató asambleas; el generoso idealista que no se detuvo incluso antes del sacrificio; el desafortunado esposo al que no se le permitió mostrar su amado rostro por última vez, bañándolo con sus lágrimas; el desafortunado que incluso negó el derecho a llorar por la querida muerta, por cuanto jamás le concedieran treguas en la tortura de interrogatorios inhumanos – enloqueció de dolor bajo la ferocidad de los sufrimientos soportados, para después morir abandonado por los partidarios y amigos – cinco meses antes de la llamada Ley Áurea[25] que otorgó a los esclavos en Brasil los derechos de los ciudadanos libres, y por la victoria de la cual él, Bento José, había dado lo mejor de sus esfuerzos como un patriota generoso e idealista iluminado por la fe, con el fervor sacrosanto de las energías más atrevidas y puras del corazón!

Traté de visitarlo varias veces, sintiendo pena por sus desgracias, que supuse que eran profundas, dada la macabra noticia que me llamó la atención. Nunca pude hablar con él a solas o extensamente, para intentar algo a su favor, ya que se mantuvo en secreto y el apoyo de mi desafortunado amigo para esta presunción, que, en verdad, fue quien presidió, no fue posible, arbitrariamente, la investigación. Por otro lado, el campamento en X y sus alrededores era hostil y arduo, y se rebelaría contra cualquier movimiento de defensa. Sin embargo, impresionado por la ferocidad de este drama que fue tan picante para mí, traté de obtener medios legales para sacarlo de sus enemigos, transfiriéndolo a una circunscripción menos partidista, donde trataría el caso con más independencia de ánimo, cuando le sobrevino la locura; seguida, después, por la muerte que lo liberó del infierno en el que vivía. Fue enterrado discretamente, en un rincón oscuro del cementerio, en una tumba de piedra poco profunda y anónima, gracias a la piedad de algunos de sus partidarios.

---

[25] Ley Áurea – 13 de mayo de 1888.

Más de una vez intenté recordarle a mi orgulloso amigo el deber de comenzar otra investigación que condujera a resultados más lógicos que aquellos, que parecían tan oscuros y vagos. Sin embargo, el Comendador, demente y egoísta en su dolor superlativo, prefirió atender preferiblemente a las afirmaciones de sus propias deducciones, incluso teniendo en cuenta los agravantes de las insinuaciones de su esposa, que alimentaron el fuego de las represalias que en su alma se habían impuesto al desafortunado yerno. temerosa que la verdad haya sido descubierta.

Intenté en vano atraerlo a su residencia en la Corte, esperando que, sin su influencia apasionada, las autoridades locales estuvieran a la altura de su dignidad, sin el personalismo partidista que entrevisté en la investigación en curso. En vano le afirmé la necesidad de inclinarse ante lo inevitable, buscando bálsamos bastante consoladores por su inmensa desgracia, en la fe que alcanza los corazones creyentes y humildes, volviéndolos hacia el amor de Dios. Antônio de Maria repelió rotundamente mis consejeras advertencias, permaneciendo atado a la atmósfera trágica de ese siniestro ambiente. Luego lo vi atravesar las oscuras dependencias de la mansión de sus abuelos, gritando, como un réprobo inconsolable, por el nombre de su amada hija y apelando a la misericordia del Eterno, blasfemando cuando suplicaba suplicar piedad, llorando convulsivamente, repeliendo toda posibilidad de refrigerio, el corazón desgarrado por la ausencia de cualquier rayo de esperanza:

– ¿Por qué Dios mío? – Exclamó, con las manos en la cabeza, traicionando la desesperación que había abrumado su alma, yendo y viniendo a través de las dependencias de su hija, como buscándola, lugares donde solo él entraba y donde, por su orden, todo había continuado cuando Esmeralda se había ido, como si esperaras verla llegar de un momento a otro.

– ¿Por qué, Señor Dios, la lastimaste así, tan ignominiosamente? ¡Era un ángel, Dios mío, y la lastimaste tanto...! Para castigarme con una crueldad más intensa, ¿verdad? Si he sido impío, ¿cuál fue su culpa? Si soy estricto y cruel con mis esclavos, y los torturo bajo mis exigencias, ¿por qué no me lastimaste, sino solo a mí? ¿Cuál era su culpa, que amaba tanto a los negros? ¡Esmeralda...! ¡Esmeralda...! ¡El sol de mi vida! ¡Oh, buena luz que guio mis pasos y me calentó el corazón! ¡Oh, querida alma que elevó mi ser a la gloria del amor más santo que mi corazón podría vivir! ¿Dónde estás, querida hija, que ya no puedo verte? ¿Por qué mis ojos ya no ven tu hermoso semblante e incluso tu risa que me hace tan feliz? ¡Oh, Señor Dios! Porque no cegaste mis ojos antes de dejarme contemplar ese cuerpo adorado, vilipendiado y torturado por un golpe tan brutal, ¿no lo merecía? Si has creado un alma para cada uno de Tus hijos; ¡si, de hecho, continuaremos existiendo más allá de esta vida de reproche y amargura, permita que mi Esmeralda regrese a mí y me hable, sonría y consuele, porque este dolor, que permaneció para mí, supera todas las posibilidades que el mundo tiene que remediarlo! Que mis ojos aun te vean, Señor Dios, para que no me pierda en el agotamiento de la rebelión eterna, armonizándome para siempre con la oscuridad, maldiciendo la hora en que me diste un corazón para amar con tanta y tan profunda pasión y déjate convencer por este dolor inexplicable y absurdo... ¡Porque no entiendo cómo Tú, que también eres un Padre, no tienes piedad!

Y, arrodillado ante el lecho de los adorados muertos, todavía en desorden, como lo había dejado, lloró y rugió como un condenado sin esperanza de salvación; besó, tierno y afectuoso, los objetos que le pertenecían, pasando horas y días seguidos en la soledad de esas inmensas habitaciones donde cada detalle era un recuerdo apreciado, cada objeto un anhelo, y donde uno diría la figura graciosa para quien estaba llorando, solo dando su consentimiento para que lo acompañaran: yo, Antônio Miguel y María Rosa, quienes ahora merecíamos todos sus afectos, ¡en memoria de cuánto Esmeralda nos había amado!

Sin embargo, no con poca frecuencia durante estos delirios, lo vieron irse repentinamente, en desorden y alucinación; cierra los cuartos con cuidado, armarse con el látigo de sus supervisores, ir a X para ponerse en contacto con las autoridades y comenzar nuevos interrogatorios más atroces, en la presunción diabólica de extorsionar a su yerno para que confiese el crimen del que fue autor... Luego fue al cementerio, donde se quedó al pie de la tumba de su hija hasta que cayó la noche y un paje o un amigo lo apoyó compasivamente hasta la casa... Y en la noche, caminando como un fantasma llorón por los pasillos del sombrío edificio, uno diría alucinado que un solo deseo aun estaría en posesión de la razón: ¡ver a su amada hija, hablar con ella, consolarse con la certeza que no todo se derrumbó a su alrededor en las profundidades de la muerte! El mundo mismo de hecho, se diría que paralizó su ruta a su alrededor. No hablaba con quienquiera que fuera, incluso desinteresado en sus propias transacciones comerciales. Entregada a compañeros de trabajo leales y honorables, la hacienda continuó; sin embargo, próspera y soberbia en la fertilidad de sus trillas. Finalmente, amaneció el brillante día de la abolición de la esclavitud; el Imperio cayó, después; la nueva savia recorría el generoso seno de la patria brasileña... Pero mi desafortunado compañero de tan fuertes conmociones observaba bajo una desconcertante indiferencia, absorto en sus aprensiones irreparables. ¡Su inmensa desgracia lo destruyó por completo, blanqueando su cabello en unos pocos meses, cavando arrugas profundas en su rostro, convirtiéndolo en una conmovedora ruina moral!

Me habló una vez, llorando, humillado y conmovido, durante una de las muchas visitas que le hice:

– Deseo, señor doctor, ser el último de mis propios esclavos, pero ver a mi hija riéndose y feliz a mi lado, acunando al desgraciado hijo que murió con ella...

Estiró los ojos húmedos como si reviviera escenas del pasado y continuó, en un susurro, como si hablara con su propia conciencia, un acto de contrición ante Aquel que lo sabe todo:

– Un día, cuando Esmeralda todavía era una niña, traté de separar a un padre pobre, que era esclavo, de su primogénita, que caminaría por las quince primaveras, mientras finalizaba las negociaciones para la venta de este a otro caballero...[26] Exasperada por el hecho que ella consideraba la desgracia, la desafortunada mujer se suicidó, arrojándose a nuestro vertedero, incapaz de soportar la situación creada por mí. Y debido a que el esclavo negro, sufriente e inconsolable, si ya no lo animaban a trabajar, doblado para consternación de su propio dolor, lo obtuvo de mí, con un solo gesto de calmar sus lágrimas... El castigo del látigo en la picota, para decidir proceder con las tareas que lo estaban afectando. ¡Oh Dios, Dios mío! El remordimiento de este acto de hoy me desgarra el corazón, ¡ahora que yo también sufro el mismo dolor! ¿Hay alguna ley, Señor, más dura y más severa que la tuya? ¿Por qué, Dios mío, no me lastimaste, sino solo a mí? ¿Cuál fue la culpa de Esmeralda por la perversidad de mis gestos?

Mientras tanto, diría Severina Soares, como su esposo, alucinando, como si no estuviera al tanto de los acontecimientos. En vano había tratado de recuperar las atenciones del hombre amado, que en los últimos tiempos había sido más sólido. Barbedo; ¡sin embargo, parecía no conocer más a su esposa, ya que no le hablaba, no trataba de verla, nunca respondía a sus súplicas de unirse nuevamente bajo la cordialidad del pasado, ya que mi desafortunado amigo había venido a residir exclusivamente en los apartamentos de la hija! Inconsolable al verse tan descuidada como nunca antes, y atormentada por el remordimiento que castigaba sus sentimientos en el infierno escondido de su propia conciencia, la hermosa joven pernambucana pasó días consecutivos rezando, postrada frente a los oratorios o azulejos de la capilla, llorando convulsivamente. Impresionantes crisis nerviosas a menudo la sacudían, durante el cual estaba aterrorizada de su propia hija, esquivándola entre protestas de terror y gemidos dementes. ¡Y al darse cuenta que su esposo, por el cual se había degradado tanto ante Dios, así como por el riesgo de sus propias preocupaciones, se rindió a insoportables desesperaciones en la oscura soledad de sus

---

[26] Había señores que no se permitían vender esclavos que tuviesen familia, o solo vendiendo toda esta al mismo comprador. Sin embargo, otros, y eran la minoría, no pensaban en este acto de humanidad.

habitaciones, sin una voz amistosa o una buena mano corriendo para mitigar la hiel que se derramó de tu corazón infeliz!

¡Una situación tan lamentable, una prueba incalculable para quienes la experimentan, duró cinco largos años, durante los cuales mi amigo no vivió solo, sino que estaba obsesionado por la inconformidad del dolor mismo! Sin embargo, rayaba el año 1892, y fui a visitarlo una vez más.

FIN DE TERCERA PARTE

CUARTA PARTE

Los Secretos de la Tumba

CAPÍTULO I
Cuando el Cielo se Revela

"Bienaventurados los que lloran porque serán consolados."

Jesucristo. (San Mateo, 5: 5).

Antes de comenzar realmente este capítulo, volvamos a los capítulos anteriores, siguiendo estas exposiciones simples, buscando detalles valiosos para aclararlos y comprenderlos.

Antônio Miguel había visto estrangulada a su madrina, a quien amaba con ternura, quizás incluso superior al que le dedicaba a su propia madre. Afiebrado y debilitado por la enfermedad que lo había afectado desde hacía unos días, había visto todo como si estuviera bajo el escalofrío de una siniestra pesadilla, perdiendo la conciencia después, un temor que se sintió poseído, sin el espíritu para soltar un solo grito. En la atroz confusión que siguió, nadie le prestó la debida atención, excepto su propia madre, quien, corriendo hacia el debate de la nueva trágica, lo encontró medio escondido entre almohadas y mantas, mientras el ruido dramático se extendía por el edificio todo el día. Entregadas a crisis nerviosas, como poseídas por la oscuridad que realmente eran, Severina y su hija, que no se atrevieron a entrar en la habitación después del descubrimiento del ataque macabro, en realidad no se enteraron de la presencia del pequeño liberto, mientras que María Rosa, la sirvienta de confianza de la mujer muerta, desapercibida, en medio de la confusión y el terror ante los acontecimientos, lo ocultó en dependencias aisladas, lidiando con ayudarlo lo más posible, ayudado por viejos esclavos que entendían funciones curativas primitivas, pero eficientes. Una pequeña fiebre cerebral se apoderó del pequeño paciente, durante el cual María Rosa lo escuchó repetir, afectado por crisis de terror, el nombre de Severina e información sobre la trágica escena. Aterrorizada de estar involucrada en los eventos y aun por delante del martirio de Bento José y Cassiano Sebastián, simplemente no había desaparecido de Santa María debido al terror de ser sospechosa del mismo crimen, pero se dejó retraer y humillar en los servicios más oscuros, hasta que Barbedo, llamándola, la hizo continuar vigilando las habitaciones de Esmeralda. Interiormente, estaba segura de la inocencia del abogado, así como de la culpabilidad de Severina, permaneciendo en silencio solo por el terror del que veía presa.

En los primeros meses que siguieron, el rico propietario de Santa María no se permitió tocar un solo objeto que perteneciera a su hija. El piano en sí, donde unos minutos antes de morir, había interpretado el Concierto de Mozart, acompañando a su esposo, nunca cerró, en su orden, porque lo había dejado abierto. Del mismo modo, no les había permitido sacar la flauta de la que el desafortunado yerno había interpretado la obra maestra en el piano, movido por el respeto supersticioso por la querida mujer muerta. Pero, con el paso del tiempo, María Rosa fue nombrada cuidadora del recinto, considerado un sacramento por el padre inconsolable, bajo la condición de mantener todo como estaba, incluso el desorden de la cama. Dispuesta y juiciosa, la buena sirviente prefirió cubrir todo con paños anchos, preservando así mejor las reliquias tan queridas. Sin embargo, con la muerte de María Rosa, ocurrida mucho más tarde y aún en la vida del Comendador, tales funciones pasaron a ser ejercidas por Antônio Miguel, lo que, cumplido religiosamente, nos permitió observar todo en los primeros capítulos de esta pequeña historia.

A principios del año 1892, como ya he informado, visité a mi desafortunado compadre y amigo una vez más, deseando transportarlo a la capital de la República, por algo para tratar de beneficiar su elevación moral. Al llegar, noté que, a pesar de los cinco años transcurridos desde la trágica desaparición de mi ahijada, la amargura infinita seguía dominando en la antigua mansión de Santa María, que no había reabierto para las antiguas festividades de San Juan y el fin del año. Con sus ventanas y balcones invariablemente cerrados, solo la fachada norte, donde Severina y su hija continuaban viviendo, mostraban una u otra señal de vida. Sin embargo, esto no impidió que las actividades agrarias continuaran llenando las arcas de Barbedo, quien, independientemente de todo, confió el negocio a manos de colaboradores fieles y trabajadores.

Ahora, en la primera noche que pasé allí, le dije, después de escuchar, como siempre, sus amargas lamentaciones:

– Sabes, querido amigo, que los hombres tienen un alma inmortal, porque la filosofía de todos los pueblos aboga por esta verdad, que, por lo demás, nos sentimos concretados en los recovecos de nuestra razón a partir de nuestro sentimiento. Aceptas esa verdad, lo sé bien... Y comúnmente clamas al cielo para que te conceda el sagrado refrigerio de ver a tu amada hija al menos a través de un sueño lúcido... ¡Pues bien! Tengo el agradecido honor de poder participar que los poderes misericordiosos, contra los cuales has blasfemado en el malestar de tu inmenso dolor, han aceptado las súplicas desesperadas de tu corazón torturado y te conceden la misericordia. Yo mismo podré brindarte, tengo la oportunidad de hablar con tu hija e incluso verla, contemplarla, para no tener dudas sobre su identidad, porque la he visto yo mismo... Y ya he hablado con ella...

Lo invité a acompañarme al último piso de la fachada central, donde sabía que existía la biblioteca y la oficina de estudio de Esmeralda; busqué en la estantería de mis libros favoritos una colección de las obras de Allan Kardec, que, de cierta manera, me había presentado, y continué:

– ¡Estos magníficos compendios de filosofía, moral y ciencia pertenecían a tu hija...! ¡Estas páginas fueron cubiertas amorosamente por la luz de su mirada...! ¡Ella las leyó todas, volviéndose sensible a las lágrimas, gracias a la dulzura de las revelaciones celestiales que encontró aquí...! ¡Y a través de ellas, mi amigo, fue ese carácter inflexible que todos admiramos y encantamos! ¡En la soledad de sus horas privadas, sé por qué a menudo lo decía, llegó a este rincón, donde todavía siento las agitadas ondas de sus pensamientos, y se entregó a leer estos libros, cuyo esplendor llevó su alma a Dios, como alguien que aprende en ellos el alfabeto divino de la redención! También debes leerlos, mi querido y pobre amigo, en memoria de aquella por quien lloras... Y se te abrirá un nuevo mundo para tu comprensión, ¡Brilla el inmortal amanecer en la oscura soledad de la desgracia en la que te dejas sucumbir sin consuelo ni esperanza! Esmeralda te guiará en este camino que, desde los quince años, todavía en Portugal, había comenzado a caminar... Por el dolor supremo que ha roto su espíritu y su corazón, el mundo no tiene elementos de consuelo. ¡Pero el cielo vendrá en tu ayuda, pobre amigo...! A través de estos compendios de amor y razón, ¡que transmiten enseñanzas que tal vez sean más remotas que la luz del sol... ¡Pero siempre nuevas y bienvenidas para calentarse la frialdad de los corazones sangrantes...! ¡Y entonces comprenderás el gran secreto de la bondad angelical de tu hija!

Conmovido y perplejo, me miró sin responder, girando los volúmenes presentados entre sus manos. Indiqué la silla de Esmeralda y lo dejé solo, sin tratar de molestarlo más.

Al día siguiente dijo que había pasado la noche leyéndolos. Y durante todo el día, nadie lo había visto excepto en las comidas: ¡se había quedado solo, sentado en el sillón de su hija, sorbiendo el contenido emocionante de las páginas que esos ojos tan queridos habían viajado, humedecidos por el llanto de las sublimes emociones espirituales!

Cuando, después de unos días más, volví a mis deberes en la capital, tuve la satisfacción de conducir también a mi viejo amigo, que lo acogió amorosamente en nuestra humilde vivienda de San Cristóbal, por no querer verlo solo en su residencia, ya que su esposa e hijastra se negaron a acompañarlo.

En ese momento, había un médium en la capital del país portador de peregrinas cualidades morales y vastos recursos psíquicos, que lo convirtieron, sin posible contestación, en uno de los intérpretes más preciados y eminentes de la Revelación Espírita en todo el mundo, en todo momento. Se encontró en el apogeo de sus actividades espiritualistas cristianas, ya que había abierto su organización mediúmnica a los anteojos de intervención espiritual, transmitiendo del mundo invisible al objetivo, flujos de luces y bendiciones, bálsamos y enseñanzas para quienes se le acercaban ávidos de conocimiento y refrigerios por la dureza de la existencia. Su nombre era Frederico Pereira da Silva Júnior, ampliamente relacionado y mejor conocido con la abreviatura simple de Frederico Júnior.[27]

Así, el noble trabajador de cosecha cristiana se dividió en múltiples modalidades de servicios mediúmnicos, dedicados y fraternos hasta la admiración, porque sus dones psíquicos, variados y seguros, también obtuvieron, desde el más allá de la tumba, las revelaciones más lúcidas, informando a las personas interesadas emocionantes realidades espirituales.

Por lo tanto, entendí que mi amigo y amigo que sufría tendría una conversación privada con este digno intérprete de la

---

[27] Frederico Júnior – Antiguo médium del grupo "Ismael" (Federación Espírita Brasileña). Vehículo preferido por el brillante espíritu de Bittencourt Sampaio para el dictado de las siguientes obras doctrinarias, verdaderas joyas de la literatura evangélica: "De Jesus para los niños", "Del Calvario al Apocalipsis" y "Jesús frente a la Cristiandad." También por su intermedio fueron dictados, por varios espíritus elevados, gran parte de la preciosa obra "Nuevas Aclaraciones Evangélicas", compiladas y organizadas por el eminente espírita Dr. Antônio Luís Sayão. Comenzando su apostolado a la edad de 21 años, en 1878, en la antigua Sociedad "Deus, Cristo e Caridade", en Río de Janeiro, y portador de varios dones mediúmnicos, se dedicó con incansable devoción a las obras de su fe, no se detuvo nunca ni siquiera ante los sacrificios. Pobre y humilde, este médium, que sufría y lloraba mucho, transformaba sus propias lágrimas en refrigerio para los dolientes que encontraba, dándoles todo lo que su mediumnidad obtenía de las fuentes puras del más allá; y, luego de una dolorosa enfermedad, murió en la paz del Señor, en 1914, luego de 36 años de desinteresada entrega a la causa de la verdad, a la edad de 57 años.

luz, ya que sin duda sería un servicio prestado al amor así como a la fraternidad, ya que, a lo largo de mi larga existencia, no había sido nunca dado para encontrar una disconformidad más grosera frente a la muerte, un dolor más severo y más profundo que aquellos que sacudieron el alma arrogante de Antônio de Barbedo; sin embargo, y para su mayor tortura, liberarlo del deber de continuar arrastrando su propia vida a través de la existencia! Por lo tanto, le pedí a algunos amigos sintonizados con el diapasón de la verdad, así como el Evangelio del Cordero y el amor fraternal, que favorecieran una reunión en nuestra propia residencia, a la que Frederico, humilde y sumiso, no dejó de asistir, lo que conseguí fácilmente.

... Y desarticulado en este nuevo entorno, sin precedentes por sus antiguas concepciones religiosas o filosóficas, ya sacudidas por la truculencia de la desgracia contra la que luchaba, mi amigo; sin embargo, se comportó dentro de su distinción social tradicional e impecable, sin resistirse; sin embargo, ante la intrusión de un llanto vigoroso y doloroso cuando mis súplicas al omnipotente amoroso recordaron el querido nombre de mi ahijada, así como los de su infeliz esposo y el liberto Cassiano, igualados en medio de la muerte como en los dictados de nuestras oraciones, fuesen estos últimos, delincuentes o no, podría o no reparar nuestra comprensión prejuiciosa del rico titular presente.

De repente, el precioso vehículo mediúmnico, a quien había tenido cuidado de no informar sobre el asunto que se trataría en la reunión, se volvió como espiritual, extático, los ojos dilatados como si se estuvieran desplegando y exclamó, la voz perturbada, grave, tan distante:

– Veo a una joven sonriente y hermosa, vestida como velos de novia... Maneja un exuberante ramo de flores de azahar y estas flores desprenden aromas penetrantes...[28] Los centelleos de ópalo la envuelven y si la inmaculada luz de la luna teje su glorioso halo...

---

[28] Las novias de antaño se permitían adornos de esas flores simbólicas.

Ella dice que se llama Esmeralda de Barbedo y me pide que salude a su padre en su nombre...

Aturdido, el altivo Comendador no pudo responder con prontitud, permaneciendo desconectado del contacto de eventos fuertes e impactantes, para el evento para el que aun no estaba preparado adecuadamente. Sin embargo, reconociendo en la descripción de Frederico la imagen de su hija en el día de sus esponsales, y recibiendo, necesariamente, la infiltración magnética de las irradiaciones, para él inconfundibles, de la persona que tanto amaba y por quien, sin duda, todavía lo sería, murmuró imperceptiblemente, las lágrimas corrían por sus mejillas como si estuviera quemando una oración desde los arcanos de su corazón:

– ¡Hija mía...! ¡Esmeralda...! ¡Sé que eres tú...! ¡Siento tu alma a mi lado, balsamizando todo mi ser con nuevos alientos! ¡Háblame, por Dios, te lo ruego...! Así como cuando hablaste con tu padrino... Di algo que fortalezca mi fuerza para que aun pueda vivir... ¡Ayuda al dolor que desgarra el corazón de tu padre...!

Pasaron unos minutos entre el silencio augusto y los pensamientos unificados en dulces vibraciones de fraternidad... Poco después, vimos, respetuoso, algo conmocionado y muy enternecidos, que, en la penumbra que se había establecido, la mano de Esmeralda, reconocida por su propio padre, así como por mí, se balanceó suavemente sobre la mesa, acariciando las prematuras canas que adornaban la cabeza del antiguo señor de esclavos,[29] para luego, con gracia y simplicidad, dominar la grosera diestra de Frederico, ¡haciéndole escribir a la ligera, como si un impulso vibratorio irresistible gastaría fantasías superiores a las suyas! Y cuando Barbedo, entre lágrimas y sonrisas inimaginables, que sería como un arcoíris de amaneceres inmortales en la penosa penumbra de su vida, leyó las expresiones de su hija que había muerto hacía cinco años, reconociendo su letra como el tierno

---

[29] Fenómenos como ese, poco común en la actualidad, eran frecuentes antaño, cuando la verificación impelía a los congregados. Dependiendo de estos verificar la posibilidad de obtenerlos nuevamente.

vocabulario utilizado por ella en las cartas que le enviaba desde Portugal, comprendí, reconfortado, que se perfilaba una nueva etapa en el tumultuoso camino por el que pasaba ese corazón grosero, apasionado, altivo y voluntarioso, a quien solo el dolor de una gran expiación podía equilibrar las remisorias conquistas del espíritu.

¡Y así fue, efectivamente!

En la sucesión de los días, dedicándose a plantear asuntos espirituales con todo el ardor de su carácter apasionado, y gracias a la poderosa atracción que ejerció sobre su voluntad, el fascinante recuerdo de Esmeralda resucitó de los fríos malentendidos de la muerte, mi estimado amigo y compadre igualmente resurgente, domesticando la información feroz del dolor bajo el impulso de esperanzas vigorizantes, de convicciones que son cada vez más sólidas en la perpetuidad del ser humano más allá de los enigmas de la tumba.

Durante un largo año lo alojé agradablemente en mi hogar y lo envolví en mi corazón, también en contacto con excelentes amigos que me ayudaron en el voluminoso servicio de rehabilitación de su orgulloso corazón para reajustar en los foros de la razón y la fe.

Sin embargo, nuestras reuniones continuaron, simples y provechosas, endulzadas por las magníficas bendiciones de lo Alto, y Esmeralda corrió, feliz y deslumbrante en su belleza periespiritual ideal, de vez en cuando distinguida por nosotros a través de sutiles materializaciones que nos edificaron mucho. Con ocasión de las primeras manifestaciones que nos ofreció con tanto cariño la asistencia espiritual misericordiosa, Antônio de Barbedo, transportado hasta las lágrimas, humildemente se postró en demandas de gratitud al cielo y, acariciando su propio rostro y sus canas por eso un pedazo de sí mismo que se permitió contemplar en plena gloria de su triunfo espiritual, exclamó, inquisitivo y ansioso:

– ¡Contéstame, querida hija, si te consideras realmente feliz, si no conservas la hiel de amargura contra aquellos que te lastimaron tan despiadadamente, arrebatándote de mis brazos en un momento tan adverso! Di lo que sentiste en la hora suprema de tu tormento... ¡Oh! ¡Grosera y atroz habría sido tu agonía!

Una nube de tristeza repentina envolvió el rostro risueño desde más allá de la tumba por un instante, mientras la escuchamos susurrar dulcemente, a través del aparato mediúmnico de Frederico, a cuyo lado la encantadora aparición se presentaba sutilmente:

– Antes, trata de olvidar, padre mío, las horas oscuras que se han ido, esforzándote por no retener la amargura que ya no debería tener una expresión real. Cuidemos antes de prepararnos para un futuro reconfortante y gratificante. Sin embargo, permíteme satisfacer tus preguntas amorosas, ya que así ayudaré a aliviar tus deseos desolados... ¡No! ¡No, padre mío, no sufrí lo que pensabas! Solo la sorpresa desconcertante de la conmoción... Un aturdimiento, como una pesadilla insuperable. Breves momentos de opresión respiratoria.[30] Como en un sueño reconfortante, que me infundió una confianza inusual, vi que mi madre se acercaba, como envuelta en oleadas de gasas lúcidas... Y sentí tus gritos de angustia y desesperación resonando en enfrentamientos extremadamente dolorosos, que me confundieron y desconcertaron, interceptando la muy dulce visión de mi madre... ¡Abrumadoramente, tus acusaciones contra mi pobre Betito, a

---

[30] La muerte violenta, por asesinato o de otro modo, constituye indudablemente una prueba o una redención de faltas remotas. En el caso de un individuo de carácter normal o de cualidades morales superiores, la crisis ofrecerá menos penuria, menos confusión, siendo más rápida y suave, como en el caso que nos ocupa. Sin embargo, los personajes inferiores, cuyo modo de vida no se remontaba a la moral, así como los que se apegaban excesivamente a las cosas terrenales, presentarán estados de sufrimiento deplorables, que durarán mucho tiempo si la víctima no sabe como perdonar En ambos casos, la oración será el conductor de refrigerios y nuevos vigores para mejorar la situación.

quien tanto amaba! ¡Quería hablar contigo y no pude, porque fui superada por un sueño muy pesado e irresistible!

Cuando desperté, me reconocí en un suave balneario de paz, que me pareció la Quinta de Coímbra, donde me criaron en medio de caricias y alegrías ininterrumpidas. Los tonos veraniegos, muy dulces y encantadores, de este lugar, incluso sorprendentes con la magia inusual de sus matices desconocidos para mí, me envolvieron en un éxtasis encantador, mientras alababan las frondas del arbolado galante que se imponía en mis reminiscencias como las aceitunas y los olivos, los álamos de mi abuelo, bajo cuyas sombras estaba feliz de quedarme dormida como una niña, después del almuerzo. La suavidad de la soledad me enfrió la dureza de la conmoción que acababa de recibir. Me sentí muy viva, dándome cuenta que no era más que una terrible pesadilla de la que me había liberado... A pesar de estar todavía aturdida y con sueño, me encontré con una niña que saltaba por los suelos floridos de la bella Quinta... Y mi corta vida, pues, se desplegaba en mis recuerdos acto a acto, día a día, pensamiento a pensamiento, como si el patético panorama de mi existencia surgiera de los archivos de mi personalidad para obligarme nuevamente a vivirla bajo el rigor de un examen de conciencia minucioso, ineludible.[31]

Cuando este impresionante desfile me ofreció la mejor escena; es decir, observar que me depositaron en la tierra fría de la tumba de

---

[31] Fenómeno ocasionado, generalmente, durante la agonía, cualquiera que sea la especie de muerte, o inmediatamente después de ella. Comúnmente doloroso, este patético momento suele traer al moribundo una dolorosa o agitada agonía, cuando su conciencia le acusa de graves deslices. Los náufragos, aun cuando se salvan, suelen experimentarlo; y en los estados traumáticos no es raro que también se presente, abarcando incluso situaciones de existencias pasadas. Son los "archivos del alma" - o subconsciente - que se impone en el momento oportuno, ya que se sueltan los lazos que unen espíritu y materia. Quedarán excluidos de la regla general los suicidios, por presentar complejas y múltiples modalidades de observación, constituyendo especialidades. (Ver *"La crisis de la muerte y los fenómenos psíquicos en el momento de la muerte"*, de Ernesto Bozzano).

nuestra familia, entendí con precisión la realidad del hecho, seguro que no era una pesadilla... Entonces, no pude evitar la angustia de un llanto abrumador e inconsolable... Porque fui atrapada en la existencia en plena floración de la felicidad matrimonial, cuando las primeras y tan dulces emociones proporcionadas por la maternidad abrieron mi corazón... Pensé en ti... En mi esposo... Y una ansiosa nostalgia amenazaba con dejar que mi resistencia enfrentara la situación crítica... Sin embargo, mi madre se me acercó, en quien reconocí una entidad que amaba mucho, en un momento que, entonces, era posible de necesitar. Piadosamente me alejó del teatro de la tragedia, al que había regresado atraída por las fuerzas de mi propia mente, nuevamente hacia la misma mansión solitaria que me parecía la mansión de Coímbra. Lentamente, bajo el dulce cuidado de mi madre, como con los otros afectos que tuve la suerte de encontrar allí, me recuperé del daño relacionado con el estado de encarnación, ajustándome a los imperativos de la espiritualidad... Y, en realidad, solo me permitieron revisando los proscenios terrestres para ver el fallecimiento dramático de mi amado esposo... Que recibí en mis brazos en el umbral de la tumba... Y a quien serví tan tiernamente como lo haría en la vida... Y como conmigo misma hiciera mi muy querida madre...

– Entiendo, hija mía, que realmente tienes el alma sublime del iluminado celestial, ya que perdonas agradecidamente al implacable verdugo... – murmuró Barbedo, temblando, algo sorprendido por lo que escuchó...

La bella habitante de lo invisible se detuvo, como si, indecisa, apelara a alguien que la dirigía en la delicada línea de comunicación, para responder, después:

– ¡Sí, padre...! Perdoné al verdugo con toda la fuerza de mi corazón y alma, porque ni siquiera tuve la oportunidad de odiarlo... ¡Y a ti, a quien he amado tanto a través del tiempo! Tú, padre, cuyo corazón ha sufrido tanto por mi amor, ahora firmarás la promesa inmortal de perdonarlo por igual, sin retener ni el más mínimo resentimiento o revuelta...[32]

La ansiedad indescriptible atravesó los potenciales del alma de aquellos que armonizaron las vibraciones en esa gran asamblea presidida por el amor. Barbedo no pudo reprimir las lágrimas; y fue entre frases dolorosas y rotas que respondió vacilante al que regresó del más allá para ayudarlo en la continuación de la dura prueba:

– Reza a Dios, más bien, querida alma, que, con su misericordia paterna, fortalece mi espíritu y mi corazón para que me sea posible obedecer tu orden actual... Lo que sinceramente deseo seguir... ¡Sí, hija! ¡Nunca contradije un solo deseo tuyo...! El Señor, azotado y asesinado en los brazos de una cruz, perdonando a quienes lo ultrajaron y lo hirieron, sabrá cómo alentarme a perdonar y olvidar las mil torturas inconsolables con las que, en tu persona, destrozaron mi vida...

Ahora, de esa reconfortante relación semanal entre padre e hija, de esas confabulaciones tan dulces y amorosas entre dos almas espiritualmente unidas por los más tiernos lazos de amor que es posible concebir al hombre encarnado, que Antônio de Maria logró reequilibrarse moralmente para la continuación de su existencia planetaria, que, si bien fuera de las sumas terrenales, sobresalía por la colección de desgracias morales, por el derrocamiento de los afectos más queridos, que no había podido detener a sus pies, cuando su corazón y alma, todas las potencialidades de su espíritu clamaron por la plena satisfacción de esos mismos afectos que habían sido el tesoro de su alma apasionada. Ante el impulso amoroso de las advertencias de Esmeralda, volvió a practicar, haciendo uso de la noble profesión, que había abandonado para beneficiar a los desheredados de la riqueza. Luego estableció, aquí y más allá, en la antigua ciudad de San Sebastián, consultorios

---

[32] Los guías espirituales nunca permitirían acusaciones o denuncias, de ninguna naturaleza, por parte del espíritu comunicante, durante un encuentro organizado en nombre del amor y la fraternidad.

médicos, dividiéndose en actividades continuas, comúnmente favoreciendo al cliente más pobre con los variados recursos necesarios para la curación. Sin embargo, se dedicó de forma gratuita, sin obtener ganancias de la profesión, elevándola, más bien, en un apostolado sublime. Y, a pedido de su hija, de quien se decía que se había convertido en su buen ángel guardián, abandonó Santa María, permitiéndose permanecer en la capital, confiado a operaciones filantrópicas y muy dedicado a la causa espírita a la que se unió sin restricciones ni vacilaciones, entregándose a las nobles actuaciones con el mismo ardor apasionado que lo conocíamos antes, en todos los demás emprendimientos.

Después de dos años de luchas nobles, perseverantes y sinceras, el orgulloso Comendador Antônio José de Maria y Sequeira de Barbedo parecía haber pasado de los escombros de su propio pasado a una existencia más lógica frente a Dios, en línea con sus nuevas aspiraciones, acumuladas ahora en torno a los ideales de la fraternidad. La simplicidad encantadora había superado la arrogancia arrogante de antaño, y vimos que incluso el mismo nombre, del que estaba tan orgulloso, se resumía en la simple abreviatura de Antônio de Barbedo.

Sin embargo, estaba escrito que este espíritu, que era tan querido para mi corazón, aun enfrentaría nuevas y terribles penas.

CAPÍTULO II
Cuando el Infierno se Rasga

"Apártaos de mí, todos los que hacen iniquidad."
(San Lucas, 13:27)

Durante los dos años que vivió conmigo, mi viejo amigo Antônio de Barbedo, que ahora cuenta con cincuenta y siete años, visitó la hacienda al azar para convencer a su esposa e hijastra que vivieran en la mansión de San Cristóbal, la antigua residencia que conocemos. Lo acompañé las dos veces que lo hizo, temeroso de algo indefinible que se interpondría entre él y el reajuste tan precioso que presencié resucitarlo de la gran cantidad de dolores en los que lo había visto sucumbir al cumplimiento de los sagrados deberes impuestos por la existencia. Sin embargo, con sorpresa general, la última vez que sucedió esto, Severina Soares, quien durante tantos años había mostrado la pasión más abrumadora por su esposo, no solo se había negado a ayudarlo con su antiguo descuido, mientras él permanecía en mi compañía, como parecía incluso temer, ahora, su presencia. Al escuchar de él el nuevo razonamiento, justo y juicioso, se exaltara, advirtiendo que nunca abandonaría esa casa, a la que se había encariñado tanto, y alejada de la cual nunca podría vivir. Algo a contra gusto, el antiguo esclavista trató de convencerla que decidiera acompañarlo por el bien de la armonía general, ya que, con la intención de no residir en Santa María, no habría necesidad de aislarse de la familia, cuya ausencia lo desconcertó una vez. que administradores competentes y fieles estarían a cargo del importante núcleo agrícola de su propiedad.

Sin embargo, escuchamos asombrados que la extraña mujer respondiera vibrante y coléricamente:

– ¡Sal de aquí! ¡Sal de aquí tú primero! ¡Con aquella a la que más amas en este mundo! ¡Sal y déjame quedarme aquí, recordando los felices días que pasé antes que ella llegara! ¿Quieres llevarnos a la capital, porque quieres repudiarnos, abandonarnos en la inmensa ciudad y luego venir aquí y disfrutar a su lado, con las fiestas de antaño? ¡No! ¡Nunca! ¡Soy la cuidadora de esta casa...! ¡Por tal actuación aquí me uní hace más de veinte años! ¡Aquí moriré!

Se diría que su mentalidad se refería a escenas pasadas entre ella y su esposo, ya que repetía frases textuales, como afirmó más tarde Barbedo, y que había olvidado que Esmeralda ya no pertenecía al mundo de los vivos.

Le advertí a mi amigo que su esposa estaba experimentando síntomas extraños y que necesitaba un tratamiento especializado. La reconocí como desequilibrada, ya que no debemos olvidar que había sido una mujer hermosa, galante y seductora, a pesar de su falta de educación. La vi absorta, distraída, a veces tan alucinada, mientras su mirada desvariado indagaba detrás de ella, o, a través de los rincones del gran edificio, de fantasmas que la estarían persiguiendo; yendo y viniendo por las siniestras instalaciones sin descansar en ningún lado, con las manos frías y sudorosas, su cuerpo temblando, su frente sin brillo y temblando con espesas bayas de sudor, o tejiendo su ganchillo sin fin, sacudiéndose descuidadamente en la mecedora, de manera grosera o grotesca, atrayendo la atención de quien pasara. Traté de escucharla, medicarla, aconsejarla. Se negó a responder, diciendo que se sentía perfectamente bien.

Sin embargo, notifiqué a Barbedo la inconveniencia de los largos ayunos realizados por la misma señora, que se había entregado a sus deberes religiosos con un fervor positivamente sospechoso, pues pudimos ver que, pasaba días enteros postrada ante el altar de la Capilla, corriendo interminablemente su rosario, cubierta con velos negros, exasperada llorando a grandes voces, aterrorizada cuando Ana María se acercaba, suplicando al cielo misericordia por sus propios pecados, rodeada de los nombres de Esmeralda, el Dra. Souza Gonçalves y hasta del liberto Cassiano.

Ahora, mi viejo amigo y amigo nunca había estado más animado de buena voluntad y ternura hacia su esposa e hijastra que en esa ocasión, cuando vi el trabajo de resurgimientos morales y espirituales trabajando en él. Me dijo durante el viaje, en esa visita memorable:

– He sido desagradecido y grosero con la pobre Severina y su hija, Sr. Doctor, y reconozco que muchas angustias les he estado causando... Mi egoísmo y mi falta de amor abruman mi corazón y mi conciencia hoy, y creo que es hora de arreglar todo... Lo que tengo la intención de hacer con urgencia... Mi hijastra sigue soltera, a pesar de haber cumplido los treinta años... Y estoy seguro que solo falta de una dote y una afiliación legítima contribuyeron a este evento... Durante años, Fábio Sabóia ha hecho su corte, sin decidir casarse con ella... Esto me preocupa, porque Fábio es un hombre de hábitos bohemios... Y por cinco años estuve ajeno al mundo, sumergido en el infierno de mi revuelta, permaneciendo dos más en la capital... No entiendo la longitud de este hombre para llevar a cabo el consorcio o abandonar la idea... Y la perseverancia de la pequeña Ana María, acomodada por una espera tan larga... Ahora haré lo que debería haber hecho hace mucho tiempo: Le daré un nombre y una dote razonable... Esmeralda estará feliz...

Alabé las intenciones de mi amigo, apreciando sus nobles disposiciones. Sin embargo, como no fue posible extender mi estadía en Santa María, regresé rápidamente a la capital, dejándolo allí para resolver sus delicados impases domésticos, seguro que no tomaría más del tiempo estrictamente necesario.

En ese momento, Antônio Miguel había cumplido los diecisiete años y recibió una educación razonable de los maestros de X, ya que Barbedo, en memoria de su hija, lo rodeaba con todo el cuidado y la atención. Sin embargo, el joven liberto, que apenas ocultó su aversión, el terror que sentía por las dos mujeres, le había pedido a su padrino, esta vez, que lo llevara con él a la capital, ya que Santa María se había convertido en un lugar abominable con su ausencia y la muerte de su madrina, a quien nunca pudo olvidar, a lo que el viejo Comendador tomó medidas:

– ¡No! Tú eres el futuro administrador de mis bienes y tu estadía aquí será indispensable para calificar en asuntos agrícolas en general... ¡Confórtate, hijo mío, en la certeza que tu querida amiga y protectora no murió...! Ella vive, ¡oh, sí! En otra vida que existe más allá del umbral de la tumba, ella es feliz y me habla a menudo, y yo le hablo, ¡la veo y ella me ve...!

Y continuó explicando al pequeño estudiante los eventos que tuvieron lugar en nuestras reuniones íntimas, concluyendo, al final de la exposición:

– Ella me aseguró que no pasará mucho tiempo en la otra vida; que volverá a renacer entre los hombres otra vez; que aun tendré la satisfacción de verla pequeña y saltarín en mis propios brazos; quien será descendiente de mi propia sangre; quien desea recibir el nombre de "Pamela", en honor a una amiga de la infancia que tuvo en Coímbra; y que a su debido tiempo me proporcionará los datos para que la reconozca... Ahora, tenía la intención de deshacerme de esta hacienda, donde pasé tantos días amargos y donde los recuerdos se hinchan, torturando mi corazón infeliz... Pero, porque aquí estaba feliz con mi primera esposa... Aquí ella expiró... Y mi hija nació y murió en estos mismos recintos... Considero que es un recuerdo profano de ambos deshacerse de ella, así que... Entonces, lo guardaré para el regreso de mi hija, que me dijo que volverá a la Tierra en tareas nobles, de realización en los campos de amor por los demás... ¡Sé que me he equivocado mucho, mi querido Antônio Miguel! Hasta el día de hoy he olvidado a los que sufren y lloran... ¡Pero también he sufrido y lloro tanto como los que olvidé...! Ahora; sin embargo, deseo rehabilitarme, ayudando a facilitar la misión de mi amada hija... Rezaré al Señor Dios, de ahora en adelante, para que me conceda la gracia suprema de conocer la nueva personalidad terrenal de Esmeralda de Barbedo... Y depositaré en sus manos esta fortuna adquirida con el sudor del brazo esclavo y bajo la punzada de sus lágrimas, para que ella misma, quien fue su buen ángel encarnado en esta casa, pueda redimir a su pobre padre a través de esos bienes que no me dieron felicidad, pero que, a su discreción, podrán detener las lágrimas y calmar la fatiga... Creo que no merezco una concesión tan grande del cielo, ya que me faltan mis méritos... ¡Pero adquirí la fuerza de la fe durante la etapa del terrible juicio y ahora confío, mi querido Antônio Miguel, en la misericordia del Eterno! Y él, que me permite ver y hablar con mi hija que ha estado muerta durante siete años, también escuchará mis gritos fervientes para permitirme la gracia de saber con precisión su regreso...

Se estableció un silencio conmovedor. La cara de Antônio de Maria estaba inundada de lágrimas. Encantado, el joven liberto, atento y deslumbrado por la exposición que le estaban dando, sus ojos vivos como si recomponga el panorama de los recuerdos dormidos en mentes rudimentarias, deshizo groseramente el ambiente armonioso con la siguiente interpelación, mientras su madre, que estaba presente, como Barbedo pedía con frecuencia su compañía desde su llegada a la antigua casa, lo miró con inquietud y asombro:

– Y Ñô Betito, ¿no apareció tú también...? ¿No dijiste nada, nada...?

Barbedo se levantó enérgicamente, dejó la pipa en la mesa auxiliar y, sin responder, comenzó a medir la longitud de la habitación con pasos largos y agitados. Molesto, la precaución de Esmeralda advirtió:

– Cállate, negra excomulgado... Ve a dormir...

Pero, revelándose inquieto, tal vez agotado por guardar su terrible secreto de tantos años, Antônio Miguel continuó:

– ¿Por qué, madre...? También he visto el "alma" de la madrina Esmeralda... Pero no estaba sola... ¡Ñô Betito estaba con ella...!

Sorprendido, el ex esclavista se detuvo de repente y gritó groseramente:

– ¡Cállate chico! ¡Sabes que este aborrecido nombre nunca debe pronunciarse bajo el techo en el que vivía mi hija…!

Pero el chico negro también se puso de pie, orgulloso e intrépido, y, mirando al titular:

– ¿Por qué…? ¿Qué hizo para ser tan odiado?

– ¡Antônio Miguel, cállate! ¡Retírate de mi presencia! – Repitió el recién convertido a la Doctrina de lo invisible.

Sin embargo, se diría que la Justicia Suprema, estricta y fiel, finalmente descendió para redimir al desgraciado que había muerto infame, a través de la sincera palabra de un adolescente todavía incapaz de sofistería o infamia:

– ¡Padrino Comendador! – Replicó él – ¡Ñô Bento José no mató a la madrina Esmeralda! Estaba en la habitación, vi morir a la madrina Esmeralda y recuerdo todo muy bien…

Aterrorizada, María Rosa escondió su rostro en sus manos y murmuró temblorosamente:

– ¡Bendita Virgen María…! ¡Ten piedad de nosotros…!

Aturdido, Barbedo se detuvo, mirando a su ahijado con asombro, sus ojos se abrieron como si las aterradoras visiones interiores lo alertaran de sorprendentes revelaciones. Por un instante, su mente, ahora normalizada, después de tantos años de revueltas e incoherencias, regresó al trágico día de agosto de 1886 y, bajo la implacable retrospectiva de los recuerdos que repentinamente afectaron la expectativa tortura de la duda que acababa de crearse, revisó los detalles que luego se le escaparon y, pálido y tembloroso, murmuró con incertidumbre:

– ¡Sí…! ¡Ahora lo recuerdo…! Estabas en la habitación… Estabas enfermo… Tu madre se había ido… ¡Oh! ¡Viste morir a Esmeralda, tú…! ¡Y me olvidé de ti…! ¡Y nadie más sabía que estabas allí desde el día anterior…!

Antônio Miguel repitió serenamente, impresionado por la firmeza de sus expresiones:

– Ñô Bento José era inocente... ¡No mató a la madrina de Esmeralda...!

– ¡Oh! – Vociferó en grito lacerante mi desafortunado amigo y compadre de tantos años –. ¿Quién fue entonces, desgraciado...? ¡Estás loco, no sabes lo que dices...!

Ciertamente, el pequeño liberto respondería, lanzando una acusación tremenda, probablemente desgraciándose y desgraciando a su propia madre, quizás arriesgando su propia vida. Pero de repente, Severina Soares, que como siempre había estado escuchando, irrumpió en la habitación como un meteoro siniestro, con los ojos desorbitados, sus actitudes alucinantes de desarmonización nerviosa incontrolable, y gritó, agravando el pánico:

– ¡No le creas, Barbedo, no le creas! Este miserable negro no estaba en la habitación, ¡no estaba! No lo vi allí...

Embistió como loca al pequeño liberto al que intentaba estrangular, con la boca chispeante, los dientes apretados, mil blasfemias rugieron:

– ¡Cállate, maldito negro, o también morirás, como la "otra..."! ¡Como la "otra", sí...! Que también quería hablar demasiado...

Indescriptible pánico se produjo. Estaba oscureciendo y algunos empleados todavía estaban cerca. La inusual escena estaba teniendo lugar en la antigua sala de Esmeralda, cuyas habitaciones había elegido vivir para su padre desde el momento de su traspaso. A un costo, el Comendador logró liberar a su ahijado de las garras de la mujer alucinada, mientras que María Rosa clamó por ayuda y los sirvientes entraron asustados y serviciales. Resuelto, el desafortunado propietario intenta subyugar a su esposa, quien; sin embargo, suelta sus manos para enfrentarlo de frente y lanzarle este desafío, en la suprema confesión que lo abrumaba:

– ¡Sí, sí, Comendador Barbedo, como la "otra..."! ¡Como la "otra", la única que merecía todo de su corazón...! ¡No fue Betito quien la mató, oh no, Barbedo, y yo ni siquiera yo...! ¡Fuiste tú, desgraciado! ¡Lo hiciste tú mismo, usando mis manos, quien apretó la toalla...! Fuiste tú, con tu egoísmo feroz, quien, porque deseaste todo por ella, le negaste a mi pobre hija el favor de la paternidad que entre las lágrimas y la humillación. ¡Te lo supliqué, porque amaba a mi hija tanto como tú amabas a la tuya...! ¡Fuiste tú, Barbedo, y no yo o Betito, a quien también mataste, y que murió inocente bajo tu maltrato! ¡Eras un hombre ciego y sin alma! Viví muchos años suplicando migajas de tu corazón, de tu honestidad, para rehabilitarnos del reproche que cubría nuestras vidas, de tu oro para mi pobre hija que, muy pobre, me vi obligado a vivir en una sociedad que mide a las criaturas solo por los bienes que tienen... ¡Pero lo negaste todo! A todos mis ruegos desesperados razonados y humillantes que pisoteaste, enloquecido por el amor de quien, por esa misma razón, terminé odiando incluso hasta la exasperación, porque todo se lo robó a mi hija, incluso al único hombre que amaba, hasta la posibilidad de obtener un nombre, una filiación... Incluso el honor en sí, ya que Ana María fue traicionada por el novio que no la vio más que la hija sin padre, la mujer sin consideración ni posesiones, ¡incapaz, por lo tanto, de exaltar una alianza matrimonial! Pero, desafortunado y orgulloso Barbedo, ¡oh reprobado a quien odio hoy! Si mi hija era una prostituta, como su infeliz madre, ¡la tuya está muerta y bien muerta...! Y la maté, Barbedo, ¿lo oíste? Yo, Severina Soares, ¡maté a tu hija, no Betito! ¿Y Miguel dice que vio todo? ¡Oh, entonces él puede explicar todo...! ¡Ah! ¡Ah! ¡Ah...! Debilucho y romántico, que no observó nada seguro, en la ceguera de ese amor egoísta que solo veía a su propia hija, su sangre, ¡nada más...! ¡Tu yerno la adoraba, imbécil...! Y esa mañana lo que él quería de ella era la firma del repudio de tu maldito oro, de tu fortuna obtenida bajo las crueldades del cautiverio, ¡y la despreciaba...! ¡Porque era un caballero honorable, capaz de – por su propio valor y no bajo el látigo del látigo en la espalda de los negros – adquirir una que eclipsará el tuyo...! Sí, ¡la amaba, como tú, sobre todo en este mundo! Y los odiaba a ambos porque los veía felices mientras mi hija estaba en desgracia, incluso te odiaba, cruel y despiadado ¡y deseé verte sufrir tanto como yo y mi hija sufrimos bajo tu maldito techo...! ¡Y por eso la estrangulé!

¡Yo! ¡Yo, Barbedo, estrangulé a tu hija con la toalla de Betito! ¡Mátame ahora, mátame...! Esa vida hace mucho que se extinguió por mí... ¡Desde el día en que finalmente entendí que nunca te merecería sino el desprecio con el que siempre me has tratado...!

La infeliz parecía exhausta y sucumbida.

Guiado por una serenidad que uno no habría adivinado por la desesperación fría o la intervención espiritual misericordiosa, el rico propietario apoyó a su esposa, obligándola a sentarse mientras la veía agitada por un llanto violento y sospechosa del brote de una demencia inevitable. Juvencio, el viejo farmacéutico, presentó rápidamente medicamentos calmantes, mientras, horrorizados, los testigos de la patética escena se callaron. Pálido, pero sereno, ese hombre altivo, a quien las desdichas domésticas parecían perseguir sin descanso, dejó que sus propios pensamientos se relacionaran con nuestras reuniones íntimas humildes, pero benditas de San Cristóbal, mientras el silencio era pesado a su alrededor; y recordó la promesa hecha a su propia hija, quien le había pedido para perdonar, sin una mezcla de estremecimientos o resentimientos, al verdugo que la había lastimado. Entonces, había asumido que Esmeralda había denunciado a su esposo, a quien él mismo atribuyó el asesinato. ¡Aquí; sin embargo, la sorprendente confesión de Severina trae nuevos aspectos a ese inmenso drama cuyo epílogo aun no ha sido demarcado! Y revelando así mismo una serenidad singular, se sentó junto a la desafortunada pernambucana y exclamó, en un tono suave, aunque firme y resuelto:

– ¡Confía en mí, Severina! No te hará daño, ¡te lo prometo! ¡Pero dime toda la verdad que sabes, solo la verdad de lo que sucedió aquí hace siete años...!

También llamó a Antônio Miguel y lo interrogó. Bajo el terror de María Rosa, que se estaba contrayendo en el evento inesperado, el adolescente describió en detalle cuánto le permitieron los recuerdos de sus diez años. Severina no había protestado. Antes, impulsada por su esposo, animada por Juvêncio, narraba los terribles detalles que ya conocemos, que ya habían estado tan obsesionados con su conciencia. Y Ana María, en medio de protestas y gritos, capturada cuando estaba lista para emprender una fuga comprometedora, entró en minuciosos detalles, aclarando y reconstituyendo, a pedido de Barbedo, las trágicas escenas de la emboscada en la alcoba, de la tranquilidad, el frío y el encubrimiento con el cual ambas actuaron usando los pasajes, por así decirlo, falsos de los compartimentos singulares; el atroz estrangulamiento de la pobre joven tomada por sorpresa; el motivo del asesinato, el terror que él, Barbedo, fuera informado de la autoría de las cartas anónimas; ¡como la maldad fría de ambas antes del martirio de Souza Gonçalves y Cassiano Sebastián!

¡Pero lo había hecho en medio de un llanto desgarrador, disculpándose por cada palabra, alegando la desesperación de la profunda pasión que sentía por el desafortunado abogado, reuniendo súplicas de perdón y misericordia y acusando a Fábio Sabóia, señalando que era el autor de las cartas que habían sido las causantes de la tragedia infernal!

Asomado al desánimo, mi desafortunado amigo no sabía qué hacer. Informar a las autoridades sería romper el compromiso con una entidad del más allá de la tumba, Esmeralda, firmada en una reunión sublime, en la que los favores de lo Alto descendieron a la invocación del sacrosanto nombre de Jesús. Sin embargo, guardar silencio sería convertirse en cómplice en el asesinato de su propia hija, siendo aun y siempre el implacable verdugo de los bastardos que sucumbieron bajo el dolor del maltrato, de aquellos que, en presencia de la justicia, estaban involucrados en conceptos falsificados por la pasión de los sofismas.

Sin embargo, ya en el día inmediato, temiendo otros eventos desagradables, la conciencia rugiendo de remordimiento del pasado, el administrador de Santa María y Juvêncio, ex acusadores del desafortunado idealista Bento José de Souza Gonçalves, se adelantaron a su indecisión y, bajo el impulso lógico del temor de Dios y las leyes humanas, informaron a las autoridades de X del increíble descubrimiento.

Luego comenzó lo que debería haberse hecho siete años antes, es decir: una investigación serena, paredes dentro de Santa María, investigaciones exhaustivas y lógicas, libres de pasiones de fiesta y sofismas relajantes. Llamadas nuevamente, María Rosa y Juanita esta vez no tuvieron miedo de revelar cuánto sabían. Ante autoridades y testigos respetables, Severina Soares y su hija nuevamente reconstituyeron el crimen abominable en la escena del accidente, para el entendimiento general, luego, patentaron la verdad simple y lógica, que las pasiones personales y políticas no pudieron o no quisieron ver. E incluso Fábio Sabóia, invitado a aclaraciones, una vez citado por las delincuentes, tuvo que explicarse, lo que hizo, acusándolas acremente y a la espera de un proceso en regla.

No obstante, y aunque el Dr. Souza Gonçalves y Cassiano Sebastián no habían sido juzgados, para la Justicia es siempre desagradable revisar los procesos para la rehabilitación de un acusado inocente después de la muerte. A su vez, Barbedo, al rehabilitar la memoria del yerno, demostraría inequívocamente el crimen de Severina y su hija, tal vez llevándolos a la condena, perdiendo así la palabra comprometida con la hija al prometer perdonar al verdugo. Ahora, en la corte, la queja contra Severina Soares y Ana Maria Soares debería provenir del padre de la muerta contra su propia esposa, o de sus abogados. Barbedo no presentó esta queja, no firmó peticiones y no nombró abogados. A su vez, el estado moral y mental de la acusada, que empeoraba de manera alarmante después de las conmociones de circunstancias dolorosas, ella había hecho indispensable la intervención de un experto, que la consideraba irresponsable y carente de permanencia indefinida en un manicomio, o en la casa de salud... Mientras que Ana María, aterrorizada de lo que aun podría pasarle, despreciada por el seductor, que ella y su madre nunca habían sido las perpetradoras del crimen abominable; incapaz de continuar bajo el generoso techo que la había protegido en los días adversos, huye sin vergüenza a su tierra natal, donde desapareció bajo el desprecio de la prostitución y bajo el atroz recuerdo de las desgracias que había causado con su rencor e intriga.

CAPÍTULO III
Cuando el Amor Inspira

"Bienaventurados los que sufren persecución por el bien de la justicia, porque de ellos es el reino de los cielos."

(Jesucristo. San Mateo, 5:10).

Pasaron unos años. El solar de Santa María había sido prohibido por su propietario, que ya no lo habitaba, dejándolo bajo la dirección de administradores competentes, incluida María Rosa, a quien el hijo reemplazaría en su adultez. Sin embargo, durante la temporada de verano, Barbedo lo visitaba, fiel al deseo sentimental, tan característico del noble corazón portugués, de preservarlo como una reliquia de un pasado que, si bien había sido doloroso, también había sublimado su corazón a las culminaciones de muchas alegrías. Definitivamente se había mudado a la capital, y su progreso en relación con la creencia que había abrazado en un momento decisivo de su existencia fue satisfactorio y alentador. Corroído por el asco, sacudido por un remordimiento insoportable por los excesos en las personas de Bento José y Cassiano; convencido que su inmenso orgullo, generador de renuencia a ayudar cariñosamente a la infeliz mujer que lo había amado tanto, había sido la piedra del escándalo por el drama profundo del cual él mismo sería quizás la mayor víctima, Antônio de Maria habría sucumbido fatalmente a la desesperación y el desánimo si en la ciencia del invisible no hubiese encontrado una fortaleza que lo llevara a nuevas direcciones. Repensando sinceramente el pasado, un deseo sublime de reparación inmediata y eficiente se desarrolló en su corazón apasionado, que de alguna manera lo reconciliaría con su propia conciencia, y al cual, me dijo, se movió, se rendiría con las mejores energías de su ser. Listo para marchar por el progreso y la redención. Lo observé con satisfacción, el ardor de la fe, la humildad de los sentimientos, tanto más hermoso y respetable como su orgullo había sido rígido. Asegurado de la sinceridad de sus intenciones al pisar un nuevo camino, me propuse ayudarlo en todos los sentidos, con los pequeños recursos también adquiridos a través de las luminosidades de la Nueva Revelación. Luego me habló de la urgencia, que proclamó indispensable, de sentirse aparentemente orientado, o aconsejado, por la voz magnánima del más allá, que dictaría normas seguras para acciones eficientes en los campos de las actividades espíritas cristianas que se impusieron en la nueva vida que trazaría necesariamente, no estuve de acuerdo con la pretensión, llamando la atención sobre los programas ya establecidos en el cuerpo mismo de la Doctrina Excelsa que propusimos, como en el apostolado cristiano ampliamente expuesto en los cuatro Evangelios, en el que se basaba la bella moralidad espiritual redentora, que prescindió de la necesidad de vivir al requerir repeticiones espirituales continuas de lo que los instructores espirituales recomiendan tan claramente. Mi noble y dedicado amigo atendió mis amables consideraciones, entregándose a estudios y meditaciones saludables sobre el gran tema, y, luego, tuve la gratificante satisfacción de contemplar un verdadero renacimiento de los valores morales y espirituales en el ser de la antigua esclavitud. Rara vez otro partidario de la Doctrina codificada por el eminente Allan Kardec hizo renuncias tan completas, y entendió, en tan poco tiempo y con tanto amor y fraternidad, la magnificencia de las instrucciones espíritas, hábilmente catalogadas en el libro dorado de los espíritas[33] como este padre infeliz, este esposo infeliz que se vio destrozado en sus sentimientos más queridos, porque, tomando todas esas advertencias sublimes para sí mismo, trató de guiar sus propias acciones a la luz de las enseñanzas que recogía y asimilaba a diario,

---

[33] *"El Evangelio según el Espiritismo"*, Allan Kardec.

en un momento en que tal vez sería un desperdicio o un error pensar que el individuo es diferente de la gran mayoría! El Evangelio fue su gran maestro y fue reeducado, resignado, al murmullo celestial de voces como estas, que en realidad provenían de lugares de gran alcance del más allá de la tumba, como había deseado tanto para su propia edificación:

– "Mi nombre es Caridad, sigo el camino principal que conduce a Dios. Sígueme, porque sé el objetivo al que todos deberían apuntar. Hice mi ronda habitual esta mañana y, con un corazón amargo, vine a decirte: – Oh, amigos míos, ¿qué hay de las miserias, qué hay de las lágrimas, cuánto tienen que hacer para secarlas todas...?"

"En otra parte, mis amigos, vi pobres ancianos sin trabajo y, en consecuencia, sin refugio, atrapados por todo el sufrimiento de pobreza y avergonzados de su miseria, sin atreverse, aquellos que nunca rogaron, suplicaron la lástima de los transeúntes. Con mi corazón, empapado de compasión, yo, que no tengo nada, me he convertido en un mendigo para ellos y, en todas partes, alentaré la beneficencia, inspiraré buenos pensamientos a corazones generosos y compasivos. Es por eso que vengo aquí, mis amigos y yo. Yo digo: Hay desgraciados allá afuera, en cuyas chozas no hay pan, las estufas no tienen fuego y las camas sin mantas. No les digo qué hacer; lo dejo a sus corazones. Si les digo que procedan, ninguno el mérito te traería tu buena acción. Solo te digo: – Soy Caridad y te extiendo mis manos por tus hermanos que sufren."[34]

"Cuando perdonas a tus hermanos, no te contentes con extender el velo del olvido sobre sus faltas, porque, la mayoría de las veces, ese velo es muy transparente para tus ojos. Tómalos simultáneamente, con perdón, amor; haz por ellos lo que le pedirías a tu Padre celestial que haga por ti, sustituye la cólera que contamina, con el amor que purifica, predica, ejemplifica, esa caridad activa e infatigable que Jesús te enseñó, predica como lo hizo en todo

---

[34] *"El Evangelio según el Espiritismo"*, Allan Kardec, Capítulo XIII – Comunicación del espíritu de Cárita.

momento el tiempo que era visible en el cuerpo en la Tierra y cómo todavía lo predica incesantemente, ya que se hizo visible solo a los ojos del espíritu. Sigue este modelo divino; sigue sus pasos; te llevarán al refugio donde encontrarás el descanso después de la lucha. Como él, lleva todas tus cruces y sube dolorosamente, pero con coraje, tu terrible experiencia, en la cima de la cual está la glorificación."[35]

Para la afluencia benéfica y dulce de tantas melodías del amor divino, Barbedo desplegó en atenciones fraternales a aquellos que buscaba encontrar alrededor de sus propios pasos, visitando personalmente, humilde y simple como nunca pensé contemplarlo, el más remoto y pobre, en el generoso deseo de secar las lágrimas de la desgracia, remediando situaciones dolorosas o insostenibles. Entonces, los trabajos libres de la profesión, ejercidos paternalmente aquí y más allá, no fueron suficientes. ¡Su corazón lo impulsó a mayores testimonios, en los sectores de beneficencia, lo que lo llevó a dedicarse amorosamente a los desafortunados, a fin de, a través de las alegrías y la felicidad que les brindó, otorgarse el consuelo supremo de juzgarse a sí mismo igualmente bendecido por las posesiones ayudado en la desgracia!

Mientras tanto, resignado, luchando diariamente para luchar contra el gran orgullo que lo había hecho infeliz, comenzó a vivir junto al sufrimiento y lo simple. Si sus fuerzas, aun frágiles, nunca le permitieron visitar, en una casa de los alienados, los desafortunados bajo cuyas manos había muerto su amada hija, él; sin embargo, proveyó generosamente sus necesidades en el hospital, aun por amor a Esmeralda, lo cual lo animó mucho, reviviéndolo con sus consejos saludables y sus apariencias graciosas, lo que lo consoló tanto.

---

[35] *"El Evangelio según el Espiritismo"*, Allan Kardec, Capítulo X - Comunicación del espíritu de Juan, Obispo de Bordeaux.

Y así fue como vimos florecer el siglo XX, una etapa decisiva para la Humanidad, y eso incluiría logros notables para el progreso e incluso para el ideal que, durante algunos años, excitó nuestro espíritu y nuestros sentimientos.

Hice mi transferencia al mundo espiritual alentado por una abrumadora esperanza en las promesas del Cordero de Dios y bajo la confianza en las afirmaciones de sus trabajadores desinteresados, sin, por la magnanimidad divina, decepcionar las realidades allí encontradas,[36] todavía dejando a mi pobre amigo en la Tierra, a quien a menudo trataba de visitar, más tarde, en un cuerpo espiritual, apenado cuando lo vi llorar y sufrir solo, en la soledad de sus habitaciones en San Cristóbal, rezando en la intención de nosotros, sus queridos muertos, como él nos llamó: Esmeralda y yo, Bento José y Cassiano y su nunca olvidada María Susana.

De cierta manera, durante estos coloquios mentales o telepáticos habituales, sugerí la idea de hospedar a la hija y la nieta de la Sra. Concepción, su hermana, que, despojada de la protección de un jefe, porque carecían del querido esposo y padre, podrían llenar la creciente soledad de sus vidas con suaves consuelos. Para ese entonces, la Sra. Concepción también había muerto, y su nieta, Guillermina, tenía aproximadamente trece años, presentándose como una niña elegante, dotada y orgullosa. Me complació ver que mi viejo amigo aceptaba insensiblemente mis discretas sugerencias y, sonriente y feliz, recibía las felicitaciones de la propia Esmeralda, durante una reunión sencilla y fraterna, por la generosa hazaña. Realmente, los dos, tan apoyados, felices, se sentían bendecidas por el bondadoso corazón que les evitaba las durísimas preocupaciones diarias.

Ahora, ya viviendo en el más allá, mi querida ahijada y su esposo voluntariamente me pusieron al día con eventos emocionantes, los cuales entendí rendir cuentas al lector, a menos que, al no hacerlo, nuestras humildes narraciones permanezcan

---

[36] Bezerra de Menezes desencarnó el 11 de abril de 1900. Nota de la médium.

incompletas. Se refirieron a los dramáticos acontecimientos de Santa María y me señalaron el origen dañino de tan desafortunados fracasos. Pero, para que mis jóvenes lectores, para quienes se escribieron estas páginas, aprecien la excelencia de las leyes de omnipotencia que gobiernan los mundos y la humanidad, meditando sobre ellas, intentaré describir lo que sucedió entonces, para no dejar ningún lastre para ningún desacuerdo:

Aproximadamente dos años después de mi transferencia al mundo espiritual, un día me sentí tocado por la invitación amorosa de mi querida Esmeralda para una peregrinación a su entorno favorito en el más allá. La seguí, por lo tanto, agradable y feliz, observando que estaba en compañía no solo de la bella entidad que había sido su madre en la Tierra: María Susana, sino también de otros personajes espirituales, lúcidos y protectores, que serían tutores desinteresados en el mundo invisible...

Entré, entonces, en un complejo espiritual discreto y agradable que me pareció el patrón por excelencia de la propia Suiza, con sus valles fértiles y pintorescos, sus colinas heladas donde las flores de mimosa, típicas del clima, proliferaron entre las gracias que encantaron; las montañas que se alzaban sobre sus espaldas, brillantes bosques de pinos, como liras que cantaban hosannas a la creación, hablaban de la fuerza vital de sus reproducciones en ambientes terrenales.

Allí encontré, refugiado en un hogar pintoresco, ligero y artístico, como si hubiera estado entretejido con centelleos de nácar, el ex abolicionista Bento José de Souza Gonçalves, acompañado por su viejo y leal amigo, el liberto Cassiano Sebastián. En la placidez del medio ambiente propicio para meditaciones fructíferas y generosas, ambos acordaron una laboriosa programación para un retorno al proscenio de la Tierra a través de la reencarnación, durante la cual se llevarían a cabo logros esenciales. Sin embargo, el antiguo abogado, a quien conocí en la Tierra, comunicativo e inquieto, me sorprendió por el aspecto serio y medido que observé, en contraste con Esmeralda, que se conservaba la misma individualidad simple, elegante y encantadora de antaño.

– ¡La última experiencia fue decisiva y fructífera para mi espíritu, mi querido doctor! – Comenzó después de los saludos, que fueron efusivos y agradecidos, y en respuesta al deseo de quien había sido su bella esposa, en la Tierra –. Expié duramente, reflexionando en el reverso de la medalla, un crimen cometido contra cierto personaje altamente colocado en Francia de Luis XVI, durante los oscuros días del Terror...[37] Pero alabo a Dios por la oportunidad que su soberana justicia y su misericordia paternal me ha brindado piadosamente para aliviar de la conciencia de esa ignominia que la ha afectado desde entonces, otorgándome libertad y mérito para nuevos pasos en los contornos de mi propio progreso.

Absolutamente no guardo el más mínimo resentimiento de mi querido Comendador, ni siquiera un recuerdo impactante o amargo. Somos viejos compañeros de las migraciones terrenales reencarnadas una al lado de la otra, ahora aquí, ahora allí, unidas o aparentemente desunidas durante los enfrentamientos de existencias en los que, muchas veces, nos encontramos en situaciones difíciles, en circunstancias sensibles o dramáticas. No me odiaba, ¡lo sé! ¡Sufrí acremente, insoportablemente, suponiéndome un acusado del horrible crimen! Y hoy lo veo abrumado y adolorido, evocando diariamente mi memoria entre lágrimas, oraciones y súplicas de perdón. En él no entiendo nada más que un simple instrumento para una terrible deuda contraída en mi pecaminosa historia de espíritu... Un instrumento cegado por el exceso de dolor o revuelta, proveniente de un gran sentimiento de amor hacia su hija, ¡el ser que más ha amado durante muchos siglos! En cuanto a Severina y Ana, las lamento, siento pena por ambas. ¡Pobre Ana! ¡Realmente me amaba...! Y me encontré lejos de evaluar la profundidad de la pasión que le inspiré, ¡y que la perdió! Sin embargo, nunca quise lastimarlas, ¡aunque sus persecuciones

---

[37] Régimen revolucionario en Francia, durante la llamada Revolución Francesa, y que se distinguió por el elevado número de víctimas enviadas a la guillotina. Iniciado el 31 de mayo del 1793, cayó el 27 de julio de 1794, con la muerte de Robespierre, su más intransigente promotor.

sistemáticas a veces me irritaban! Podríamos haber sido como hermanos cariñosos, unidos para siempre a las suaves mecidas de un afecto fraternal sólido... Espiritualmente, ambas me son extrañas... Pero, a partir de esos nefastos eventos, sé que estarán sólidamente atados no solo a mi destino, sino también al de Esmeralda y al propio Barbedo.

Hablaba como el abogado emérito, explícito y lógico, en la oratoria perfecta. Continuó; sin embargo, después de quedarse pensativo por unos momentos:

- ¡Durante el Terror, cuando la guillotina funcionaba incesantemente, cortando las cabezas más nobles y dignas, presentando al mundo la mayor matanza humana de todos los tiempos, amaba a Esmeralda, entonces dama de la aristocracia, mientras que yo, un simple estudiante, estaba imbuido de teorías negativistas, celoso de la libertad, enamorado de un sistema social basado en los derechos comunes entre los hombres protegidos por la justicia! Pero el amor mal equilibrado y orientado me perdió, porque, para tomar posesión del objeto que amaba, era necesario que practicara un crimen abominable... Ya que entre ella y yo estaban las leyes del matrimonio. Lo cometí, llevándome al cadalso, con una denuncia falsa, al esposo de la persona por la que me había vuelto loco de amor, inspirada; sin embargo, en sus propios impulsos, que, enloquecida por los éxtasis de la pasión tortuosa, me había arrastrado al crimen que las Leyes Divinas deberían registrar. El caso de Santa María, por lo tanto, no fue más que el reverso de la medalla... Y Barbedo allí, si sufrió mucho, fue porque tuvo que expirar, además de crímenes pasados, también la misericordia de los dolores causados en muchos corazones paternos y maternos de los mismos esclavos a quienes siempre trató con un rigor excesivo, con inclemencias inhumanas... Lo que, al examinarlo, constituye un favor celestial, ya que, para que esto sea rehabilitado, no era necesario perder el tiempo que el espacio de una existencia a otra acarrea...

¿Y en cuanto a vuestro traspaso Dr. Souza Gonçalves? - Pregunté, interesado y conmovido.

– Recuerdo con emoción que mi Esmeralda se me apareció imperfectamente, en medio de las brumas de mi razonamiento ya atacado por los golpes de la locura, tratando de infundirme coraje, consuelo y esperanza... En los últimos días de mi agreste existencia, podía verla claramente, deslumbrado, mirándola con la misma ropa hermosa usada para nuestros esponsales. Me sonrió, invitándome a quedarme dormido en sus brazos... De hecho, me quedé dormido, exhausto y desesperado ante tanta amargura, observando; sin embargo, que me transportaron a largas distancias... Cuando desperté, después de un sueño pesado y prolongado, Me di cuenta que Esmeralda me había transportado, dormido, a Suiza, porque me reconocí alojado en un elegante chalé levantado en la placidez de un valle encantador, donde las mansas ovejas roían la tierna hierba bajo la sugerente cadencia de campanas unidas al cuello... Extraño temor de todo lo relacionado con Santa María, a X e incluso a Brasil, hizo que el drama agudo que experimenté surgiera de mis recuerdos... Y un llanto abundante sacudió mis sensibilidades, sofocándome en lágrimas... Pero allí estaba, vigilante la tierna amiga... Y la serenidad se impuso poco a poco, todavía proporcionada por la protección de nobles tutelados de lo invisible, que vinieron a ayudarme... Entonces preferí permanecer en ambientes del césped suizo poético y amoroso, que tanto admiraba, y donde días tan suaves que había disfrutado durante las vacaciones proporcionadas por mi estimado abuelo...

Hasta que, un día, una extensa caravana de espíritus de antiguos esclavos africanos invadió la inquebrantable placidez de mi florido valle, por invitación a un festival singular. Me encontré transportado, entonces, por esa humilde falange, llevado triunfalmente sobre amistosos hombros, mientras la multitud me vitoreaba con alegrías desenfrenadas, gritando victorias que me sorprendieron, ¡emocionándome profundamente...! Mi propio nombre hizo eco, a menudo aclamado con simpatía y generosidad, junto con otros que yo mismo me había acostumbrado a querer y respetar... Me encontré recorriendo las calles de Río de Janeiro, que me regocijó, hasta que, en un momento determinado, me reconocí a mí mismo en el interior del Palacio del Gobierno Imperial, rodeado por una incalculable multitud de criaturas humanas y entidades espirituales... Isabel de Orleans y Bragança, regente del Imperio en ausencia de su venerable padre, el Emperador, firmó la ley que extinguía la esclavitud de los negros en mi patria, esa abolición con la que había soñado durante tanto tiempo y por la que yo mismo había sufrido tanta persecución en el fondo de una prisión, para regocijo de los que me acusaban de un bárbaro uxoricidio, que sabían que yo no sería capaz de practicarlo, pero que querían anular en mí al defensor del liberalismo contra el que luchaban...

Era el 13 de mayo de 1888...

Luego me arrodillé, respetuoso y conmovido, ante la generosa dama que liberaba una raza, y besé el dobladillo de sus vestidos...

– ¿Y qué pretendes intentar ahora, mi joven y querido amigo? – También pregunté, emocionado y consolado por la sugestiva nobleza de principios, dándome cuenta que no se animaba a continuar.

– ¡Tengo la intención de renacer, para nuevos intentos en el camino del aprendizaje espiritual, aquí mismo; es decir, en Suiza, bajo cuyas bandas espirituales encontré un refugio generoso cuando me reconocí desgarrado por las pruebas! En contacto con sus sociedades, deseo obtener la experiencia rígida de los pueblos trabajadores de Europa, disciplinándome en costumbres que corrigen mi carácter excesivamente ardiente e inquieto, adquirido a través de repetidas existencias entre pueblos de naturaleza muy apasionada.

Acabo de hacer planes con mi querida Esmeralda. Y esta vez, señor doctor, estoy autorizado a afirmar, por parte de los mentores dedicados que me ayudan, que estaremos profundamente felices, dado que, habiendo reparado nuestra fea deuda con la Revolución Francesa, nada nos impedirá disfrutar de la fortuna de una unión feliz entre logros armonizados con el bien y el progreso general.

La permanencia de tantos años en este ambiente de valles y mesetas, generosamente cultivados para alimentar a los hombres; la dulce contemplación de estos gentiles rebaños, amigos de sus pastores y tan útiles para las criaturas; las meditaciones largas y claras frente a las mallas que crecen prometedoras, los árboles recreados para la reproducción magnánima, el canto y las aguas cristalinas que refrescan los campos fertilizados como las raíces de las plantas protectoras, por lo tanto, el encanto proporcionó a mi sensibilidad por contacto con la naturaleza me llevaron a reflexionar sobre la urgente necesidad de una existencia serena, durante la cual mi corazón florecería por las conquistas legítimas del espíritu, por la idea de Dios, desviándose, tanto como sea posible, del ajetreo apasionado de las sociedades en las que acabo de sacudirme entre mil cuerdas amargas...

Satisfecho, admirando la actitud varonil de alguien a quien nunca había considerado un criminal vulgar, lo abracé fraternalmente, elogiando su buena disposición, mientras me despedía buscando regresar a los entornos brasileños. Pero él me detuvo, sonriendo, sosteniéndome amigablemente el brazo, en un gesto peculiar de su amabilidad de antaño con los afines, y agregó, con su brazo disponible alrededor de su muy querida Esmeralda:

– No lo haremos sin el honor de participarte – con la esperanza de la victoria final y seguro que este sería nuestro deber de amor, fraternidad y protección hacia un ser más frágil que nosotros – que rogamos a los poderes divinos por la gracia de, una vez reencarnado y una vez más casados, logremos el cumplimiento de nuestro sueño más querido dentro de las leyes del matrimonio, que no logramos en la última etapa expiatoria trágicamente cerrada, de ser los padres felices de un pequeño ser hermoso y risueño, en el que revivimos la perpetuidad del inmenso amor que unifica nuestros corazones. ¿Y quizás nuestro querido doctor adivine a quién le suplicamos al cielo que sea la primogénita de nuestra próxima unión terrenal?

Lo miré, curioso, sin responder. Pero Bento José de Souza Gonçalves, con sus hermosos ojos espirituales llenos de lágrimas, terminó, mientras mi querida ahijada sonrió tiernamente:

¡Esa pobre e infeliz Ana María!

CAPÍTULO IV
¡Y cuando Dios lo Permita...!

"Y si quieres entenderlo bien, ese es el Elías que estaba por venir. Quien tenga oídos para escuchar, escuche."

"Entonces sus discípulos entendieron que fue Juan el Bautista del que habló..."

(Jesucristo. San Mateo, 11:14-15 y 18:10 y 13).[38]

Corría el año 19... cuando, durante el profundo sueño de mi viejo amigo Antônio José de Maria y Sequeira de Barbedo, a quienes tutores dedicados preparados con fuerzas magnéticas aplicables al caso, Esmeralda llegó a un acuerdo definitivo con su amado padre sobre su próximo regreso a los ambientes terrenales a través de la reencarnación. Hacía unos cinco años, Bento José también había entrado en un nuevo proceso de reencarnación, eligiendo la hermosa ciudad de Zúrich como su lugar de nacimiento y recibiendo, como sabemos, el nombre de Max Niemeyer.

Vi, como siempre, otro episodio, el cónclave espiritual, de la vida de mi querida ahijada, y vi, tocado, que el antiguo esclavista, entonces muy viejo, se echó a llorar, a lo que su hija y yo, Además de la bella María Susana, tratamos de detenernos en medio de felices y refrescantes advertencias.

---

[38] Información de Jesús sobre la reencarnación del espíritu del profeta Elías en la persona de Juan Bautista, decapitado por orden del rey Herodes.

En ese momento, Ana María y Severina ya habían entregado sus almas al Creador, permaneciendo en el mundo invisible bajo una dirección estricta pero fraterna, por mentores que se encargaron de ayudarlas, preparándolas para futuras actuaciones en las luchas de los rescates para la rehabilitación. Ninguno de nosotros lo ignoró, ni siquiera Barbedo, quien, aunque todavía encarnado, de tales eventos de lo invisible había sido informado de las confabulaciones con sus protectores, durante las reuniones íntimas a las que había seguido asistiendo.

– ¡Vengo a decirte adiós, querido padre! ¡Agradeciéndote desde lo más profundo de mi alma por los esfuerzos que has hecho por mí, tan sincero y desinteresado, en esta etapa en la que serviste como mi padre y protector terrenal, bajo las bendiciones del Señor! ¡Lamento sinceramente que no haya sido posible para mí, como hija, otorgarte la felicidad que merecías! Pero lo haré algún día, padre, cuando el Señor permita nuevamente, en el futuro, que aun pueda reencarnar a tu lado, ¡siempre como tu hija...! – Comenzó la hermosa entidad Esmeralda, conmovedoramente –. Me despido; sin embargo, solo para, en poco tiempo, reunirme con los demás, ya que adoptaré nuevas formas carnales bajo su generoso techo antiguo, ¡que me encantó tanto!

No debo permanecer en el mundo espiritual por más tiempo, retrasando mi progreso e incurriendo en una falta grave a la luz de las juiciosas leyes divinas. Volveré, como bien entiendes, a tus brazos, descendiente de tu misma sangre, aunque ya no firmo tu nombre respetable, que hasta ahora me siento tan honrado de traer... Ya que tendré a tu sobrina nieta Guillermina y su esposo, que se acaban de casarse como nuevos padres terrenales... Presta atención, padre mío, y deja que estas palabras, con el favor del Dios Todopoderoso, sean rastreadas indeleblemente en tu conciencia inmortal, para que cuando te despiertes mañana, no olvides lo que te revelo en este momento, bajo las bendiciones del Cielo, que nos permiten hacerlo generosamente: Solo dentro de un año a partir de hoy, escucharán mis primeros vahídos al entrar en la carne... Tal como los escuchaste ese año de 1863... En el ángulo izquierdo de mi cara, buscarás una señal idéntica a la que, antes, tanto admirabas en mí, y la cual te gustaba besar, tiernamente... Pues bien, tendrás la oportunidad de besarla nuevamente...[39]

Sé que me dejarás tu fortuna. ¡Sí! La acepto, padre, por el amor de la gente desafortunada y sufriente de la Tierra, a quien protegeré por el amor de mi Señor Jesús, quien me ha estado brindando oportunidades tan hermosas para el logro suave del progreso a través del amor y no del dolor... ¡Porque la verdad es que, por mí misma, he sufrido poco...! Pero, en nombre de los profundos lazos de amor espiritual que nos unen, te ruego que me concedas dos favores importantes para el cumplimiento adecuado de mis futuras tareas terrenales: Coloca en tu testamento, una cláusula que me permita tomar pose de tu fortuna solo cuando cumpla veinticinco años... Será indispensable que mi primera juventud sea ardua y laboriosa para que, durante mis días futuros luche contra la pobreza, no olvide el deber de aprender a sentir también el dolor de los demás, experimentar los sufrimientos prudentes y sabios de imposibilidades... De lo contrario, posiblemente, las facilidades de tres existencias, entre los favores de la fortuna, disminuirían los propósitos del amor fraterno que en este momento me excitan... El segundo, una reparación que más más tarde, ciertamente lo haré por tu bien, deja, con tu voluntad, la declaración que Bento José de Souza Gonçalves y Cassiano Sebastián eran inocentes del crimen que fueron acusados en la persona de Esmeralda de Barbedo... Y ordena, padre mío, que tu heredera se encargue de la rehabilitación legal y social de ambos... ¡Será doloroso, lo sé, revivir eventos

---

[39] Estas posibilidades no son simples efectos ilusorios para el romance. Si no se dan con frecuencia, será porque los propios interesados en la materia no buscan armonizar con las mismas posibilidades de verificación. Sin embargo, el día en que cada corazón se abra a una legítima y permanente comunión con las fuerzas invisibles de la luz, éstas se volverán no sólo posibles, sino incluso comunes, pues entre los adeptos de la Doctrina de los Espíritus ya los hay quienes conocen el retorno de sus seres queridos a las formas carnales y también la identidad de otros que, no perteneciendo a su círculo familiar terrenal; sin embargo, pertenecen al espiritual.

pasados, dramáticos y conmovedores, como los que vivimos nosotros, exaltando ansiedades olvidadas para señalarle al mundo la verdad que era borrado en el pasado! ¡Pero es justicia, padre mío! Y debemos honrarlo y venerarlo...

Los primeros amaneceres del astro rey colorearon las pintorescas montañas de la antigua hacienda Santa María, ahora cultivada por la técnica eficiente del agrónomo suizo Maximiliano Niemeyer, a quien simplemente trataban de Max, cuando Pamela y él se despertaron del largo letargo. Eso había durado toda la noche, pero había permitido que el espíritu, temporalmente emancipado de los lazos del cuerpo, recordara completamente su pasado espiritual.

Recordaremos eso, en la víspera de sus esponsales, cuando se retiraron: Max a sus habitaciones privadas, para confiar su sueño, y la joven hacendada a la antigua sala de estudio y biblioteca de Esmeralda, ahora transformada en un recinto de confabulaciones con lo Alto, y en las cuales una gran pintura al óleo, que representa a Allan Kardec, apareció en un lugar de honor: habían prometido rezar mutuamente, en un momento acordado, en una súplica de bendiciones al Señor por la unión que tendría lugar el día inmediato; y que el fantasma de mi viejo amigo Barbedo, quien durante algunos años también habitó las paradas espirituales, asistido por nosotros, sus dedicados amigos de lo invisible, Frederico Júnior, a quien debía tanto, incluso, los había invitado a los recuerdos de la migración terrestre anterior, que acabamos de narrar a través de nuestra dialéctica simple, para facilitar el esclarecimiento del lector.

Para los oídos del joven espírita, también se movieron, emocionalmente, rodeados de vagos recuerdos revividos durante el torpor magnético, la declaración paterna de la entidad que la había amado tanto:

- "Aquí está mi regalo nupcial: estos recuerdos que te ayudé a extraer de los arcanos de la memoria profunda, como un valioso incentivo para que tengas derecho a futuros logros en los campos del progreso... Cásense, queridos hijos, asistidos por la intensa alegría de mi corazón... Únanse bajo las bendiciones del Sempiterno, que tantas gracias nos han dado a través del tiempo... ¡Pues merecen la felicidad después de luchas y lágrimas tan feroces...!"

Estaban unidos, en efecto, una vez más consagrados por los lazos sacrosantos de un matrimonio protegido por los efluvios más tierno del afecto espiritual...

Sin embargo, dos meses después, he aquí, nuestras atenciones de los habitantes del mundo espiritual se dirigieron a la Tierra... Y luego contemplamos a la pareja Max-Pamela, dejando el campo santo de X, donde se acababa de celebrar una ceremonia jurídico-social única, basado en los anhelos fraternales del corazón de mi amada ahijada Esmeralda y hoy una querida guardiana espiritual: Pamela.

La tarde, fresca y serena, extendió dulces tonos crepusculares sobre los frondosos susurros de las magnolias en los caminos, así como los sugestivos gemidos que miraban sobre los mausoleos y cruces simples que vigilaban la memoria de aquellos que se habían quitado la armadura carnal, dirigiéndose hacia las gloriosas estancias de la vida espiritual. Y ante los encantadores cambios de brisas otoñales que regresaron con su corte de encanto, los pájaros se acurrucaron en gritos inefables, felices de terminar la paz de la noche con sus canciones.

Ese día, bajo los auspicios de la nueva pareja de Santa María, la transferencia del antiguo cuerpo del brillante abogado que había sido Bento José de Souza Gonçalves al mausoleo de Sequeira de Barbedo, después del proceso de rehabilitación de su memoria, requerido por la "nueva" dueña de la antigua mansión. Gracias a una copiosa correspondencia, una especie de diario íntimo, que había acompañado la voluntad del viejo Comendador Barbedo, así como a los archivos de la estación de policía de X, que armonizó con eso, y más a los testimonios de Antônio Miguel, ya viejo, pero todavía lúcido, y algunos otros descendientes de antiguos sirvientes de la hacienda, fue posible plantear un nuevo proceso en el caso del asesinato de Esmeralda de Barbedo. Se realizó una nueva investigación, paredes dentro del extraño edificio, siguiendo las instrucciones de la correspondencia de mi viejo amigo; y, después de gestiones competentes, apropiadas para el caso sensible, no solo el entusiasta abolicionista Bento José, sino también el liberto Cassiano Sebastián, fueron considerados exentos de culpa en el crimen de muerte en la persona de Esmeralda de Barbedo, que tuvo lugar el... de agosto desde 1886...

Esa tarde, antes que las autoridades judiciales y toda la sociedad de X se reunieran en el campo santo, en una peregrinación piadosa, también se inauguró una tumba digna en memoria del desafortunado Cassiano, sacrificado por su propia dedicación a sus amos, pero hoy recorriendo los caminos de la redención, bajo las lágrimas de Antônio Miguel y Pamela, y la emoción de la asistencia, y sobre las cuales la delicadeza concienzuda de esa dama había entendido que ponía un epitafio esclarecedor.

Y, recogiendo los despojos del cuerpo de ese idealista desinteresado que fue el Betito memorable para aquellos de su amada esposa, Max y Pamela, quienes, felices de conocer su propio pasado espiritual, reconociéndose redentores en una reencarnación de ellos, gracias al cultivo de facultades del alma, a la que ambos le dieron un valor especial; reparaban, ante la sociedad terrestre, una injusticia que lastimaba sus foros de civilización cristiana, ahora bajaban la colina hacia el Chalé Grande, siempre llenos de hileras eternas de granadas y su fragante jardín de rosas, tiernamente entrelazados, amorosos y confiados en el futuro.

De repente; sin embargo, se detuvieron, visiblemente tiernos. El impresionante paisaje que se desarrollaba ante sus ojos, con la ciudad que se extendía, pintoresca, entre la típica guarnición de sus palmeras galante y las magnolias susurrantes y fragantes, los invitó a una contemplación entusiasta.

– ¡Hosanna al buen Señor, mi querida Pamela! – Murmuró Max, conmovido, levantando suavemente la frente de su esposa –. ¡Hosanna a Dios! Eso me permitió venir de lejos, extranjero y pobre, conquistar la inmensa felicidad, la paz incomparable que disfruto en el calor de tu amor...

Pamela; sin embargo, pensativa y tal vez aun más conmovida, apoyó su fragante cabeza sobre ese generoso pecho y, mirando la inmensidad del horizonte azul, que se extendía por el infinito, le respondió con una expresión de idealismo saludable:

– ¡Sí, Max querido! ¡Hosanna al buen Dios! ¡Y gloria al lenguaje de la hermandad, al esperanto! ¡Sin la valiosa ayuda de la cual difícilmente nos hubiéramos entendido para la realización de este gran ideal de amor que ha tomado nuestras almas de los siglos pasados!

Las primeras estrellas aparecieron en la inmensidad de los espacios siderales, lúcidos y seductores en su procesión de esplendores. Y mientras la brisa de la tarde arrancaba dulcemente los matorrales de los senderos, las primeras hojas muertas del otoño que volvían, cubrían el piso como un gracioso tributo a los tiernos cónyuges que pasaban... Allí se fueron, amorosamente unidos, exigiendo el futuro a través de los caminos de la redención.

FIN

Libros de Vera Kryzhanovskaia y JW Rochester

La Venganza del Judío

La Monja de los Casamientos

La Hija del Hechicero

La Flor del Pantano

La Ira Divina

La Leyenda del Castillo de Montignoso

La Muerte del Planeta

La Noche de San Bartolomé

La Venganza del Judío

Bienaventurados los pobres de espíritu

Cobra Capela

Dolores

Trilogía del Reino de las Sombras

De los Cielos a la Tierra

Episodios de la Vida de Tiberius

Hechizo Infernal

Herculanum

En la Frontera

Naema, la Bruja

En el Castillo de Escocia (Trilogia 2)

Nueva Era

El Elixir de la larga vida

El Faraón Mernephtah

Los Legisladores

Los Magos

El Terrible Fantasma
El Paraíso sin Adan
Romance de una Reina

Libros de Eliana Machado Coelho y Schellida

Corazones sin Destino
El Brillo de la Verdad
El Derecho de Ser Feliz
El Retorno
En el Silencio de las Pasiones
Fuerza para Recomenzar
La Certeza de la Victoria
La Conquista de la Paz
Lecciones que la Vida Ofrece
Más Fuerte que Nunca
Sin Reglas para Amar
Un Diario en el Tiempo
Un Motivo para Vivir

¡Eliana Machado Coelho y Schellida, Romances que cautivan, enseñan, conmueven y pueden cambiar tu vida!

Libros de Elisa Masselli

Siempre existe una razón
Nada queda sin respuesta
La vida está hecha de decisiones
La Misión de cada uno
Es necesario algo más
El Pasado no importa
El Destino en sus manos
Dios estaba con él
Cuando el pasado no pasa
Apenas comenzando

Libros de Vera Lúcia Marinzeck de Carvalho y Patricia

Violetas en la Ventana
Viviendo en el Mundo de los Espíritus
La Casa del Escritor
El Vuelo de la Gaviota

Vera Lúcia Marinzeck de Carvalho y Antônio Carlos

Amad a los Enemigos
Esclavo Bernardino
la Roca de los Amantes
Rosa, la tercera víctima fatal
Cautivos y Libertos

Libros de Mónica de Castro y Leonel

A Pesar de Todo

Con el Amor no se Juega

De Frente con la Verdad

De Todo mi Ser

Deseo

El Precio de Ser Diferente

Gemelas

Giselle, La Amante del Inquisidor

Greta

Hasta que la Vida los Separe

Impulsos del Corazón

Jurema de la Selva

La Actriz

La Fuerza del Destino

Recuerdos que el Viento Trae

Secretos del Alma

Sintiendo en la Propia Piel

Grandes Éxitos de Zibia Gasparetto

Con más de 20 millones de títulos vendidos, la autora ha contribuido para el fortalecimiento de la literatura espiritualista en el mercado editorial y para la popularización de la espiritualidad. Conozca más éxitos de la escritora.

Romances Dictados por el Espíritu Lucius

La Fuerza de la Vida

La Verdad de cada uno

La vida sabe lo que hace

Ella confió en la vida

Entre el Amor y la Guerra

Esmeralda

Espinas del Tiempo

Lazos Eternos

Nada es por Casualidad

Nadie es de Nadie

El Abogado de Dios

El Mañana a Dios pertenece

El Amor Venció

Encuentro Inesperado

Al borde del destino

El Astuto

El Morro de las Ilusiones

¿Dónde está Teresa?

Por las puertas del Corazón

Cuando la Vida escoge

Cuando llega la Hora

Cuando es necesario volver

Abriéndose para la Vida
Sin miedo de vivir
Solo el amor lo consigue
Todos Somos Inocentes
Todo tiene su precio
Todo valió la pena
Un amor de verdad
Venciendo el pasado

World Spiritist Institute
https://iplogger.org/2R3gV6

www.ingramcontent.com/pod-product-compliance
Lightning Source LLC
LaVergne TN
LVHW041626060526
838200LV00040B/1448